家族寫眞をめぐる私たちの歷史 —在日朝鮮人・被差別部落・アイヌ・沖繩・外國人女性 by ミリネ

ⓒ 2016 ミリネ

Korean translation copyright ⓒ 2019 by Sakyejul Publishing Ltd.

First published in Japan by Ochanomizushobo.

Korean translation rights arranged with Ochanomizushobo.

이 책의 한국어판 저작권은 오차노미즈쇼보御茶の水書房와 독점 계약한 ㈜사계절출판사에 있습니다.

저작권법에 의해 한국 내에서 보호를 받는 저작물이므로 무단전재와 무단복제를 금합니다.

보통이 아닌 날들

미리내 엮음
양지연 옮김
조경희 감수

가족사진으로 보는

제일조선인, 피차별부락,
아이누, 오키나와,
필리핀, 베트남

여성의 삶

사계절

일러두기

1. 이 책은 일본에서 2016년 6월에 출간된 『가족사진을 둘러싼 우리의 역사
   家族寫眞をめぐる私たちの歷史』의 한국어판이다.
2. 재일동포들을 호명하는 명칭은 다양하다. 이 책에서는 필자들의 역사성을 반영하여
   '재일조선인' 혹은 일본어로 '자이니치'로 표기하였다.
3. 본문에 등장하는 책·신문·잡지의 제목은 『 』, 기사·논문·보고서의 제목은 「 」, 전시·
   연극·텔레비전 프로그램의 제목은 〈 〉, 노래의 제목은 ' '으로 표기하였다.
4. 본문의 주석은 모두 원주이다. 보충 설명이 필요한 부분에는 괄호를 달고 옮긴이의 설명을
   추가하였다.
5. 본문에는 경어체와 구어체가 섞여 있는데, 집필에 참여한 여러 여성들의 글이 가진 성격을
   반영하였기 때문이다.

열린 친밀권의 힘

조경희(성공회대학교 동아시아연구소 조교수)

　　일본에서 처음 이 책을 발견하고 손에 들었을 때 반가움과 낯
섦을 느꼈다. 재일조선인과 피차별부락, 아이누와 오키나와, 그리고
동남아 이주 여성들의 가족사진과 가족 이야기를 하나로 묶은 이 책
은 평범하지 않은 얼굴과 이름, 의상들이 콜라주처럼 합쳐져 다양하
고 풍성한 자기서사를 만들어내고 있었다. '과거에 이런 책을 본 적
이 있었던가?' 신기한 마음으로 책을 넘기다보니 페이지마다 이질적
인 냄새가 풍겼다. 재일조선인들의 사진에서 김치나 참기름 냄새가,
피차별부락 출신자들의 사진에서는 소고기나 가죽 냄새가 전해졌
다. 특정 집단과 냄새에 대한 상상력은 사회적 편견과도 깊이 연관된
것이지만, 그만큼 이 책에 등장하는 여성들과 그 가족 이야기는 구체
적이고 생생하며 울퉁불퉁한 감촉이 느껴졌다.

　　전후 일본의 강고한 단일민족 규범 속에서 살았던 마이너리
티 여성들의 일상은 상상 이상으로 다이내믹하다. 우리 모두가 그렇
듯, 가족에 관한 이야기가 반드시 그리움과 향수를 불러일으키는 것
은 아니다. 오히려 가족사진이 보여주는, 또는 감추고 있는 이야기를

5

통해 우리는 가혹한 시대를 살아온 그들의 아픔과 트라우마를 추체험하게 된다. 해방 후에도 돌아가지 못한 고향에 보내려고 찍은 가족사진, 자이니치 2세인 어머니가 기모노를 입은 사진이 그렇게 자랑스러웠다는 어린 시절, 피차별부락 출신의 아버지와 한국인 어머니를 둔 가족이 겪은 중첩된 차별, 필리핀 집단 자결 현장에서 벗어나 오키나와로 이주한 어머니의 이야기…. 우리가 흔히 말하는 '보통의' 일본 사회 혹은 한일 관계에서 떨어져나가는, 그러나 더 일본 근현대의 본질을 드러내는 이야기들이다.

나에게도 소중한 가족사진이 있다. 1980년대 일본, 할머니의 환갑잔치 때 가족과 친척들이 모인 자리에서 촌스러운 치마저고리를 입은 언니와 내가 머쓱하게 웃고 있다. 이 사진이 소중하게 느껴지는 이유는 단지 그때의 추억이 떠올라서가 아니라, 사진에 찍힌 그 시간이, 그 모습이 현재는 없기 때문이다. 그런 의미에서 가족사진은 가족의 존재의 증거이자, 부재의 증거이기도 하다. 그래서 가족사진은 이동과 이산을 경험한 이들에게 특별한 의미를 가질 수밖에 없다. 이 책의 책임편집자인 황보강자의 글에서 볼 수 있듯이 재일조선인에게 가족사진은 현해탄을 건너, 또 휴전선을 넘어 가족을 연결해주는 소중한 매체였다. 이 책에 수록된 가족사진들은 그 자리에 없는 누군가를 향해 찍은 것이다. 그래서 이 책이 보여주는 사진과 이야기는 우리에게 사진 밖의 일들을 끊임없이 상상할 것을 요청하고 있다.

인적·경제적 자본에서 소외된 마이너리티에게 가족과 커뮤니티는 좋든 싫든 자신의 삶을 지탱하는(혹은 구속하는) 준거 집단이 된다. 커뮤니티를 기반으로 한 친밀권은 여성들에게 종종 폐쇄적이고 억압적으로 작용해왔다. 이 가족사진 프로젝트는 각각의 커뮤니티의 은밀한 역사를 공유하고, 같음과 다름을 확인함으로써 친밀권을 보다 열린 관계성으로 확장하고자 하는 실험적인 시도이다. 또한 소외된 관계에 머물렀던 마이너리티 여성들이 서로의 이야기를 듣고, 일본 사회의 부인과 오인에 함께 저항하면서 자존감을 회복하는 창의적인 운동을 펼쳐 갈 가능성을 내포하고 있다. 공공의 영역에서 배려받지 못했던 자신들의 삶의 흔적을 현전現前하게 한 그들의 노력에 박수를 보내고 싶다. 이 책이 여성사와 가족사, 일본 사회와 마이너리티 문제를 횡단하면서 한국의 많은 독자들과 만나기를 기대한다.

여러분은 오래된 가족사진이라는 말을 들으면 어떤 장면이 떠오르나요. 한국전쟁으로 이산가족이 된 사람들이 생각난다는 분이 있을지도 모르겠습니다. 식민지 시대에 일본으로 건너간 가족, 혹은 해방 이후 일을 찾아 외국으로 이주한 가족이 떠오르는 분도 있을 듯합니다. 어쩌면 이 책에서 여러분이 떠올린 가족사진을 찾을 수 있을지도 모르겠습니다.

일본은 1995년 인종차별철폐협약(모든 형태의 인종 차별 철폐에 관한 국제협약International Convention on the Elimination of All Forms of Racial Discrimination)에 가입했습니다. 언뜻 보면 일본 사회의 인종 차별은 눈에 잘 띄지 않습니다. 하지만 아이누, 류큐·오키나와, 식민지 지배를 받았던 타이완 및 조선 출신자와 그 자손, 외국인, 이주민, 난민에 대한 차별은 끊임없이 이어졌습니다. 전근대 시대의 피차별부락민을 자신들과 '다른 존재로 간주하는 관념'은 오늘날에도 엄연히 존재합니다. 피차별부락을 향한 천시와 멸시가 지속되고 있으며 피차별부락에 거주하는 사람, 피차별부락 출신과 그 가족을 향한 차별과 인권 침해도 사라지지 않았습니다.

최근 일본 사회의 마이너리티를 향한 차별이 길거리와 인터넷상에서 헤이트스피치라는 형태로 나타나며 더욱 두드러지고 있습니다. 이 책의 말미에 수록된 '가족사진으로 본 역사 연표'의 마지막 이슈가 2016년에 제정된 '헤이트스피치 금지법'입니다. 이 문제는 아직도 해결되지 않은 채 투쟁이 이어지고 있습니다.

이 책에 등장하는 22명의 여성은 각기 다른 아이덴티티와 개인사를 갖고 있습니다. 책에서는 그들의 이야기를 역사적 배경과 공통점에 따라 3개의 장으로 나누었습니다. 일본 사회의 마이너리티 가운데에는 인구 비율과 인지도가 높고 오랜 역사를 지닌 그룹이 있는 반면 좀처럼 제 목소리를 내지 못하는 그룹도 있습니다.

'미리내'는 재일조선인 여성들의 모임으로 일본 사회에서 살아가는 다양한 여성의 존재를 의식하고 함께 활동하면서 우리가 바라는 평등한 사회를 실현하기 위해 노력해왔습니다. 이 책은 바로 그 활동의 집대성입니다.

일본에서 책이 출판되고 난 뒤 2년여 동안 책의 의미를 알리기 위해 북토크를 이어왔습니다. 지금까지 오사카, 고베, 도쿄, 삿포로, 오쓰, 아사히카와, 나하 등에서 북토크를 열고 여러 독자들을 만나면서 다양한 감상과 의견을 들었습니다. 무엇보다 "가족사진이 세계에 흩어진 가족에게 보내는 안부 편지였다는 사실을 알게 됐다", "가족사진에 찍히지 않은 가족이 있다", "가족사진이 한 장도 없다" 등 가족사진의 의미를 재고하는 기회가 되었다는 의견이 많았습니

한국어판 서문

다. 둘째로는 "교사로 일하며 직접 마주하는 외국에 뿌리를 둔 아이와 부모의 마음을 이해하는 데 도움이 됐다", "개인의 역사를 읽으면서 지금까지 모르고 지냈던 차별의 역사와 실태, 그에 맞서는 용감한 여성들을 만날 수 있었다", "우리와 똑같은 처지의 여성이 등장하지는 않지만 매우 큰 위로와 격려를 받았다. 우리도 이런 책을 만들고 싶다"라고 말하며 자신의 처지를 돌아본 이들이 인상적이었습니다. 독자들과 만나며 새 친구가 늘어난 듯한 기분이 들었고 마음이 든든해졌습니다.

2017년 6월에는 편집자인 오카모토 유카岡本有佳 씨의 노력으로 서울 대학로에 있는 북카페 '책방이음'에서 북토크와 소규모 가족사진전을 열었습니다. 참가자들은 "꼭 한국어로 번역되었으면 좋겠다. 재일조선인이 살아온 다양한 역사를 아는 한국인은 많지 않다. 기록으로 남겨야 할 귀중한 증언이다", "이 책을 통해서 일본 마이너리티 여성의 삶을 낱낱이 알게 되었다. 이제까지 없던 책이다"라고 입을 모았습니다. 그 뒤로 오카모토 씨와 저는 한국에서 책을 출판할 방법을 수소문했습니다.

2018년 봄, 한국의 예술가들과 인연이 닿았고, 그 인연은 우리를 사계절출판사로 이어주었습니다. 꿈만 같은 일입니다.

*

90여 년 전, 저의 외조부모는 조선에서 일본으로 건너왔습니다. 곧 88살이 되는 아버지는 한국전쟁 중에 가족을 부양하기 위해 일본으로 건너왔습니다. 외조부모에서 저에 이르기까지 몇 세대에 걸쳐 일본에 살다보니 한반도와의 거리는 점점 멀어졌습니다. 이제는 일본의 언어와 관습에 더 익숙하지만 어린 시절부터 먹어온 삼계탕, 곰국 등은 여전히 저에게 기운을 북돋아줍니다.

현재 일본에는 일본 국적이 아닌 사람이 점점 늘어나고 있습니다. 이는 한국도 마찬가지라고 들었습니다. 살고 있는 곳은 다르지만 우리는 서로의 삶을 공유하며 서로를 이해하고 온기를 나눌 수 있습니다.

한반도의 역사는 이주민의 역사와 떼어놓을 수 없습니다. 식민 지배 시기에 일본, 중국, 사할린, 하와이 등으로 이주한 사람들, 1960년대에 독일로 간 광부와 간호사, 캐나다에 의학생으로 건너갔다가 미국, 오스트레일리아 등 전 세계로 흩어진 사람들 등 재외동포는 헤아릴 수 없이 많습니다. 한국어로 번역된 책을 통해 그들과도 만날 수 있을 것이라는 생각에 마음이 뜨거워집니다.

일본에서 이 책을 출판할 때 이런저런 어려움을 겪었습니다. 한국어판의 출판을 앞두고도 고민이 많았습니다. 이 책을 함께 쓴 우리는 가족과 마주하고, 분단된 조국을 마주하며 새로운 각오를 다졌습니다. 그 결과 한국어판에는 일부 내용을 정정·수정하고 연표를 개정하였습니다. 다양한 처지에서 시대를 포착한 가족사진이 담고 있는 이야기를 많은 분들이 읽어주신다면 기쁘기 그지없겠습니다.

2019년 2월
책임편집자 황보강자

들어가며

　이 책은 일본에 살고 있는 재일조선인, 피차별부락, 아이누, 오키나와, 필리핀, 베트남 출신의 20대부터 70대 여성 22명이 가족사진을 매개로 풀어낸 자신과 가족의 이야기이다. 15년 전 재일조선인 여성(이하 '자이니치' 여성) 모임인 '미리내'의 구성원들이 마이너리티 minority라 불리는 자이니치 여성의 역사를 되짚어보기 위해 가족사진을 매개로 이야기를 나눈 것이 계기가 됐다. 각자 사진을 가지고 와 연대순으로 늘어놓고 설명을 붙이면서 한 시대의 역사를 써내려갔다.

　2001년 캐나다 밴쿠버에서 〈'자이니치' 가족사진전〉이라는 이름으로 처음 전시회를 개최했다. 그 뒤 자이니치 여성뿐 아니라 다양한 뿌리를 지닌 여성이 참여하게 되었고, 수차례의 작품 창작 워크숍과 전시회를 개최했다. 수많은 만남이 쌓여 이렇게 한 권의 책으로 만들어졌다. 2014년부터 한 사람 한 사람의 원고를 함께 읽는 모임을 진행하면서 궁금한 부분, 좀 더 알고 싶은 부분, 역사적 사실과 시대적 배경의 관계 등에 관해 의견을 주고받았다. 국적은 일본이지만 자신이 일본인이라고 생각해본 적이 없다는 사람, 한반도에도 뿌리를 두고 있지만 재일조선인이라 칭해도 되는지 의문이 든다는 사람 등 정말 다양한 기원을 지닌 여성들이 한자리에 모였다.

자신의 삶을, 그리고 가족의 삶을 종이 위에 옮기는 일은 할머니, 어머니 세대의 개인사를 남기는 일이기도 했고 가족과의 갈등을 당당히 마주하는 일이기도 했다. 원고에는 출신 배경으로 인한 결혼 차별을 극복하려고 해방운동에 뛰어든 사람이나, 온 힘을 다해 삶의 고비를 넘어가는 이민자 가족의 이야기 등이 담겼다. 저자들의 마음이 세대와 출신지를 뛰어넘어 날실과 씨실이 되어 엮이면서 일본 사회의 한 단면이 선명하게 드러났다. 한편으로는 '마이너리티'로 통칭되는 대상들 사이에서 '같음'보다 '다름'을 절감하기도 했다. 우리는 앞으로도 서로의 차이를 확인하면서 공동 작업을 이어가려 한다.

동시대의 여성들, 무엇보다 다음 세대의 여성들이 이 책을 읽어주기를 바란다. 책의 말미에 재일조선인, 피차별부락, 아이누, 오키나와, 필리핀, 베트남의 역사와 이 책에 등장한 인물들의 개인사를 연표로 정리해놓았다. 이 연표는 기존의 일본사와는 다른, 일본 사회에서 살아가는 다양한 뿌리를 지닌 '우리의 역사'를 보여준다.

가족사진을 매개로 자신의 역사를 표현하는 활동의 의미를 다룬 하기와라 히로코萩原弘子 씨의 인터뷰도 함께 수록했다.

오늘날, 사회는 점점 더 차이를 용인하지 않는 방향으로 변하고 있다. 이 책이 차별 속에서 고통받는 존재가 나 혼자만이 아니라고 알려주는, 복잡한 마음을 정리할 수 있는, 혹은 힘겨운 시기에 조금이나마 의지할 수 있는 안식처가 되기를 바란다.

차례

5   **추천의 글** 열린 친밀권의 힘

8   **한국어판 서문**

12   **들어가며**

16   **서문** 왜 가족사진인가: 젠더, 민족적 마이너리티와 표현 활동

1장   재일조선인 여성

30   '자이니치' 가족의 사진   **황보강자**

48   어머니에게 가족사진은 어떤 의미였을까   **정미유기**

62   부모님에게 배운 것   **이화자**

72   할머니의 이야기로 더듬어본 가족사   **김리화**

81   나의 첫 치마저고리   **박리사**

90   어느 재일조선인 종갓집 이야기   **리향**

100   "치이짱, 있잖아…" 어머니의 입버릇   **양천하자**

107   타국에서 마음의 병을 지니고 산 엄마   **최리영**

2장   피차별부락 여성

120   순백의 앨범   **가미모토 유카리**

135   엄마의 메시지: 무슨 일이든 스스로 정하면 돼   **가와사키 도모에**

145   가족이라는 부스럼 딱지   **구마모토 리사**

161   결혼 후 부락을 만나다   **다니조에 미야코**

172   고무 공장 딸   **니시다 마쓰미**

180   그 시절, 가족의 풍경   **후쿠오카 도모미**

191   부락 밖에 숨어 산 가족   **미야마에 지카코**

202   나의 엄마   **야마자키 마유코**

3장 아이누·오키나와·필리핀·베트남 여성

214 엄마 아빠 이야기 **하라다 기쿠에**

223 필리핀에서 일본으로: 전쟁으로 고국을 떠난 엄마 **아라가키 야쓰코**

231 내 안의 오키나와: 할아버지의 죽음을 맞으며 **오오시로 쇼코**

240 오키나와를 떠나 아주 멀리 **나카마 게이코**

249 이별이 선물한 만남 **다마시로 후쿠코**

257 말레이시아 난민 캠프부터 현재까지 **구 티 고쿠 트린**

265 **<인터뷰> 하기와라 히로코에게 묻다**
가족사진에 찍히지 않은 것: 사진의 진실, 혹은 거짓

275 감사의 말

277 가족사진으로 본 역사 연표

307 한국어판 후기

310 이 책에 참여한 사람들

왜 가족사진인가:
젠더, 민족적 마이너리티와 표현 활동

황보강자

아버지의 고향에 소중히 보관된 앨범

재일조선인의 집에는 가족사진이 참 많다. 1993년, 57살의 나이로 세상을 떠난 어머니가 남긴 낡은 사진을 살펴보다가 문득 가족사진을 이용해 자이니치 여성들의 개인사를 엮어보면 어떨까라는 생각이 들었다. 사진 속 '자이니치' 가족들은 행복해 보였다. 조선인이라는 이유만으로 멸시당하는 비참한 삶이 사진에는 드러나지 않았다.

태어나 처음으로 한국을 찾은 1972년에 나는 아버지가 나고 자란 고향집 다락방에서 일본에 사는 우리 가족의 사진을 모아놓은 앨범을 찾았다. 첫 장에는 아버지와 어머니의 결혼사진이 붙어 있었다. 그 뒤로 나의 형제자매의 출생, 입학, 졸업, 여행, 집, 자동차 등 우리 가족의 역사가 고스란히 담겨 있었다. 조선인임을 부정하며 일본인이 되고 싶다고 생각하며 살아왔던 나는 소중히 보관된 앨범을 본 순간 조국과 이어진 깊은 인연을 통감했다.

〈코리안 디아스포라 아트〉 전시회 출품작 '자이니치 가족사진'(도쿄경제대학, 2004년).

가족사진을 들고 와 이야기를 나누다

가족사진을 매개로 할머니와 어머니의 세대에서 나와 딸의 세대로 이어지는 자이니치 여성의 역사를 더듬어보고 싶었다. 마이너리티라 불리며 차별받는 이들의 삶을 지탱해준 동력을 확인하고 싶었다. 할머니와 어머니의 삶을 다시 들여다보면서 좀 더 적극적인 삶을 살기 위한 자양분을 얻고 싶었다. 그런 마음으로 자이니치 여성 모임인 '미리내'의 동료들에게 얘기를 꺼냈다. 얼마 후 우리는 각자의 가족사진을 모아놓고 천천히 이야기를 나눴다. 오래전부터 만

17

나왔음에도 불구하고 지금까지 알지 못했던 동료의 가족 관계와 성장 과정을 알게 됐고, '자이니치'라고 묶이지만 그 안에는 제각각 서로 다른 역사를 지닌 사람들이 있다는 사실을 깨달았다. 결혼식 풍경만 보더라도 전통적인 민족의상부터 웨딩드레스, 기모노, 치마저고리 등 다양한 문화적 배경을 확인할 수 있었다. 가끔은 북쪽 조국에서 보내온 친척의 결혼식 사진도 있었다.

우리는 각각의 가족사진 속에 담긴 역사가 서로 만나는 작품을 구상하게 되었다. 우리의 취지에 공감한 아티스트 시마다 요시코嶋田美子 씨와의 공동작업으로 〈'자이니치' 가족사진전〉이 완성됐다. 이 전시회는 2001년 11월 캐나다 밴쿠버의 갤러리 '센터 A'에 열렸고, 2002년 3월 광주 비엔날레에서 세계 각국에 흩어져 사는 조선민족 디아스포라 아트의 하나로 소개되었다.

세계 각지의 조선민족과의 만남

각자 나고 자란 국가와 지역의 차이가 드러난 가족사진을 보면서 세계 각지에 흩어져 사는 조선민족 여성들의 현실을 낱낱이 이해하게 된 만남이 몇 차례 있었다.

그중 하나는 2002년 광주 비엔날레에서 본 작가 빅토르 안Viktor An의 작품이다. 치마저고리 차림의 우즈베키스탄 동포들을 찍은 흑백사진이었다. 치마저고리의 기장이 꽤 길었는데, 1950년대에 나의 어머니께서 결혼식날 입으셨던 의상과 비슷했다. 러시아어밖에 할 줄 모르는 우즈베키스탄 동포들의 모습에 재일조선인의 모습

아버지의 고향에서 찾은 부모님의 결혼사진.

이 고스란히 포개졌다.

　이듬해인 2003년 리쓰메이칸대학에서 열린 강연회에서 빅토르를 만났다. 1937년 스탈린 정부는 일본의 식민지 지배로 가난에 허덕이다 연해주로 이주해온 조선인을 중앙아시아로 강제 이주시켰다. 일본인과 내통하지 못하게 하겠다는 명목이었다. 갖은 고생을 하며 러시아어를 습득하고 러시아인이 되어 나라를 위해 몸 바쳤지만 1991년 소비에트연방이 붕괴되면서 이번에는 먹고살기 위해 우즈베키스탄어를 익혀야만 했다. 나중에 연해주로 돌아왔지만 그곳 생활도 녹록지 않아 다시 남러시아로 세 번째 이주를 하였다. 빅토르는

빅토르 안의 사진작품.

살아남기 위해 순식간에 뒤바뀐 생활과 살아남기 위해 새로운 관계를 받아들이고, 그 의의를 찾으려 했던 고난의 역사를 사진으로 기록했다. 광주 비엔날레에서 본 사진은 소련 체제의 붕괴 이후 우즈베키스탄의 조선인, 고려인의 민족의식이 고양되면서 치마저고리를 차려입고 찍은 사진이었다고 한다.

그들에게 남아 있는 조선어는 소련 체제하의 농업공동체에서 생산력을 유지하기 위해 결속을 다질 때 쓰던 단어뿐이었다고 한다. 조선 요리도 남아 있다고 해서 봤더니 조선 사람들이 먹던 국수와 비슷했지만 토마토와 허브가 들어 있었다. 비단 고향에 대한 향수 때문만이 아니라 낯선 타향살이를 떠받쳐주는 버팀목으로서 전통문화가 살아남아 전승된 것이 아닐까. 조선인임을 부정당하는 사회에서 민족의 문화를 부흥하고 계승해나가는 일은 큰 의미를 지닌다. 민족 문화를 꽉 붙들고 있지 않으면 인간으로서의 존엄을 지킬 수 없었기 때문이다.

또 하나의 사례는 2004년 하와이 플랜테이션 빌리지Plantation Village의 조선인 이민자들의 집에 있던 수많은 가족사진이다. 조선인은 1903년부터 하와이로 이민을 갔는데 대부분 황해도 출신의 장남이 아닌 남성이었다. 이 젊은이들에게 가족이라는 희망을 품게 해줄 경상도 출신의 젊은 여성 879명이 1912~24년 사이에 일본 정부가 발행한 여권과 예비 신랑의 얼굴 사진만 들고 하와이로 건너갔다. 16~20세의 여성들이 하와이에 도착했을 때 마중 나온 사람은 사진과 전혀 다른 남성들이었다. 그들은 대부분 마흔이 넘은 남성이었다. 아버지뻘이나 되는 나이 차이에, 고향도 다르고 생활 습관도 너무나 다른 남편으로 인해 이국 생활은 더욱 외롭고 고단했다. 임신을 해도 누구의 도움도 받을 수 없었고, 남편의 불성실함 또한 생활을 힘들게 했다. 다른 집의 빨래나 식사 준비 등을 하면서 생활비를 충당해야 했다. 아이가 겨우 컸을 때쯤 나이 많은 남편들은 세상을 떠났다. 여성들은 채 마흔이 되기도 전에 홀몸이 되었고 정신적으로 의지할 곳이 없었다.

하와이 이민사 연구자인 앨리스 윤최Alice Yun Chai는 그들이 믿고 의지했던 것은 시스터후드sisterhood(자매애), 여성들의 연대였다고 말한다. 나는 고故 앨리스 윤최 선생님과 1995년 '베이징 세계 여성대회'에서 처음 만났다. 앨리스 선생님은 하와이 조선인 여성들

한 조선인 하와이 이민자의 집에 있던 가족사진.

이 고되고 힘든 삶 속에서도 3·1운동(1919년) 때 김치와 수예품 등을 파는 바자회를 열어 본국의 독립운동을 지원했다고 말한다. 1945년 조국 해방 때에는 눈물을 흘리며 기뻐했다고 한다. 앨리스 선생님은 "하와이로 이민 온 한국계 여성의 생활의 지혜와 운명을 개척하는 강인한 힘, 훌륭한 여성 연대는 미래 세대의 여성들에게도 용기와 힘을 줄 것"이라고 역설했다. 그녀는 1970년, 80~90살의 여성 20명을 인터뷰했고 고향 방문도 성사시켰다.

　세 번째 사례는 2004년 〈코리안 디아스포라 아트〉(도쿄경제대학 학술심포지엄 주최)에 출품했을 때의 일이다. 미국, 캐나다, 독일, 벨기에 등 세계 6개국에서 모인 코리안 디아스포라들은 자신들의 뒤섞인 정체성identity과 문화를 영상과 퍼포먼스, 그림, 사진 등 다양한 방식으로 표현했다. 우리가 전시한 '자이니치 가족사진'을 보고 자신의 집에도 비슷한 사진이 있다고 이야기하는 관객이 많았다. 그중 미희-나탈리 르무안Mihee-Nathalie Lemoine의 '친부모를 찾는 아기들' 작품이 인상적이었다. 한국에서 출생한 그녀는 태어나자마자 버려져 1969년 한국 정부의 해외입양 정책으로 벨기에로 입양되었다. 나는 그녀의 작품을 보며 가족사진의 의미를 다시 묻게 됐다. 작품의 모티프는 입양 서류에 붙어 있던 사진이다. 그 위에 입양된 곳에서의 새로운 가족사진을 덧붙였다.

이 전시회에 관해서는 책 말미에 실린 하기와라 씨의 인터뷰를 참고하기 바란다.

만남이 쌓이면서 언젠가 전 세계에 흩어져 있는 조선민족의 역사를 보여주는 작품전을 열고 싶다는 바람이 생겼다. 동시에 재일조선인과 유럽 각국으로 흩어진 아프리카인, 아시아인의 궤적을 비교해보고도 싶고, 일본 사회에 온 외국인들에게 가족사진이란 어떤 의미인지도 궁금해지는 등 생각이 점점 확장되었다.

사진 워크숍의 가능성

세계와의 연계를 고민하는 한편, 일본 사회에서 가족사진을 둘러싼 워크숍 활동도 지속했다.

2005년에는 아이들을 대상으로 한 민족교육을 지원하는 '나라奈良재일외국인보호자회'에서 자이니치의 가족사진을 가지고 와 가족사를 이야기하는 워크숍을 진행했다. 사진에 찍힌 집, 옷차림,

미희-나탈리 르무안의 '친부모를 찾는 아기들' 중 일부.

살림살이 등에 관해 많은 질문이 쏟아지고 수수께끼 풀이가 시작되었다. 이야기를 나누는 사이에 자신도 몰랐던 사실, 잊고 있던 일을 새삼 깨닫게 되곤 했다.

2006년 여름에는 다양한 뿌리를 지닌 아이들이 자신에게 소중한 사진을 가지고 와 여러 언어로 워크숍을 했다. 몽골 의상을 입은 할아버지 사진, 백두산을 배경으로 한 여동생 사진, 인도네시아 친구들과 찍은 사진 등 아이들은 사진을 가슴에 안은 채 소중한 사람들과 다시 만날 날까지 일본에서 열심히 살 거라고 밝고 힘찬 목소리로 말했다.

2010년 한일병합 100주년 〈가족사진〉 전시회(도요나카국제교류협회 개최)에서는 세계로 흩어지기 전 친척들과의 마지막 모임을 찍은 사진, 자신의 뿌리를 처음으로 자랑스럽게 여기게 된 고등학생 시절의 사진, 전쟁 기간에 중국에 살았던 일본인의 삶을 담은 사진 등 다양한 사진을 가지고 모여 이야기를 나눴다.

가족사진을 통해 할머니, 어머니를 비롯해 많은 사람들을 새롭게 볼 수 있었다. 아버지의 결혼사진을 보며 쇼토쿠태자聖德太子(6세기 말 일본 아스카 시대 요메이천황의 황자-옮긴이)를 닮았다고 말하는 사람도 있었다. 조선의 귀족 남성의 복식이 쇼토쿠태자와 비슷했기 때문이다. 그 사진에 '우리 집 쇼토쿠태자'라는 제목을 붙였어도 재 밌을 법했다. 해군을 좋아하는 소년이었던 아버지가 해군을 흉내 낸 사진이 있다는 사람도 있었다. 집에 쇼와천황(재위 1926~89년)과 황후의 사진이 걸려 있었다는 말에 고개가 끄덕여졌다. 기모노 차림의 사진을 나뿐만 아니라 많은 자이니치들이 가지고 있었다. "조선인처럼 보이지 않는다. 일본인 같다"는 말이 자이니치들 사이에선 칭찬이기도 했다. 일본인인 척할 수 있다는 것은 일본 사회에서 어느 정도 성공했다는 증거이기 때문이다.

나는 대학 졸업 후 자이니치가 경영하는 회사에 취직했는데, 동포들끼리 모인 신년회에서도 후리소데振り袖(미혼 여성이 입는 기모노 가운데 가장 격식을 갖춘 차림으로 주로 행사 때 착용한다-옮긴이) 차림의 여사원을 자연스럽게 찾을 수 있었다. 치마저고리는 기모노보다 저급한 취급을 받았고, 당시에는 유흥업소에서 볼 수 있는 옷으로 오해받기도 해 인기가 없었다. 조선인들은 일본인이 만들어놓은 치마저고리의 왜곡된 이미지에서 벗어나기 어려웠다. 지금도 치마저고리를 입고 집을 나서려면 용기가 필요하다. 기모노 차림의 조선인 사진을 보고 일본인은 어떤 생각을 할까. "조선인이 기모노를 입다니"라면서 화를 내는 일본인도 있었을 듯하다.

가족사진은 재일조선인이 한 세대에서 다음 세대로 이어지는 과정을 보여주는 일상과 사건의 기록이다. 자이니치 가족이 고군분투해온 증거이자 자이니치 여성들의 눈에 보이지 않는 역사를 드러

서문

2010년 도요나카국제교류협회에서의 사진 워크숍.

내는 자료이기도 하다. 일본 당국의 감시를 피해 하룻밤에 판잣집을 짓는 기술이라든지 몰래 민족학교와 민족학급을 여는 모습 등 사진에는 많은 이야기가 담겨 있다.

한편 자이니치뿐만 아니라 아이누민족이나 피차별부락 출신 여성들과도 사진 워크숍을 진행했다. 피차별부락민뿐만 아니라 아이누인 가운데에도 한반도와 인연이 닿아 있는 사람들을 만날 수 있었다. 처한 상황이 비슷해서 그랬을까. 사진 워크숍을 열면 허름한 판잣집과 가내 공업, 가죽 산업 현장 등을 배경으로 한 엇비슷한 가족사진들이 눈에 들어왔다.

사진 워크숍을 통해 내 안의 '부정'을 '긍정'으로 전환할 수

26

있었다고 자부한다. 이것이 우리 앞에 가로놓인 차별의 현실도 바꿀 수 있지 않을까.

자이니치 여성, 마이너리티 여성의 표현

'미리내'는 위안부 문제를 다룬 영상 교재와 자이니치 여성의 역사를 그린 다큐멘터리를 제작했고, 〈'자이니치' 가족사진전〉을 일본 국내외에서 개최해왔다. 그 과정에서 "표현의 세계에도 국적 조항이 있다"는 자명한 사실을 피부로 느꼈다. 재일조선인이 미디어에 등장할 기회는 스포츠 경기밖에 없었다. 그마저도 "실력의 세계에서는 국적, 민족을 묻지 않는다"고 말하지만 자신의 출신을 당당히 밝히며 활약하는 선수는 거의 없었다. 연예계에서도 이제야 겨우 본명을 쓰는 배우나 제작자를 찾을 수 있게 되었는데 그 수는 극히 적다. 재일조선인은 수 세대에 걸쳐 일본에 살아왔지만 '표현'의 세계에서는 늘 배제되고 수탈당하는 일이 반복되었다. 재일조선인은 '표현'의 현장에서 드러나지 않는 존재였으며 그 사이 일본인은 자신들의 구미에 맞는 조선인상像을 만들어냈다. 우리의 정체성에 상처를 입히는, 희망이라고는 찾아볼 수 없는 조선인의 이미지였다.

나에게는 자이니치 여성으로서의 미래상이 하나도 없었다. 내 앞에 놓인 수많은 장애물을 뛰어넘는 과정은 늘 고독했다. 그래서 다음 세대 여성들에게 앞 세대 여성과 현 세대 여성의 생각과 살아온 삶을 세세히 보여주고 싶다.

캐나다 국적으로 인도네시아에서 나고 자란 한 중국인 영상

27

작가는 자신의 정체성을 백분율로 표현한 적이 있다. 나 또한 일본인이 되고 싶었던 시기, 조선인이 되어야만 한다고 아등바등했던 시기, 내 안의 일본적인 부분과 조선적인 부분을 모두 인정할 수 있게 된 최근에 이르기까지 정체성의 변천을 이미지화한 작품을 만들고 싶다. '김金', '이李', '박朴'이나 외국 이름이 쓰인 명찰을 단 직원이 늘어나는 관공서, 치마저고리를 입고 선거를 하러 가는 날, 다양한 민족의 전통 의상을 입은 학교 선생님, '일본인이란 국적인가 민족인가'라는 질문, 서로 다른 정체성을 지닌 가족, 나의 뿌리, 본명과 민족명, 구 식민지 출신자가 가진 복수의 여권 등을 이미지로 표현한다면 어떨까. 일본에 존재함에도 존재하지 않는 취급을 당하는 현실을 알리는 방법, 앞으로의 바람을 표현할 수 있는 방법은 많을 터이다.

전쟁 중 혹은 전쟁 직후 일본으로 온 재일조선인 1세대는 이제 거의 세상을 떠났다. 일본 국적을 지닌 자이니치들이 늘어나고 있다. 누군가는 자신의 민족성을 확인할 수 있는 사진을 애써 감추거나 버릴지도 모른다. 다음 세대로 넘겨주기 전에 자이니치 여성으로서의 나를 표현하는 일을 화두로 삼아 살아가려 한다.

이 활동을 일본 각 지역 및 전 세계에 있는 마이너리티 여성, 모국을 떠나 이민자가 된 여성들과 교류하며 모색하고 싶다. 세상은 인종, 민족, 젠더라는 관념하에 여성의 존재를 배제하고 그들의 표현을 부정해왔다. 이제 여성이 스스로 자신의 존재를 증명하고자 하는 강력한 힘을 드러내게 될 것이라고 믿는다.

1장

재일조선인 여성

황보강자

정미유기

이화자

김리화

박리사

리향

양천하자

최리영

'자이니치' 가족의 사진

황보강자皇甫康子

1957년 오사카시 히가시요도가와구에서
태어나 효고현에서 자랐다. 재일조선인 1세인
아버지와 재일조선인 2세인 어머니 사이에
태어난 재일조선인 2.5세이다. 1991년에
'조선인종군위안부문제를생각하는모임'을 설립했고,
현재 그 후신인 자이니치 여성 단체 '미리내'의
대표이며 초등학교 강사이다.

사진 ◆

1940년쯤 할머니, 어머니와 어머니의 형제자매. 조국에
있는 가족에게 아기가 태어났다는 소식을 알리기 위해
사진관에서 찍은 것으로 추정된다. 할머니는 조선의
치마저고리 차림이다.

황보강자

사진 속 어머니는 초라하기 그지없는 목조 가옥을 배경으로 포동포동한 맨몸의 아기를 안고 있다. 1957년 오사카시 히가시요도가와에서 태어난 내가 등장하는 최초의 사진이다. 일본에 돈 벌러 간 장남이 결혼을 하고 아이를 낳았는데 여자아이이여서 한국 고향에서는 크게 낙담했던 모양이다. 그 뒤로 남동생 셋을 해마다 낳아서 오명을 씻을 수 있었다고 어머니는 자랑스러운 듯이 말했다. 한국은 부부가 다른 성姓을 쓰며, 결혼을 해도 성이 바뀌지 않는다. 아이는 모두 아버지의 성을 따르기 때문에 딸에게 물려준 성은 대물림되지 않는다. 그러니 어떻게 해서든 아들을 낳으려 한다. 아들을 낳지 못한 여성은 집안의 눈총을 받으며 주눅든 채 지내야 한다.

고향에서 온 편지에는 경상북도의 한 읍에 사는 할아버지가 의기양양하게 내 남동생들의 출생신고를 하러 읍사무소에 갔다는 내용이 쓰여 있었다. 할아버지는 내가 태어났을 때 1년이 지나도록 출생신고를 하지 않았다. 아버지가 재촉 편지를 쓰자 그제야 마지못해 읍사무소에 다녀왔다고 했다. 자신의 막내딸(나에게는 고모)의 출생신고도 5년이나 미루었던 분이다. 할아버지는 40살이 넘어서 생각지도 못한 딸을 얻었다. 딸의 출생을 제때 신고하지 않는 일이 그 무렵 한국에서는 흔한 일이었나 보다. 재일조선인 선배나 친구들 가운데에는 본국에 출생신고를 하지 않아 호적 불명인 사람들이 많았다. 그래서 여권을 신청하거나 혼인을 신고할 때 큰 소동이 벌어졌다. 할아버지는 내게 붙여주었던 '정임正任'이라는 이름을 나보다 4년 일찍 태어난 고모를 뒤늦게 출생신고하면서 써버렸다. 그래서

1장 재일조선인 여성

1957년 어머니에게 안겨 있는 나. 친척집에 얹혀살던 시절, 셋방
앞에서 찍은 사진이다.

일본에서 부르던 '강자康子'가 내 본명이 되었다.

1970년 오사카 만국박람회 때 아버지가 할아버지, 할머니를
일본으로 초대했다. 18년 만의 재회였다. 전쟁 동안 가족과 함께 홋
카이도 비에이초에 입식入植(식민지 개척 등을 위해 다른 지역에 들어가 살
게 하는 일-옮긴이)했던 아버지는 학동소개學童疎開(2차 세계대전의 전화
를 피하기 위해 대도시의 초등학생을 지방 도시나 농촌으로, 개인 혹은 집단으
로 이주시킨 정책-옮긴이)가 시작된 1944년에 조선으로 귀국해, 고향에
있는 초등학교를 졸업했다. 하지만 해방 후 생활은 점점 더 궁핍해졌
고, 아버지는 부모형제를 먹여 살리기 위해 또다시 일본에 밀입국했

황보강자

다. 아버지는 결혼 후 내가 태어나기 전에 출입국관리국에 출두해 합법적인 체류권을 얻었다. 하지만 영주권[1]은 없어서 1965년 한일기본조약[2] 체결 이후에도 조국 왕래는 허용되지 않았다. 처음 할아버지를 만나서 내가 태어났을 때 왜 기뻐하지 않았느냐고 항의하자 할아버지는 웃으면서 능숙한 일본어로 "미안하다. 여자애도 귀한 손주인데"라고 사과했다.

찢어 버린 사진

학교에 들어갈 무렵이 되자 내가 살던 조선인 나가야長屋(일본의 다세대 주택 형식의 하나로 여러 세대가 외벽을 공유하며 나란히 이어져 있다-옮긴이)로 아버지 친구 한 분이 자주 찾아왔다. 나를 근처에 있는 기타오사카 조선초급학교에 입학시키라고 권유하기 위해서였다. 일본 사회로부터 철저하게 배제된 삶을 살고 있었지만 재일조선인은 북쪽도 남쪽도 아닌 하나의 '민족'이라는 유대감이 강한 시기였다. 아버지는 내가 가난한 조국에 도움을 줄 수 있는 사람으로, 가난한 고향의 형제들에게 돈을 보내줄 수 있을 만큼 성장하기를 바라며 나를 민족학교로 보냈다. 초등학교를 졸업한 뒤 더 배우고 싶어도 배울 수 없었던 아버지는 교육열이 무척 높았다. 수업 참관이 있는 날이면

---

1   일본에 정주하는 외국인의 체류 자격 '영주'에는 출입국관리 및 난민인정법상의 '영주'와 주로 구 식민지 출신자를 대상으로 하는 입국관리특례법상의 '특별 영주' 두 종류가 있다. 둘 다 강제 퇴거가 적용되며, 어디까지나 영주가 허가될 뿐이다.

2   1965년 6월 대한민국과 일본 정부 사이에 조인된 한일기본조약과 일련의 협정 및 외교 공문의 총칭.

반드시 학교에 오셨고 수업의 잘못된 점을 지적하기도 했으며 교무실로 찾아가 친구인 교사들과 종종 정치 얘기를 나누기도 했다. 초등학교 3학년까지 동포 사회에서 자신만만하게 자라던 나는 이사와 한반도의 정세 변화로 인해 일본 공립학교로 전학을 가게 됐다.

처음으로 일본인 사회에 뛰어들던 순간에는 걱정과 불안이 가득했지만 일본인과 더불어 살아가는 기술을 바로 몸에 익힐 수 있었다. "어디서 전학 왔어?"라는 말을 들으면 어떻게 대답해야 할지 몰라 우물쭈물하던 나는 어느 순간 아무렇지 않게 거짓말을 하게 됐다. 학교에서는 나의 본명을 일본어 발음으로 소개했다. 한 친구의 어머니가 "독특한 이름이네. 황족의 친척이니?" 하고 물어서 선대에는 그랬던 것 같다고 대답한 적도 있다. 이 대답이 꼭 틀렸다고 할 수는 없을지도 모르지만 말이다. 10살 무렵부터는 조선인이라는 내 뿌리를 부정하려 애썼다.

'강자'에서 '야스코'로 탈바꿈한 내가 일본인 친구에게 결코 보여줄 수 없었던 사진이 있다. 민족학교 문화제 때 바지저고리를 입고 찍은 사진이다. 나는 도요토미 히데요시와 맞서 싸우는 병사 역할이었다. 몸집이 커서 남자 역할을 맡았던 내 옆에는 색동저고리를 입은 현인수라는 친구가 있다. 인수는 집안 형편 탓에 어느 날부터 학교에 나오지 않았다. 나중에 선생님께 북한으로 가는 귀국선[3]에 탄 것 같다고 들었는데 도저히 믿을 수 없었다. 이 사진은 인수를 떠올릴 수 있는 유일한 흔적이다.

일본인 친구에게 보여줄 수 없는 사진에는 결혼식 때마다 반드시 치마저고리를 입는 할머니와 어머니, 판잣집을 배경으로 동생들과 찍은 사진 등도 있다. 사진은 가족이 살아온 궤적을 따라 앨범에 차례로 붙어 있지만, 친구들에게 보여줄 때에는 그 부분을 건너뛰어 넘겨버렸다. 초등학교 고학년이 되었을 때 친구들에게 보여줘도 괜찮은 사진만 골라 따로 앨범을 만들었다.

그때는 어머니가 기모노를 입고 찍은 사진이 그렇게 자랑스러웠다. 재일조선인 2세인 어머니는 초등학교도 제대로 다니지 못했지만 완벽한 일본어를 구사했다. 재일조선인 1세인 아버지와 달리 조선인이라는 자긍심 같은 것도 없었다. 얼굴 생김도 조선인답지 않아서 어디를 보나 딱 일본인이었다. 어머니를 완벽한 일본인으로 만들어 나 또한 일본인에 가까워지고 싶었다. 그들과 친구가 되고 싶었다. 어머니에게 초등학교 졸업식 날에는 다른 엄마들처럼 기모노를 입고 와달라고 졸랐다. 그 무렵 우리 집에는 경제적으로 어느 정도 성공을 거머쥔 아버지를 만나러 오는 사람이 많았다. 돈을 빌리러 오기도 하고 물건을 팔러 오기도 했다. 우연치 않게 기모노 행상을 하는 사람이 오비帯(기모노의 허리 부분에 두르는 띠로 옷을 여며주는 장신구-옮긴이)를 팔러 왔기에 부모님은 내 간절한 바람을 들어주기로 마음먹었다고 한다. 민족의식이 강한 아버지가 무슨 연유로 승낙했는지는 아직도 의문이지만, 어쩌면 값비싼 기모노를 살 수 있을 만큼

---

3 1959년 12월부터 1984년까지 조선민주주의인민공화국으로 가는 귀국 사업이 전개됐다. 니가타항에서 출발하는 귀국선을 타고 재일조선인 남성 및 그들과 결혼한 일본인 여성을 포함해 약 9만 3,340명이 귀국했다.

1장 재일조선인 여성

성공한 자신의 삶을 확인하고 싶었는지도 모른다. 기모노 입는 법을 몰랐던 우리는 이웃집 일본인 아주머니에게 부탁했다. 기모노, 오비, 하오리羽織(기모노 위에 입는 겉옷-옮긴이), 조리草履(일본의 전통 짚신으로 오늘날에는 전통 의상을 입을 때 주로 신는다-옮긴이), 다비足袋(일본의 전통 버선-옮긴이), 후쿠로모노袋物(휴대용 소품을 담는 주머니-옮긴이) 등을 갖추어 사느라 돈이 꽤나 들었을 성싶다. 단아한 몸에 살결도 하얀 어머니에게 팥죽색 시보리絞り染め(천을 다양한 방법으로 묶고 묶은 부분에 염료가 들어가지 않게 하여 모양을 그려내는 염색-옮긴이)의 기모노가 매우 잘 어울렸다. 그날 내가 찍은 사진 속 어머니는 무척 기쁜 얼굴로 웃고 있다. 가난한 집에서 나고 자라 조선인인 자신을 비하하고 일본인을 동경했던 어머니는 꿈이 이루어졌다고 생각했을지도 모른다. 나는 기모노 차림의 어머니가 자랑스러웠고, 사진을 앨범에 붙이면서 '자, 이제 난 일본인이 될 수 있어'라는 생각에 가슴이 부풀었다. 그때까지 어머니는 기모노를 입은 친척을 보면 "조선인이면서"라고 비난했다. 그런 어머니가 기모노를 입은 자신의 모습을 사진으로 볼 때마다 어떤 심정이었을지 나는 헤아리지 못했다. 그 뒤로 두 번 다시 기모노를 입은 어머니를 볼 수 없었다. 몇 년 후 어머니는 서랍 속에 고이 넣어두었던 기모노를 아는 일본인에게 주었다.

'일본인이 된다'는 기대에 부풀어 중학생이 되었지만 지문날인 사건⁴을 경험하고 외국인등록증⁵을 상시 휴대하는 제도가 시행되면서 꿈은 무참히 깨지고 말았다. 14살 때, 학교를 조퇴하고 외국인등록증을 갱신하러 아버지와 아마가사키 시청에 처음으로 찾아갔다. 창구에는 조선인들이 늘어서 있었는데 담당 직원이 한 할머니에게 소리를 질렀다. 할머니는 글자를 쓸 줄 몰라 서류를 작성할 수 없었던 것이다. 그렇게 불친절했던 직원이 내 순서 때는 매우 정중하게 응대했다. 일본어를 잘하는 아버지가 옆에 있었기 때문이다. 손가락에 잉크를 가득 묻혀 지문을 찍고 찜찜한 기분으로 집에 돌아왔는데, 그날 아버지에게 매우 가슴 아픈 말을 들었다. 조선인 범죄 검거율이 높은 이유는 오늘 찍은 지문이 경찰, 시청, 외국인관리국에 등록되기 때문이라고 했다. 조선인은 일본에서 늘 범죄자 취급을 당하며, 일본인과 똑같은 죄를 짓더라도 더 무거운 처벌을 받으며 강제 송환되는 일도 있다고 했다. 그 말을 들으니 부르르 치가 떨렸다. 일본에서 나고 자랐는데, 조국이라고는 한 번도 가본 적이 없는데 왜 이런 부당한 대우를 받아야 하는지 이해할 수 없었다. 조선인이라는 이유만으로 불합리한 대우를 받아야 하다니. 아버지가 해준 말은 몇 년 후 고등학생인 남동생이 하굣길에 외국인등록증을 휴대하지 않았다는 이유로 경찰서로 끌려가 취조를 받으면서 더욱 뼈저리게 다가왔다. 일

---

4 1980년 9월 도쿄도 신주쿠구 구청에서 한종석韓宗碩 씨가 지문날인 거부를 선언, 이후 재일조선인 2세, 3세를 중심으로 지문날인 거부운동이 일어났다. 2000년 외국인등록법상 지문날인 제도는 전면 폐지됐다.

5 정식 명칭은 외국인등록증명서. 1947년 5월 2일 '외국인등록령'이 반포되어 외국인등록증 교부가 시작되었고 1949년부터 14세(이후 16세) 이상의 외국인에게 외국인등록증 상시 휴대, 게시 의무와 유효기간 3년(이후 5년), 중벌 규정이 추가되었다. 2012년 7월 법률이 개정되어 새로운 외국인 관리 제도가 실시되었고 이에 의거 외국인등록증은 폐지되고 '재류在留 카드'와 특별 영주자 증명서가 도입되면서 외국인에게도 주민기본대장법이 적용되었다.

1장 재일조선인 여성

본 사회는 일본인이 되려는 나의 노력 따위는 안중에도 없었다.

고등학생이 되자 현실에서 도망치고 싶은 마음이 더욱 간절해졌다. 조선인도 일본인도 아닌 그냥 '인간'이 되고 싶었다. 아무것도 생각하지 않고 동아리 활동에만 푹 빠져 지냈다. 그러던 어느 날 한국에 입국할 수 없는 아버지를 대신해 할아버지의 환갑을 축하하기 위해 어머니, 남동생들과 함께 처음으로 조국을 방문했다. 1972년 여름 방학 때였다. 당시 한국은 군사독재 시절로 계엄령⁶이 선포되기 직전의 삼엄한 분위기였다. 길거리에선 어린애가 한낮에 학교도 가지 않고 물건을 파는 모습을 흔히 볼 수 있었다. 일본과는 비교가 안 될 정도로 사람들의 삶은 가난했지만 조선인이 중심인 사회가 존재한다는 사실에 감동했다. 내게도 돌아갈 곳이 있다는 안도감이 들었다. 일본에서 태어난 것이 잘못이며 조선인으로서 살아가는 것이 당연하다는 생각에 이르렀다. 진로 상담을 할 때 고등학교 담임 선생님은 조선인은 대학에 가봐야 소용없다, 취업할 때 차별을 받기 때문에 기술을 익히는 게 낫다고 말했지만, 그런 말을 받아들일 수 없었고 민족을 향한 동경은 더욱 강해졌다.

대학에서 재일조선인 선배, 친구들과 어울리며 지금까지 배우지 못했던 민족의 역사를 열심히 공부했고 말과 문화를 되찾자고

---

6   1967년 대통령 재선에 성공한 박정희는 1969년 국가보안이라는 명목하에 대통령 3선을 금지한 헌법을 개악하는 등 독재로 치닫고 있었다. 1972년 7월에는 민족 통일을 내걸고 '남북공동성명'을 발표하지만 같은 해 10월 계엄령을 선포했고 국회해산, 정당·정치활동 금지, 대학 폐쇄 등의 조치가 취해졌다.

황보강자

다짐했다. 그동안 내 안에 자리 잡았던 일본적인 것을 모두 없애고 조선인다운 소양을 갖추려 애를 썼다. 서랍 속에 넣어둔 치마저고리 사진과 조국의 친척들 사진도 꺼내놓았다. 반대로 그렇게 자랑스러워했던 기모노를 입은 어머니 사진은 이제는 가장 보여주고 싶지 않은 사진이 되어 서랍 속에 깊이 처박혔다.

1993년 어머니는 쉰일곱의 나이로 세상을 떠났다. 그때 나는 서른여섯이었다. 어머니의 앨범을 정리하는데 잊고 있던 사진이 나왔다. 친구 어머니들과 나란히 서서 웃고 있는, 어딜 보나 일본인인 기모노 차림의 어머니 사진이었다. 나는 그 사진을 찢어서 버렸다. 재일조선인의 장녀로 교토에서 나고 자란 어머니. 일본 사회의 혹독한 차별 속에서 형제들을 돌보느라 학교도 가지 못하고 늘 누군가를 위한 인생을 살아온 어머니. 그런 어머니에게 나는 어머니를 멸시하는 일본인처럼 되라고 강요했다. 부끄러웠다. 지나간 시간을 되돌리고 싶었다.

사진의 의미

어머니가 어렸을 때에는 재일조선인의 삶이 훨씬 더 궁핍하고 열악했을 것이다. 그런데 우리 집에는 그 시절의 사진첩이 있다. 이 엄청나게 많은 사진은 무엇을 의미할까. 36년, 일본의 식민 지배는 많은 재일조선인을 낳았다. 생이별한 가족과 연락을 이어주는 끈은 편지뿐이었다. 안부를 전하고 가족이 늘었다는 소식을 알리는 데 사진은 매우 유용한 수단이었다. 전후에도 한국전쟁과 냉전, 분단된 조국의 상황으로 고향으로 돌아가는 길은 점점 멀어져만 갔다. 1965년 한국과 일본의 '국교 정상화'로 드디어 조국을 방문할 수 있게 되었지만 조선민주주의인민공화국과는 지금도 수교가 이루어지지 않았다.

내가 가지고 있는 가족사진 중 가장 오래된 사진은 1940년대 교토의 한 사진관에서 찍은 것으로 보이는 할머니, 어머니, 어머니의 형제들의 사진이다. 하얀 치마저고리를 입은 젊은 시절의 할머니는 갓난아이를 무릎에 앉혀 안고 있다. 그 옆으로 소년이 서 있고 단발머리 여자아이가 앉아 있다. 이 사진을 찍은 뒤로 아이는 4명이 더 태어나 모두 일곱이 되었다. 내가 아는 할머니는 매우 엄한 분이었다. 사진 속 온화한 얼굴의 할머니가 마치 딴사람처럼 보인다. 목사의 딸이었던 할머니는 교육도 받았고 당시 여성으로는 드물게 한글을 읽고 쓸 줄 알았다. 1933년 남편인 할아버지와 함께 일본으로 건너온 할머니는 강가에 지은 판잣집에서 살며 선로 아래에 돼지우리를 만들어 생활 기반을 일구었다. 어렸을 적 할머니가 끄는 손수레를 타고 돼지 먹이로 쓸 잔반을 얻으러 교토역 뒤편의 도시락 가게에 간 적이 있다. 마음씨 좋은 아주머니가 먹을 수 있을 만한 밥이나 반찬을 따로 챙겨주고는 했다. 그럴 때면 평소의 엄하고 무서운 모습은 오간 데 없이 할머니는 비굴하다 싶을 정도로 머리를 조아렸다.

사진 속 큰외삼촌은 무척 귀여워 보이지만 난 늘 큰외삼촌이 무서웠다. 내 기억 속엔 큰외삼촌이 술을 마시고 행패를 부리던 모습만 남아 있다. 평소에는 조용했지만 술이 들어가면 언제 호통을 칠지, 밥상을 뒤엎을지 알 수 없었다. 큰외삼촌 앞에 서면 잔뜩 긴장했던 기억이 지금도 선명하다. 큰외삼촌의 젊은 시절은 어땠을까. 술 없이는 견디기 힘든 삶을 살아냈는지도 모른다. 외삼촌은 일흔이 넘어서도 일용직으로 일하며 생활했다. 가끔씩 맥주를 마시다 웃을 때면 사진 속 천진난만한 얼굴이 비쳤다. 내가 큰외삼촌을 받아들일 수 있게 된 것도 재일조선인의 역사를 알게 된 이후이다.

재일조선인 2세로 일본에서 나고 자란 어머니와 어머니의 형제들은 상상조차 할 수 없는 차별의 한복판에서 살아야 했을 터이고 조선인이라는 자긍심은 무참히 짓밟히고 자존감을 지키는 일 따위는 생각하지 못했을 것이다. 재일조선인 1세인 부모와의 공통 언어는 귀로 익힌 조선어와 서툰 일본어였다. 삶에 쫓기는 부모님과 학교에서의 집단 따돌림, 사춘기의 방황, 불안한 미래 등을 터놓고 얘기할 여지도 없었을 터였다. 장녀인 어머니는 집안일을 도맡아 하며 어린 동생을 돌보느라 학교에 다니지 못했다. 어렸을 적부터 '조선인이니, 여자이니 어쩔 수 없다'라고, 운명이라 여기고 포기할 수밖에 없었다고 한다.

할머니가 기댈 곳은 자신이 나고 자란 조선이었다. 식민 지배하의 고향을 떠나 결혼을 위해 일본에 건너온 할머니는 조선에 있는 가족에게 안부를 전하고, 자식이 태어날 때마다 사진을 보내 가족의 일원임을 확인받고 싶은 마음이 간절했을 것이다. 조선이 독립하면 당장이라도 조국으로 돌아가고 싶다는 바람은 할머니뿐 아니라 당시 재일조선인 모두의 한결같은 마음이었다.

1장 재일조선인 여성

재일조선인 3세에 속하는 나는 어린 시절 가본 적도 없는 조국에는 별 관심이 없었고 조국에서 보내오는 사진으로 친가의 존재를 짐작만 할 뿐이었다. 오로지 편지와 사진만이 현해탄을 건널 수 있었다. 1965년 한일조약 체결 이후 한국과 일본의 국교가 회복되면서 드디어 조국 방문이 가능해졌다. 하지만 한국 국적과 협정영주권[7]을 지닌 사람만 조국 땅을 밟을 수 있었다. 조선적[8] 재일조선인의 대부분은 남쪽이 고향이다. 그럼에도 일본에서의 삶을 단념하고, 혈육 하나 없는 이북으로 귀환한 가족도 있다. 이들과의 교신도 오랜 세월 동안 사진과 편지로 이루어졌다.

현해탄과 휴전선을 건너는 사진

1940~60년대의 가족사진을 보면 고도 성장의 영향으로 조금 윤택해진 재일조선인이 등장한다. "조센진朝鮮人(조선인. 본래는 비하하는 의미가 없었지만 일제강점기를 거치면서 조선민족을 향한 인종차별적인 단

---

7 한일기본조약과 함께 체결된 '한일법적지위협정'에 의거해 부여되었다. '1945년 8월 15일 이전부터 신청 시까지 계속 일본에 거주하고 있는 자'와 그 자손이 신청하면 얻을 수 있는 '영주' 자격. 하지만 한국 국적 보유자만을 대상으로 제한하면서 문제가 발생했다. 1991년 입관특례법入管特例法 개정으로 한국적, 조선적 모두 '특별영주자'로 단일화됐다.

8 1947년 5월 일본에서 외국인등록령이 시행되었을 때 한반도에는 아직 국가가 수립되지 않았기 때문에 재일조선인은 국적란에 편의상 출신지를 '조선'이라고 기재했다. 1950년부터 '대한민국'이라고 기재하는 일이 가능해졌고, 일본 정부는 이를 한국 국적으로 취급했다. 일본 정부는 국적란에 '조선'이라고 기재되어 있는 사람의 국적을 인정하지 않고 무국적 상태인 채로 놔두고 있다(외국인등록상의 조선적은 북한 국적이 아닌 한반도 출신임을 뜻하며, 조선민족 전체에 대한 민족적 귀속을 의미한다-옮긴이).

황보강자

어로 쓰이게 됐다-옮긴이), 쿠사이(냄새난다-옮긴이), 기타나이(더럽다-옮긴이)"라는 말을 들으며 차별받은 어머니는 유난스러울 정도로 깔끔하고 단정했다. 방에는 티끌 하나 없었으며, 속옷은 늘 새하얗고, 서랍과 옷장은 반듯하게 정리되어 있었다. 직접 뜬 스웨터, 양복, 고가는 아니더라도 청결하고 단정한 옷차림은 어머니의 신조였다. 조선인에게 덧씌워진 이미지는 어머니의 수명을 갉아먹었고 어머니는 결국 많은 재일조선인을 괴롭힌 간질환을 앓다 끝내 돌아가셨다.

우리는 1년에 수차례 사진관에 가서 가족사진을 찍었다. 그날이면 가장 예쁜 옷을 챙겨 입었고 촬영이 끝나면 가족이 함께 외식을 했다. 나는 그날이 정말 좋았다. 이후 카메라가 보편화되면서 아버지가 직접 사진을 찍었다. 우란분(음력 7월 15일, 조상의 영을 기리는 불사-옮긴이)이나 설날은 물론 외출을 할 때도 반드시 카메라를 챙겼다. 집에 놀러온 손님들까지 찍어둘 정도로 사진에 집착했다. 여행을 가서도 즐거웠던 기억보다 사진 포즈를 취하느라 고생했던 기억이 더 또렷할 정도다. 이런 일이 첫 조국 방문 때도 이어졌다.

한국에 처음 갔던 2주 내내 아버지가 나고 자란 집에서 지냈다. 한국어를 모르는 나는 작은아버지, 고모, 사촌들과 대화하기 위해 조선학교에서 배운 조선어를 열심히 떠올렸다. 결국 지쳐서 다락방에 혼자 있었는데, 작은아버지가 소중히 간직해온 앨범을 가져왔다. 한국 친척들의 사진 속에 아버지와 어머니의 결혼사진(19쪽 사진), 일본 집에 있는 것과 똑같은 우리 남매의 사진이 있었다. 작은아버지는 일본에서 보내주는 사진 덕분에 형의 사정과 우리의 얼굴을 알았으며, 사진이 있었기 때문에 한 번도 만난 적 없지만 혈육의 정을 느끼며 친밀감을 키울 수 있었다고 했다. 그 뒤 작은아버지 댁을 방문할 때마다 앨범을 찾아보는데, 그때마다 앨범에는 나와 동생들의 결혼사진, 아이들 사진 등이 추가되어 있었다. 할아버지와 할머니가 돌아가시면서 작은아버지, 고모와 조금 소원해졌지만 3년 전에 찾아갔을 때에도 역시 앨범을 보면서 오래도록 이런저런 추억을 나누었다. 만날 때마다 내 한국어 실력도 늘어나 40여 년 전 처음 만났을 때의 일이나 지금까지 있었던 가족사를 이야기할 수 있게 됐다.

사진은 현해탄을 건너 우리를 한가족으로 묶어주었다. 한국에서 보내온 사진을 받으면 아버지는 기뻐하며 이야기보따리를 풀어놓았다. 화를 잘 내는 할아버지가 시계가 고장났다고 짜증내며 시계를 부순 이야기, 고모가 남편을 여의고 홀로 아이를 키우느라 고생한다는 이야기, 나이 차이가 많이 나는 남동생과 여동생은 아버지가 일본에 온 뒤에 태어났기 때문에 아직 얼굴을 본 적이 없다는 이야기, 홋카이도에서 죽은 남동생 이야기, 그리고 아주 먼 조상의 이야기까지 거슬러 올라갔다. 근황을 알리는 편지와 아버지의 부모, 형제, 조카들 사진이 올 때마다 고향 이야기는 몇 번이고 되풀이되었다. 한국에서 온 친척들의 사진과 아버지의 이야기는 그곳이 나의 뿌리임을 가르쳐주었다. 일본에서 태어나 일본인처럼 지내지만 나는 틀림없는 조선인이라는 사실을 증명해주었다.

그 당시 가족사진은 현해탄뿐 아니라 휴전선 너머 북으로도 보내졌다. 1960년대에 내 친척과 친구들 가운데 일부는 '어차피 고

45   황보강자

생할 거면 조국에서'라는 생각에 북한으로 귀환했다. 일본에서의 절대 빈곤, 가혹한 차별 속에서 '인간답게 살고 싶다', '배우고 싶다'는 최소한의 소망을 이루려 했던 사람들. 하지만 이제는 소식이 끊겨 그들이 어떻게 지내는지 알 길이 없다.

남겨진 사진

재일조선인의 생활 속에서 가족사진이 얼마나 큰 역할을 해왔는지는 이루 헤아릴 수 없다. 세대가 바뀌면서 조국에 있는 친인척과의 연결 고리가 점점 약해지는 한편(모국어 습득이 곤란한 '자이니치'들의 사정도 그 이유 중 하나다), 전화와 인터넷 등 연락 수단이 다양해졌다. 재일조선인 1세가 사라져가는 지금 가족사진이 지닌 의미를 알고 있는 세대는 우리가 마지막일 듯하다. 조국에 보낸 사진 속의 행복한 삶과 현실의 팍팍한 삶의 괴리를 어떻게 봐야 할까. 할머니, 어머니, 그리고 나의 세대가 일본에서 생활하면서 조선인의 생활 습관을 고집스레 지키고 있는 이유는 무엇일까. 이를테면 나와 어머니와 할머니의 결혼사진을 보면 모두 치마저고리를 입고 있는데, 이것을 어떻게 설명해야 할까. 조선인이라는 이유만으로 존재를 부정당하는 일본 사회에서 우리가 귀속할 곳은 가족과 동족밖에 없었다. 오랜 세대를 거쳐 수십 년간 살아왔어도 일본은 우리에게 아직도 맘 편히 안주할 땅이 못 된다. 태어나자마자 배척당하는 공통항이 자이니치 1세부터 5세까지를 이어주고 있다.

돌아가신 할머니와 어머니가 고생스러운 삶 속에서도 즐거웠던 일, 가슴 설렜던 일, 살아 있어 다행이라 여겼던 일은 무엇일까? 남겨진 사진을 실마리 삼아 기억을 더듬어본다. 산나물을 뜯으러 다니는 걸 좋아하셨던 할머니와 다카라즈카 가극寶塚歌劇(여성으로만 구성된 일본의 가극단으로 일본의 효고현 다카라즈카시에 본거지를 두고 있다-옮긴이)을 함께 보던 날 달떠 있던 어머니의 얼굴을 떠올리며 "가엾은 인생만은 아니었다"라고 가슴을 쓸어내린다. 할머니와 어머니가 싫었던 적도 있지만 35살에 교원자격 취득에 재도전한 나를 응원해준 이도 두 분이었다.

어머니 세대가 이루지 못했던 꿈을 이어받아 재일조선인 여성으로 태어나 다행이라 여길 수 있는 순간을 늘려나가기 위해서는 아직도 해야 할 일이 많다.

황보강자

어머니에게 가족사진은
어떤 의미였을까

정미유기鄭美由紀 　　1959년 오사카시 히가시나리구에서 태어나 자랐다.
　　　　　　　　　　재일조선인 3세이며 '미리내' 회원이다.

사진 ◆

1946년 할아버지, 할머니, 어머니와 어머니의
형제자매들. 처음으로 할머니에게 이끌려 사진관에
가서 사진을 찍었다고 한다.

정미유기

어머니는 사진 찍기를 참 좋아했다. 가족이 함께 외출하면 "거기 서봐"라고 멈춰 서게 하고는 카메라를 쳐다보라고 했다. 그러고는 반드시 자신도 함께 포즈를 취하셨다. 돌아오는 길에는 사진관에 들러 현상을 맡겼다. 나는 사진을 찾으러 심부름 갈 때면 "사진이 뭐가 그리 좋다고"라고 툴툴대곤 했다. 현상된 사진을 가지고 돌아오면 어머니는 추가로 뽑을 사진을 추렸다. 나의 형제는 모두 다섯인데, 어머니는 자신과 아이들의 앨범에 넣을 사진을 골라서 추가로 인화했다. 그때마다 "표정이 왜 이리 시큰둥해"라든지 "웃으면서 찍으면 좀 좋으니"라는 어머니의 잔소리를 들었다. 언니나 동생 중 누군가는 불만이 가득한 얼굴이거나 시무룩한 표정을 짓고 있었다. 하지만 어머니만은 늘 환하게 웃는 얼굴이었다.

어머니의 가족 사랑은 어머니가 초등학생이었을 무렵에 찍은 사진에서 시작된다. 할아버지는 모자를 쓰셨고 할머니는 아기를 안고 있다. 어머니는 8남매(4남 4녀)의 장녀였다. 이때는 막내 이모가 아직 태어나기 전이어서 사진에는 부모님과 7남매만 나왔다. 전쟁이 끝난 직후였다(어머니는 1935년생이다). "이 사진은 왜 찍었어?"라고 물었더니 "잘 기억은 안 나는데, 남동생 백일인가 그래서 어머니가 사진관에 데려갔던 것 같아"라고 했다. 무엇을 기념하려는 사진이었을까. 온 가족이 사진관에 모여 찍은 사진인 만큼 나름의 목적이 있었을 듯하다. 어머니 기억에는 그 이전에도 이후에도 할머니가 사진관에 가자고 한 것은 이때뿐이었다고 한다. 이 사진을 찍은 이유를 확인하고 싶지만 이제는 불가능하다. 할아버지와 할머니는 30년 전에

1장 재일조선인 여성

돌아가셨기 때문이다.

어머니는 오사카에서 태어났는데, 할아버지의 일터를 따라 고치로 이사를 갔다. 어머니가 10살 때 일본이 패전했다. 어머니는 중학교 졸업 후 고치에 있는 가족과 떨어져 오사카 시내의 신사복 봉제공장에서 일했다. 아침 8시부터 밤 12시까지 쉬지 않고 일하며 저금한 당시 돈 15만 엔으로 집 한 채를 빌려 가족을 불러들였다. 그 때부터 어머니는 가족을 사진관에 데려가서 사진을 찍기 시작했다. 부모님과 8남매가 모두 함께 사진을 찍었다.

어머니 혼자 화사하게 차려입고 포즈를 취한 사진도 몇 장 보인다. 이때는 좀 여유가 생겼느냐고 물었더니 "삶의 낙이랄 게 없었으니까 돈을 조금씩 모아서 사진 찍으러 가는 게 재미였어"라고 말했다. 취미도 없고 직장 동료들과의 회식도 싫어했다고 하니, 사진 찍는 일이 그나마 소소한 기쁨이었을 것이다.

19살에서 20살 무렵 어머니의 표정은 정말로 밝고 행복해 보였다. 어머니는 "여학교에 다니고 싶었어. 하지만 돈 많은 사람 아니면 갈 수 없던 시절이었어. 학교를 못 가서 원통했지"라는 말을 자주 했다. 나는 어머니로부터 "책 읽는 것도 좋아하고 공부는 지지 않을 자신이 있었는데, 장녀라는 이유로 가족을 위해 일을 해야만 했지"라는 말을 귀에 못이 박히게 들으며 자랐다.

어머니의 결혼
어머니는 결혼식 사진을 자주 보여주었다. 어머니는 23살, 아버지가 29살 때였는데, 두 사람은 실제보다 훨씬 더 나이 차이가 나 보인다. 어머니에게는 자랑하고 싶은 사진이다. "어머니는 예쁘고 가냘픈데 아버지는 아저씨 같아"라고 말하면 꼭 맞선을 본 날의 이야기가 이어서 나온다. 어머니 집에 찾아온 아버지를 본 외삼촌이 "중매인인 줄 알았어"라고 말했다는 일화다. 그러면서 어머니는 "내 다리가 멀쩡하고 조선인이 아니었다면 네 아버지를 만나지 않았을 거야"라고 말을 잇는다. 어머니는 어렸을 때 고열에 시달린 뒤 한쪽 다리가 불편해진 일, 가난한 조선인으로 태어난 일을 자신의 운명이라 한탄했다. 그 말을 들으면서 나 또한 어머니와 마찬가지로 '결혼은 반드시 조선인끼리 해야 한다'는 생각을 갖기도 했다. 결혼식 단체사진은 꽤 흥미롭다. 나는 한 번도 만난 적 없는 사람이 대부분이다. 조선인은 친인척을 비롯해 결혼식에 참석하는 사람의 범위가 일본인에 비해 넓다. 관계가 가까운지 먼지는 모르지만 자주 집에 드나들며 나를 귀여워해주던 아저씨, 아주머니들과 지금은 세상을 떠난 분의 얼굴도 있다.

아버지는 '종갓집 장남'이어서 비좁은 집에서 1년에 몇 차례씩 제사를 지내야 했다. 일을 도와주러 오던 아주머니, 마지막까지 앉아 있던 아저씨의 모습이 기억난다. 지금도 친척을 만나면 그 시절의 제사가 떠오른다. 제삿날에는 먹을 게 잔뜩 있었지만 나는 제사가 정말 싫었다. 그중에서도 여자들과 아이들은 부엌에 다닥다닥 모여 앉아 밥을 먹고, 남자 어른들은 제사를 지낸 방에서 한밤중까지 먹고 마시는 게 제일 싫었다. 음식 준비도 술을 마련하는 일도 모두 여자

1장 재일조선인 여성

1958년, 부모님의 결혼식.

몫이었다. 아침부터 장을 보고 낮 동안 음식 준비에 매달렸다. 남자
들은 저녁이 되어 하나둘 모여들었고 오자마자 밥상 앞에 앉아 차려
진 음식과 술을 먹기만 했다. 그러면서 재일조선인은 반드시 조선인
끼리 결혼해야 한다는 고정관념, 결혼은 곧 조선식 의례의 승계를 의
미한다는 관념에 진절머리가 났다. 나는 중학생이 되었을 무렵 절대
결혼하지 않겠다고 다짐했다.

　　사진을 좋아한 어머니 덕분에 나의 유년기 사진이 많이 남아
있다. 당시는 고도 성장기로 많은 재일조선인 가족이 그랬듯이 우리

집도 살림이 조금 넉넉해졌다. 재일조선인 2세인 부모님은 일본 이름으로 생활했고, 조선인도 노력하면 '일본인 못지않게 살 수 있다'라고 믿으며 '일본인의 생활'을 동경했다.

내가 7살이던 해의 '시치고산七五三'(일본의 전통 명절로, 남자 아이가 3살·5살, 여자 아이가 3살·7살 되는 해의 11월 15일에 아이의 무사 안녕을 기원하는 의례-옮긴이) 때 찍은 사진을 보면 기모노 차림이다. 외삼촌과 이모부가 일본 옷을 입고 있는 사진도 있다. 치마저고리 차림의 사진은 친척 결혼식 날 '화동' 역할을 맡아 하얀 치마저고리를 입고 찍은 사진이 한 장 남아 있을 뿐이다. 어머니 또한 치마저고리를 즐겨 입지 않으셨다. 중학교 입학식 때도 검은색 하오리를 입고 밝게 웃는 사진이 남아 있다. 사진을 보면 재일조선인 1세인 할머니는 중요한 날에는 항상 치마저고리 차림이다. 할머니는 기모노를 입고 의기양양해하는 어머니의 모습을 보며 어떤 생각을 했을까.

취직 차별과 한국 방문

나는 초등학교부터 고등학교까지 일본의 공립학교를 다녔다. 민족을 부정하지도 긍정하지도 않았으며 조선인이 많이 사는 나가야에서 자랐다. 부모님은 늘 "열심히 공부하면 일본인에게 지지 않는다"라고 말했고 나 또한 그 말을 믿었다. 하지만 고등학교를 졸업할 무렵 진로 상담을 하면서 취직할 곳을 정할 때 처음으로 차별을 느꼈다. 나는 상업고등학교를 다녔는데 담임 선생님은 "가고 싶은 곳에 취직하려면 학년에서 몇 등 안에 들어야 해"라고 말했다. 하지

1장 재일조선인 여성

만 내가 취직 시험을 볼 수 있는 기업은 처음부터 몇 군데로 한정되어 있었다. 일본인 친구들은 종합상사나 금융기관에 취직했고, 재일조선인 친구는 아는 사람의 소개로 일본 기업이나 재일조선인이 운영하는 회사에 들어갔다. 성적은 취업과 관련이 없었다. "한국 국적이어서 그런 겁니까?"라고 따져 물었지만 아무런 대답도 듣지 못했다. 학교에서 추천한 회사의 시험을 보든지 내가 알아서 찾아볼 수밖에 없었다. 집안 사정상 내가 돈을 벌어야 했기 때문에 학교에서 추천해준 회사에 취직했다. 그때 나는 부모님이 강조하던 '열심히 노력하면'이 얼마나 허황된 말인지 깨달았다.

　　원하지 않는 곳에 취직한 데다 노동 조건도 나빠 1년 3개월만에 일을 그만두었다. 그만둔 뒤에는 아침부터 밤까지 아르바이트를 하면서 불안하고 초조한 나날을 보냈다. 그때 어머니, 할머니와 함께 거류민단(재일조선인으로 구성된 민족단체로 1946년 '재일본조선인거류민단'이라는 이름으로 창립되었다. 이후 1948년 대한민국 정부가 수립되면서 '재일본대한민국거류민단'으로, 1994년 '재일본대한민국민단'으로 개칭했다-옮긴이)의 모국 방문단[1]에 참가해 한국에 가게 되었다. 한국 방문은 인생의 전환점이 됐다.

　　모국 방문단 일정을 마친 후 어머니와 아버지의 고향인 제주도에 들렀다. 친척집을 도는데 가는 곳마다 나는 "왜 한국말을 못 하

1　1975년에 시작되었으며 '모국성묘방문단'이라고도 한다. 조선적인 재일조선인을 주 대상으로 한 한국 초청 사업이다.

냐"는 말을 들었고 어머니는 "잘 가르쳐야 한다"는 꾸중을 들었다. 반발심이 생겼지만 되받아칠 수 없었다. 취직 차별을 경험한 뒤여서인지 한국 방문을 통해 재일조선인으로서의 나를 생각하게 되었다.

재취업과 결혼

한국에서 돌아온 직후 일본인 친구가 일하는 곳에서 사람을 뽑는다는 소식을 들었다. 시험을 보고 1979년 가을에 입사했는데, 그 회사에는 노동조합이 있었다. 직장의 재일조선인 여성을 통해 재일조선인 청년조직에 대해 알게 되었고 한국어도 배웠다. 역사를 배우고 한국의 민주화운동을 배우고 동세대 재일조선인들과도 만났다.

성인식 때에는 민족의상을 입고 참석했다. 같은 지역에 사는 재일조선인 친구 몇몇도 치마저고리 차림이었는데 역시 눈에 띄었다. 그 이후로는 기회가 있을 때마다 치마저고리를 입었다.

그 뒤 나는 직장에서 만난 일본인 남성과 결혼했다. 내가 재일조선인 청년조직 활동을 해서 그랬는지 부모님은 "조선인을 데려올 줄 알았다"라고 말하며 조금 놀라셨다. 친척이 반대하기는 했지만 부모님은 의외로 선선히 받아들여주었다. 상대가 일본인임에도 불구하고 피로연은 꽤나 요란하게 했다. 친척들과 단체사진을 찍기 직전에 친구가 찍어준 사진을 보니 한국과 일본, 두 나라의 민족의상이 한데 뒤섞여 있었다.

두 아이가 태어났고 나의 여동생들도 잇달아 결혼했다. 여동생의 결혼식 때는 아이들에게도 치마저고리와 바지저고리를 입혔

다. 두 아이가 처음으로 민족의상을 입은 날이다. 둘 다 일본 국적이
지만 민족의식을 유지할 수 있게 재일조선인 친구들과 만날 기회를
만들어주려고 노력했다. 민족의식은 "아빠는 일본인이지만 엄마는
조선인"이라는 말만으로는 전달되기 어렵다. 아이들에게 내가 지금
까지 보고 배운 것들을 들려주면서 아이들이 재일조선인의 역사에
도 관심을 갖고 귀 기울여주길 바랐다. 동세대 재일조선인 친구들의
상황에 관심을 갖기를, 특히 지금도 계속되는 재일조선인 차별과 불
평등을 인지하고 어떻게 하면 좋을지 함께 생각해주길 바랐다.

자이니치 여성들과의 만남과 아이들의 성장

아이를 낳고도 재일조선인 청년조직과 간간이 관계를 이어갔
지만 활동에 복귀하기는 어려웠다. 그 무렵 여자 선배가 '재일조선
인 여성 모임'을 만들려 한다는 이야기를 듣고 아이를 데리고 얼굴
을 내밀었다. 그곳에서 알게 된 같은 자이니치 여성들과의 만남은 정
말로 신선했다. 혼자서 끙끙 고민하던 일들이 사실은 나 혼자만의 문
제가 아니라는 것과 나와 같은 생각을 하고 성실히 실천하는 여성들
이 있다는 사실을 알게 됐다. 우리는 공통의 문제를 스스로 해결했
다. 공부 모임을 만들기도 했고 문제의식과 주장을 정리한 소식지를
발행하기도 했으며 전통 악기를 연주하기도 했다.

재일조선인 여성과의 만남이 나와 아이의 관계에도 자극이
되었고 도움이 되었음을 이제와 새삼 느낀다. 내가 엄마로서 전해줄
수 있는 '민족적 소양'은 너무나도 빈약했다. 그래서 나는 자이니치

친구들이 만든 '어린이 민족 캠프', '어린이 민족 악단'의 시민 축제 퍼레이드와 무대 등에 아이와 함께 참여했다. 초등학교 시절부터 이런 경험을 하다 보니 두 아이는 자신이 '조선인이기도 하다'는 사실을 자연스럽게 자각하고 당연하게 받아들였다.

아이의 초·중·고등학교 입학식과 졸업식 날이면 나는 반드시 치마저고리를 입고 참석했다. 또 두 아이가 다니는 학교에서 학생들을 대상으로 조선의 악기를 연주하거나 재일조선인에 관한 이야기를 들려주러 갈 때에도 치마저고리를 입었다. 이름을 밝히지 않는 이상 재일조선인이라는 사실을 알 수 없는 일상생활에서 치마저고리를 입는 일은 그 자체가 스스로 재일조선인임을 드러내는 행동이다. 나는 30여 년 전에 지금의 직장에 재취업할 때까지는 일본 이름(통명通名[2])으로 생활했다. 일 때문에 사람을 만나 이름을 말할 때라든지 명함을 교환할 때면 아직도 긴장이 된다. 그럼에도 이제는 본명으로 일하는 것을 행운으로 생각하며, 내가 재일조선인이라는 사실이 드러나도 아무렇지 않다. 현재 일본에는 본명을 말하고 싶어도 말할 수 없는 직장, 직업이 압도적으로 많다. '본명'과 '치마저고리'는 그 자체로 재일조선인임을 밝히는 자기주장으로 이어진다. 그것만으로도 눈살을 찌푸리는 사람이 있다.

---

2   본명이 아닌 일상에서 사용하는 이름으로 1947년 일본 정부가 '사회생활의 편의를 도모하기 위해'라며 외국인등록증에 일본식 이름을 기재할 수 있게 한 조치에서 유래한다. 취업과 부동산 취득 등에 이용되는 등 법적 효력을 지녔다. 차별적인 일본 사회에서 재일조선인 대부분은 통명을 사용한다.

첫째 아이가 고등학교 졸업식에 치마저고리를 입고 가고 싶어 해서 처음으로 옷을 맞추게 되었다. 우리 모녀는 함께 치마저고리를 입고 졸업식에 참석했다. 이루 말할 수 없이 기뻤다. 하지만 그날 우리는 전철로 두 정거장에 불과한 고등학교까지 택시를 타고 가야 했다. 납치 문제(1970~80년대 무렵 일본에서 발생한 행방불명 사건들이 북한과 관련된 것으로 알려져 북일 간의 외교 현안이 되었다. 북한은 납치 사실을 계속 부정하다가 2002년 9월 평양에서 열린 북일 정상회담에서 김정일 국방위원장이 일본인 납치 사실을 인정하며 사죄했다-옮긴이)로 재일조선인에 대한 이유 없는 협박, 혐오 사건이 잇달아 일어나 언제 무슨 일이 터질지 모르는 상황이었기 때문이다. 위험이 예상되는 만큼 난 내 아이들을 지킬 책임이 있었다. 아이에게 상황을 설명하니 아이도 "아무래도 전철로 가는 건 좀 무서울 것 같아"라고 말했다. 아이도 제 나름의 공포를 안고 있었다는 사실을 처음 알았다. 내가 무엇을 할 수 있을까. 지금은 이 사회에서 살아가며 표현하며 저항할 수밖에 없다.

조부모와의 추억

만년의 조부모님이 나란히 앉아 계신 사진이 있다. 할아버지는 이 사진을 찍고 이듬해에 돌아가셨다. 친척 결혼식에 갔을 때 찍은 사진이다. 나는 11살 무렵에 조부모님 댁 방 한 칸을 공부방으로 쓰면서 함께 살았다. 할아버지는 말수가 적고 조용한 성품이었고 나는 그런 할아버지를 무척 좋아했다. 학교에서 돌아오면 할아버지는 안경을 쓰고 신문을 읽고 있다가 나를 맞아주었다. 할아버지는 제주

정미유기

도의 농가에서 태어났는데 밥벌이를 위해 15살 무렵에 일본으로 왔다. 일본에 와서 독학으로 일본어를 익혔다고 한다. 오카아상은 한국어로 어머니, 오토오상은 아버지라고 한다는 것도 할아버지가 가르쳐주었다. 그뿐 아니라 화투도 배웠고, 할아버지와 스모와 프로레슬링 텔레비전 중계를 같이 보곤 했다. 할아버지와의 추억을 꺼내놓자 어머니는 "아버지는 생활력은 없었지만 미남인데다 자상하셨지"라고 회상했다.

그때 어머니는 문득 생각이 난 듯 "그러고 보니 할아버지(나의 증조부)가 전쟁 중에 소련에 가 계셨어. 아버지는 매번 귀국자 기사를 뒤지셨지"라고 덧붙이셨다. 증조부가 왜 소련에 갔는지, 그곳에 억류되어 있는지, 살았는지 죽었는지도 모른 채 지냈다고 한다.[3] 할아버지는 식민지 조선에서 태어나 아버지의 생사조차 모른 채 지내다 이곳 일본 땅에서 돌아가셨다. 태평양전쟁 중에, 그리고 전쟁이 끝난 뒤에 조선과 일본에 살던 형제들과도 사별했다고 한다.

할아버지의 뒤를 쫓듯 돌아가신 할머니는 일본과 한국을 오가는 행상을 하며 자식 여덟을 키웠다. 할아버지는 전후 한 번도 고향에 돌아간 적이 없었고 고향에 가고 싶다고 말한 적도 없었다고 한다. 좋은 기억이 없었기 때문일까. 내가 보기에는 아버지와의 이별이 가장 큰 이유인 것 같다. 아버지도 형제도 없는 고향은 아무 의

---

3 일본은 러일전쟁으로 사할린(일본어로는 가라후토) 남부를 차지한다. 한반도, 특히 남부에서 많은 사람이 돈을 벌기 위해 혹은 일본군의 강제 징용으로 사할린으로 이주했고 그곳 탄광에서 혹사당했다. 그들은 전쟁이 끝난 뒤에도 현지에 억류되었다.

미도 없을 테니까. 이산가족[4] 가운데에는 할아버지와 비슷한 사연을 가진 사람이 많다. 자신의 뿌리를 찾는 작업은 결코 즐겁지만은 않으며, 그중에는 잊고 싶은 기억도 있다. 또 이제 더 이상 확인할 수 없는 사실도 있다. 그럼에도 나는 사진의 배경에 담긴 의미와 역사를 잊지 않고 계속 간직하려 한다.

---

4   한국전쟁과 남북 분단의 희생양으로 뿔뿔이 흩어진 가족을 가리키며, 여기에는 사할린 잔류 조선인 등 다양한 사람이 포함된다.

부모님에게 배운 것

이화자李和子

1955년 오사카에서 태어났다. 재일 2.5세로 '미리내' 회원이다. '나라 재일외국인보호자회' 임원이며 대학 강사를 거쳐 현재 이코마국제교류협회 이사 및 이코마한글학교 대표로 있다.

사진 ◆

1953년 무렵의 아버지. 하네다공항에서.

이화자

한반도에서 태어난 아버지와 일본에서 태어난 어머니의 혼인으로 만들어진 우리 집은 '조선'과 '일본'이 공존하는 다문화 가정이었다. 설날이면 오세치 요리御節料理(일본에서 설 명절에 먹는 조림 요리로 섣달 그믐날 우엉, 연근, 당근, 토란 등을 조려 도시락 통에 담아놓고 정월 초하루부터 연휴 동안 먹는다-옮긴이) 옆에 김치와 나물이 나란히 놓였고, 떡국과 조니雜煮(일본의 떡국-옮긴이)를 한 솥 가득 끓여 일가친척에게 돌리던 어머니의 얼굴엔 활기가 넘쳤다.

어머니는 1931년 8월생이다. 경상남도 출신의 안영도와 오여단의 장녀로 나가노현에서 태어났다. 외할아버지, 외할머니가 어떻게 일본에 건너오게 됐는지는 모른다. 다만 어머니는 "네 할아버지는 학자 집안에 태어났는데 학자가 되는 게 싫어서 일본에 일하러 왔다고 했지. 그냥 마을에 남아 선생님이 되는 편이 행복했을 텐데 말이다"라고 말하곤 했다.

외할아버지는 1920년 후반 일본으로 건너왔는데 댐 공사장에서 죽어라 일해야 했다고 한다. 수년 뒤 형 부부가 정해놓은 아내(외할머니)를 일본으로 불러들여 결혼했고 6녀 1남의 자식을 낳아 길렀다. 신슈의 시골 마을에서 나고 자라 일본 문화에 푹 파묻혀 성장한 어머니는 부모님이 쓰는 한국어를 알아들을 수는 있어도 말할 수는 없었다. 21살에, 한국에서 나고 자란 아버지와 결혼하면서 오사카에서의 어머니의 새 생활이 시작됐다.

1장 재일조선인 여성

아버지가 걸어온 길

아버지는 1921년 3월생이다. 경상북도 상주에서 태어났다. 부모님 손에서 귀하게 자랐고, 지방의 초등학교, 중학교를 다녔다. 아버지는 14살 때 갑자기 나타난 친아버지의 손에 이끌려 서울로 가게 된다. 종로에서 장사를 하던 할아버지는 '이씨 가문의 장남'이라는 명목으로 오랫동안 방치했던 혼외자인 아버지를 억지로 끌고 와 일꾼으로 혹사시켰다.

일은 험했고 새어머니, 이복형제와의 생활도 괴롭기 짝이 없었다. 두세 번 가출도 했지만 친부의 권력은 절대적이어서 늘 다시 끌려왔다고 한다. 1930년대 서울은 일본인들로 북적였고 명동의 일본인 거리는 김두한과 하야시가 등장하는 한국 드라마 〈야인시대〉의 세계와 비슷했다.

아버지는 23살 때 일본에서 날아온 징용 영장을 받고 군속으로 소집되었다. 어쩔 수 없이 지정된 날에 서울역으로 나가 부산행 기차를 기다렸다. 바로 그때 "조선인은 가장 위험한 최전방으로 보낸다"라는 어른들의 말이 떠올라 "조선인인 내가 일본을 위해 전쟁에 나가야만 하는 게 너무 싫었고, 이대로 일본에 가면 남방으로 보내져 죽고 말 거라는 생각이 들어 북쪽으로 향하는 경의선 기차에 뛰어올라 탔다"고 했다. 도착한 곳은 중국 동북의 신징, 오늘날의 창춘이었다. 가출했을 때 지냈던 선양, 하얼빈을 비롯해 아버지는 젊은 시절의 대부분을 중국에서 보냈다.

1945년 8월 일본이 패전하자 아버지는 중국에서 서울로 돌아

1952년 11월 17일, 아버지와 어머니의 결혼식.

왔는데 귀성길은 그야말로 상상을 초월하는 고행이었다. 가까스로 압록강을 건너고 판문점을 넘은 이튿날, 38도선을 기점으로 남과 북의 왕래가 제한되었다. 하루라도 늦었으면 돌아오지 못할 뻔했다.

상주, 서울, 중국 동북 지방, 그리고 다시 서울로 이어진 청춘 방랑기를 거친 아버지는 1949년 5월 밥벌이를 위해 일본에 있는 친척의 도움을 받아 부산을 거쳐 일본으로 건너갔다. 아버지에게는 첫 일본행이었다. 1952년 나가노현에 사는 숙부에게 어머니를 소개받아 결혼했다. 2~3년 뒤 한국으로 돌아갈 작정이었지만 줄줄이 세 아이가 태어난 데다가 일본 출생의 어머니를 데리고 갈 방법이 없어서

1장 재일조선인 여성

그대로 일본에 남기로 마음먹었다.

　중국 교자와 찐빵을 좋아하고 중국어로 능숙하게 대화하는 아버지는 중국에서 익힌 상술이 뛰어났고, 음식, 빨래, 청소 등 집안일도 훌륭히 처리하는 강한 생활력의 소유자였다. 중국에서 배운 사업 재주와 감각은 일본에서도 유용했다. 아버지가 경영하는 가게는 번성했고 종업원과도 가족처럼 사이좋게 지냈다. 하지만 보증인이었던 친구가 사업에 실패하는 등 수차례 경제적 파탄을 맞았고 결국 가족과 건강한 몸만 남게 됐다.

나의 이름, 내 아이의 이름

　한국인이었던 아버지와 일본인 같은 한국인인 어머니의 자식으로 태어난 나는 고등학교 때까지 일본 이름을 썼고 고등학교 졸업 후에는 본명인 민족명으로 살아왔다. 두 가지 이름을 사용하는 시기를 거쳐 지금은 민족명만 쓰고 있다. 대학 때 재일한국인 학생 동아리에서 알게 된 재일 2세 선배와 결혼해 엄마가 되었다.

　우리 아이의 이름을 지을 때에는 우리처럼 두 가지 이름 사이에서 고민하고 괴로워하기보다 하나의 이름으로 살게 하고 싶다는 마음에서 '본명(민족명)'만 지었다. 손주의 '한국인 같은' 이름에 나의 부모님은 곤혹스러워했다. 어머니는 "일본 이름도 있는 게 좋지. 따돌림이라도 당하면 어쩌려고. 불쌍하게"라고, 아버지는 "괜찮겠냐? 여긴 일본인데"라며 손주의 앞날을 걱정했다. '조선'에 대한 차별 의식이 만연하고 차별적인 제도가 여전히 강고한 일본 사회에 아

이화자

이들을 무방비로, 맨몸으로 내보내는 것은 위험하다는 경험에서 나온 부모님의 깊은 상념이었다.

손자가 따돌림을 당하지는 않을까 늘 걱정하셨던 아버지였지만 운동회 날, 한국어 노래에 맞춰 일본인 친구와 즐겁게 춤추는 손자의 모습을 본 순간 "일본 학교에서 한국 노래에 맞춰 춤을 추다니. 일본도 바뀌었구나"라고 감개무량해 하셨다.

1983년(아들), 1986년(딸), 1988년(아들)에 줄줄이 태어난 아이들은 '김ㅇㅇ'라는 이름으로 지역 유치원에 다녔고 공립 초등학교에 입학했다.

2003년 NHK에서 방영한 한국 드라마 〈겨울 연가〉의 인기를 타고 시작된 한류 붐으로 한국어 이름은 '멋지다'는 반향을 불러일으켰다. 하지만 그전까지 재일조선인은 통명이나 일본어로 읽는 본명을 쓰는 것이 당연하다고 여겨졌다. 한국어 이름을 말하면 "뭐라고요?"라고 몇 번이나 다시 질문을 받을 정도로 이상하게 여기는 분위기가 지배적이었다.

내 활동의 원동력은 아버지

오사카처럼 재일동포가 많이 사는 지역에는 한국계 학교와 민족학급[1]이 있지만 내가 사는 지방 도시에는 한 군데도 없었다. 아이들이 유치원에 들어가고 초등학교를 다니며 성장하는 동안 '민족의 속성에 관계없이 일본인으로 대한다. 그것이 차별하지 않는 최선의 교육이다'라는, 국적과 민족성이 소거된 학교의 현실이 눈에 들어왔다.

노골적인 민족 차별을 받지 않는 대신 일본인이라는 가면을 씌우는 부조리가 존재했다. 그 뒤로 나는 가정에서뿐 아니라 학교와 지역 사회에서도 아이가 건강하게 자랄 수 있게 교육 환경을 정비해야 한다고 부모 입장에서 목소리를 높여왔다.

우선은 지역 사회에 분산, 고립된 부모들이 모여 각자의 생각, 바람, 불안 등을 자유롭게 나눌 수 있는 모임을 열었고 1992년 '나라 재일외국인보호자회'를 설립했다. 보호자회는 '부모와 아이가 민족을 만나자! 친구를 만나자!'를 슬로건으로 민족 캠프와 어린이회 활동을 진행하고 있다. 동시에 교육 행정과 학교, 교사들에게 부모의 생각과 바람이 담긴 생생한 목소리를 전달하고 있다. 함께 생각하고 분노하고 공감할 수 있는 동료가 생기니 혼자서는 할 수 없었던 일이 실현 가능해졌다.

학교에 민족학급이 없더라도 포기하지 않고 우리가 할 수 있는 일을 해나가자는 취지로 1997년에 '지역 어린이회'를 만들었다. 관할 시와 학교, 일본인 교사의 협력을 받아 '토요일은 어린이회'를 모토로 일본에서 태어난 재일조선인 2세, 3세 혹은 일본에 처음 온

1 　민족학급은 공립학교에 다니는, 한반도에 뿌리를 둔 학생에게 민족교육 기회를 제공하기 위해 만들어진 과외課外 학급이다. 민족 클럽, 모국어학급, 모국어교실 등으로도 불리며 한반도의 언어와 문화, 역사 등을 배운다. 민족학급은 조선인학교 강제 폐쇄 반대투쟁(한신阪神 교육투쟁) 이후인 1948년 5월에 문부성 대표자와 조선인 대표가 교환한 각서에 기반해 만들어졌다. 당시 오사카부에 민족학급이 가장 많이 개설되었고 현재도 공립 초등학교와 중학교에 민족학급이 이어지고 있다.

아이들의 민족적 아이덴티티를 기르는 교육 활동을 펼쳐왔다. 25년이 흐른 지금은 어린이회 활동을 하며 자란 아이들이 진행자가 되어 혹은 부모가 되어 아이를 데리고 어린이회와 캠프에 온다. 한국 국적을 유지하며 민족명으로 일본 학교 현장에서 일하는 청년들도 있다.

국제결혼 등으로 한국에 뿌리를 둔 어린이가 점점 증가하고 있다. 최근 '지역 어린이회'에는 한국뿐 아니라 일본이나 다른 국가에 뿌리를 둔 다문화 가정의 어린이들이 늘고 있다. 다민족·다문화 공생교육이라는 과제가 눈앞에 놓였다.

재일 1세로부터 이어받은 지혜와 경험, 오랫동안 일본에 살아온 '외국 시민'으로서의 삶과 역량을 모아 재일 2세, 3세인 우리는 지역 일본인과 힘을 합쳐 2006년에 '이코마국제교류협회'를 설립했다. 한국에 뿌리를 둔 어린이회 활동과 다문화어린이회 활동을 병행하면서 어린이 한 명 한 명의 민족적 뿌리를 소중히 생각하는 교육 환경 정비에 힘쓰고 있다. 내가 이런 활동을 할 수 있었던 원동력은 아버지에게서 왔다.

나는 부모님에게 교육의 중요성과 성실한 삶을 배웠다. 아버지의 집에는 14살 때까지 길러주신 의붓아버지의 사진이 소중하게 걸려 있다. 의붓아버지가 친자식과 다름없이 학교에 보내준 덕분에 읽고 쓸 수 있었고 중국에서도 일본에서도 살아남을 수 있었다고 아버지는 회고한다. 복잡한 가족 관계 때문에 힘들어했던 아버지는 무엇보다도 자신의 가족을 소중히 여겼고 교육열이 높았다.

요즘 아버지는 일주일에 두세 번씩 노인 요양시설에 계신 어머니를 방문하는 것이 중요한 일과이고, 오사카 신세카이와 미나미에 있는 공중 목욕탕과 포장마차를 즐겨 찾는다. 90세까지는 매년 혼자서 부산에 가서 무료 교통 승차권을 발급받아 2주간 유유자적 지내고 고향인 상주에도 찾아가곤 했다. 여권 유효 기간은 2027년(106세)까지이다. 그렇지만 아무래도 이제 더 이상 혼자서 갈 수는 없을 듯하다.

세상만사에 관심이 많은 아버지는 매일 2시간 넘게 신문을 숙독하며 세상 돌아가는 일을 확인한다. 요즘에는 남북 정상회담을 다룬 신문기사에 가슴이 부풀어 있다. "북도 남도 같은 민족, 가족이니 사이좋게 지내야지"라고 말하는 아버지의 목소리가 평소보다 훨씬 힘찬 울림을 지녀 우리도 함께 들뜬다.

결혼하기 전까지 가족사진 한 장 없었던 아버지는 지금 셀 수 없이 많은 가족사진에 둘러싸여 지내고 있다. 이 책을 통해 가족사진을 소중히 간직해온 아버지의 마음을 다시 살펴볼 수 있는 기회가 주어진 것이 고맙고 이 마음을 다음 세대에게도 전해주고 싶다.

이화자

할머니의 이야기로
더듬어본 가족사

김리화金理花   1990년 도쿄에서 태어났다. 전공은 재일조선인
음악문화사, 현대조선음악이다. 현재
도쿄외국어대학대학원 소속이다.

사진 ◆
할머니와 나(1살), 1991년 7월.

김리화

가족사의 빈틈을 메우다

가족사를 의식하게 된 것은 조선학교[1] 초급부에 다닐 무렵이었다. 자신의 고향이 어디인지 알아 오라는 숙제를 받고 집에 오자마자 취재를 시작했다. 그때 처음 내 고향이 전라북도라는 사실을 알았다. 재일조선인 1세인 할아버지는 전라북도에서 태어나 일본으로 건너왔으며, 그 손주인 나는 재일조선인 3세라는 설명이 뒤따랐다. 재일조선인이 역사의 뿌리, 특히 가족사를 되짚을 때, 남성의 경험이 기준이 되는 일에 거부감을 느끼게 된 것은 조금 더 뒤의 일이다. 하지만 그날 나는 그때부터 왜 할아버지만을 기준으로 삼는지 의문을 품게 되었다.

내 할머니 김명숙(가명)의 이야기를 쓰려는 생각은 이날의 의문에서 시작되지 않았을까 싶다. 결코 할아버지의 역사를 이해할 수 없었기 때문이 아니다. 내 가족사에 할머니가 등장하지 않는다는 사실을 도저히 받아들일 수 없었기 때문이다. 할머니는 초밥집 주인으로 가게를 꾸리면서, 민족조직에 몸담아 일하는 할아버지와 함께 가

---

1   일본의 식민지 지배에서 해방된 이후 재일조선인이 설립한 학교. 식민지 지배로 빼앗긴 말과 문화 등을 가르치기 위해 일본 각지에 만들어진 '국어강습소'가 그 원형이다. 1948년 이후 GHQ(연합군 최고사령부. 2차 세계대전 이후, 일본을 점령 통치한 조직-옮긴이)와 일본 정부의 민족교육 탄압으로 폐쇄되었다가 1955년 이후 재건되었다. 현재는 홋카이도부터 후쿠오카에 이르기까지 일본 64개 지역에 위치해 있으며 유치원 38곳, 초급부 53곳, 중급부 33곳, 고급부 10곳, 대학 1개교가 있다(2015년). 재일조선인 민족교육에는 늘 탄압과 저항이 동반되었다. 2010년부터는 조선학교만 고교무상화 제도의 적용에서 제외되었다. 일본 정부의 제도적 차별뿐 아니라 '풀뿌리 보수草の根保守'의 헤이트스피치 등 피해 상황이 심각하다.

족을 부양했다. 할머니는 늘 가족사의 한가운데에 '있었'으며 할머니의 삶에 빛을 비출 때 나의 가족사는 비로소 제 모습으로 드러난다.

일본으로 건너온 부모님

할머니는 경상남도가 고향인 김경주(가명)와 최경혜(가명) 사이에서 난 6남매 가운데 차녀로, 1937년 마이즈루에서 태어났다. 할머니의 부모님이 마이즈루에 오게 된 과정에는 식민지 시대를 살아온 조선인의 고난의 역사가 고스란히 녹아 있다.

할머니의 아버지 쪽인 김씨 집안과 어머니 쪽인 최씨 집안은 모두 경상남도에 살았는데 김씨 집안은 농부, 최씨 집안은 지역 유지이자 사업가였다. 신분이 다른 두 사람이 어떻게 결혼하게 됐는지 궁금했는데 최씨 집안은 속옷 공장, 담배 공장, 한약방 등 벌여놓은 사업을 맡아 할 남자가 없어서 곤란한 상황이었다. 그래서 성실하고 일 잘하는 데릴사위를 들이려 했다고 한다.

하지만 허무하게도 겨우 들어온 데릴사위가 규슈의 탄광으로 연행되었다. 가혹한 노동에 혹사당하던 그는 이러다가는 목숨까지 잃겠다는 생각에 다친 다리를 끌며 탈주를 시도했다. 목숨을 건 도주였다. 탄광에서 탈출한 그를 어느 일본인 가족이 숨겨주었다. 탈주자를 찾는 사람들이 집에 들이닥쳤을 때 그 집 딸은 자신의 약혼자라고 말하며 그를 지켜주었다고 한다. 그들을 만나지 못했다면 할머니의 아버지가 아내를 일본으로 불러들여 교토에 자리 잡는 날은 오지 않았을지도 모른다. 두 사람은 일본인 가족의 도움을 받으며 사가에

김리화

서 2년 정도 살다가 교토의 마이즈루로 이사했다.

할머니는 부모님과 함께 5살 때까지 마이즈루에서 자랐고 오사카의 히라카타를 거쳐 공습이 심해질 무렵 나가노현 이나시로 소개된 뒤 그곳에서 해방을 맞았다. 그 이후로는 사이타마현 오카베손(현재 후카야시)으로 옮겨 농업에 종사했다.

교육이 최우선인 집

할머니는 동시대 조선 여성 중에는 드물게 고등학교까지 다녔다. 성적은 우수했지만 집안 사정이 여의치 않아 고등학교 진학을 포기하려 했는데 중학교 담임 선생님이 집으로 찾아와 부모님을 설득했다. 가능한 한 돈이 들지 않게 노력하겠다는 조건으로 현립 후카야 여자고등학교(지금의 후카야 제1고등학교)에 진학할 수 있었다. 여유는 없었지만 자식 교육을 최우선으로 삼은 집이라고 소문이 자자할 정도로 할머니의 부모님은 교육에 공을 들였던 것 같다. 할머니의 여섯 형제는 모두 중졸 이상의 학력을 가졌다.

고등학생 때는 자전거로 편도 40분이 걸리는 울퉁불퉁한 길을 매일 오고 가야 했다. 손끝이 야무진 할머니는 양복 재단, 재봉, 뜨개질에 뛰어났지만 동아리 활동은 재료비가 많이 드는 재봉 동아리 대신 돈이 들지 않는 화학부에 들어갔다고 했다. 할머니가 손에 플라스크를 쥐고 실험하는 모습은 좀처럼 상상이 안 되지만 집안 사정 탓에 어쩔 수 없었을 것이다. 고등학교 생활은 성실한 모범생의 전형이었다고 하는데, 친구들과 함께 부모님과 선생님 몰래 학교에서 나와 진

구구장(일본 도쿄도 신주쿠구 메이지신궁 외원에 위치한 야구장-옮긴이)으로 6대학야구전(일본 도쿄 소재의 6개 대학의 야구부로 구성된 대학 야구 리그로 현존하는 대학 야구 리그 중 가장 오래되었다. 와세다, 게이오기주쿠, 메이지, 호세이, 릿쿄, 도쿄대학으로 이루어졌다-옮긴이)을 보러 간 적도 있다고 한다. 야구를 보기 위해 며칠 전부터 조금씩 돈을 모아 교통비를 마련했다고 하니, 여고 시절은 할머니에게 청춘의 황금기였던 셈이다.

할머니 인생의 중요한 계기는 교육열이 높은 부모님 밑에서 자란 것과 깊은 관련이 있다. 고등학교를 졸업한 뒤 2년 동안은 가업인 농사를 도우며 지냈는데, 20살이 될 무렵 "조선인 은행이 만들어졌는데 함께 일해보지 않겠느냐"라는 제안을 받았다. 은행에 취직하려면 주판을 할 수 있어야 했는데 당시 조선학교 고급부(고등학교에 해당-옮긴이) 졸업생 가운데에는 주판을 할 수 있는 사람이 거의 없었다고 한다. 그래서 주판이 필수 과목인 일본의 초·중등학교를 다닌 할머니에게 취직을 제안한 것이다. 초등학교도 제대로 다니지 못한 조선 여성이 대부분이었던 시절에 주판을 할 줄 아는 할머니는 무척 드문 경우였다. 할머니는 조은신용조합朝銀信用組合(이하 조은)[2]에 입사했고 결혼하기 전까지 약 2년간 후카야에서 우라와까지 먼 길을 매일 출퇴근했다.

---

2   일본 금융기관의 융자를 받기 어려운 재일조선인의 사업과 생활을 지원하기 위해 1950년대 각지에 설립된 민족금융기관.

조청에서 배운 조선어

고등학교까지 일본 학교를 나온 할머니는 조은에 다니면서 조청朝青[3]이라는 재일조선인 청년단체를 통해 비로소 조선어를 배우기 시작했다. 당시 성인학교(한국의 평생교육기관에 해당-옮긴이)와 조청이 주최하는 조선어 강좌에서 기초를 배웠지만 결혼 후에는 가게 일이 바빠 빠지는 날이 많았다고 한다. 그럼에도 독학으로 조선어를 계속 공부해 읽고 쓸 줄 알게 되었다. 지금도 일본어에 비하면 조선어를 어려워 한다. 당시에는 학령기를 지나서 조선어를 배우기 시작한 사람이 많았다고 하는데, 동시대의 재일조선인의 공통 경험인 듯하다.

결혼 그리고 가족의 귀국

할아버지인 김춘기(가명)와의 결혼도 조은에서 일하던 것이 계기가 됐다. 은행에 오던 할아버지의 사촌이 두 사람을 소개해주었다고 한다. 11살이나 차이가 나는 상대와의 혼담에 처음에는 마음이 내키지 않았다고 한다. 실제로는 12살 차이가 났지만 띠 동갑이라고 하면 분명 반대할 거라 생각한 할아버지가 나이를 1살 속였다. 그 사실이 밝혀진 것은 꽤 오랜 뒤의 일로, 그전까지는 가족 모두 할아버지를 호랑이띠로 알고 있었다(집에는 할머니가 할아버지를 위해 손수 수놓

---

3   재일본조선청년동맹의 약칭. 재일본조선인총연합회 산하의 청년단체로 1955년 8월 결성.

은 호랑이 자수화가 아직도 걸려 있다). 그럼에도 할머니는 "이건 인연이야"라고 말한다. 부모님도 13살 차이였고, 언니와도 13살 차이가 나는 등 당신 인생에는 나이 차이가 띠동갑 이상인 사람과의 인연이 많다고 한다. 성난 목소리 한 번 낸 적 없는 할아버지와의 나날을 즐거이 회상하는 할머니를 보면 역시 천생연분이었다고 고개를 끄덕이게 된다.

1960년 6월 할아버지와 할머니가 결혼했고, 그로부터 약 두 달 뒤 할머니의 부모님과 형제자매는 할머니와 할머니의 언니만 남기고 모두 조선민주주의인민공화국으로 귀국했다. 일본과 북한 적십자사가 체결한 '재일조선인귀환협정'에 근거해 1959년부터 이루어진 이른바 귀국운동의 흐름 속에서였다. 그 뒤로 가족과는 편지와 전화 등으로 연락을 취했다. 북한에서 심각한 수해가 연이어 일어난 1990년대, 할머니가 담요와 생활용품을 포장하는 것을 옆에서 지켜봤던 기억이 난다. 북한의 친척을 떠올릴 수 있는 몇 안 되는 기억 가운데 하나이다.

할머니는 1960년부터 2011년까지 51년간 오미야 경륜장 한 모퉁이에 10채 정도가 모여 있는 식당가에서 초밥집을 운영하셨다. 이 가게는 경륜장이 만들어진 1950년대 초반 무렵 상점회를 조직·관할하던 할아버지가 영업 권리를 손에 넣은 곳이었다. 할머니는 할아버지와 해방 직후부터 친분이 있던 하라시마 준코原島順子라는 귀화한 조선 여성과 한가족처럼 지내며 가게 운영과 생활 전반을 함께했다. 내 아버지인 장남과 작은아버지인 차남이 태어난 뒤로는 오미

김리화

야의 오나리초에 위치한 집에서 5명이 함께 살았다고 한다.

한국어판 출판에 대한 할머니의 생각

할머니에게 이 책이 한국에서 번역 출판된다고 알렸더니 가장 먼저 남쪽 고향에 사는 내 할아버지의 친척들을 걱정하셨다. 할아버지는 해방 이후에 일본에서 좌파계 재일조선인운동에 매진했다. 그 일을 알게 된 할아버지의 남동생은 '빨갱이' 집안으로 몰리는 것을 피하기 위해 13살에 일본에 건너간 형의 이름을 호적에서 파낸 후 호적등본을 일본으로 보냈다. 자신의 이름이 지워진 등본을 본 할아버지는 가족의 위험을 염려한 어머니가 자신의 호적을 말소해 한국에는 자신의 호적이 없다고 우리에게 알려줬다.

할머니는 이 이야기가 한국에 알려지면 친척들에게 폐를 끼치게 되는 것 아니냐고 우려했다. 분단 시대를 살아온 할머니가 하루라도 빨리 통일된 한반도의 국기가 내걸리는 모습을 볼 수 있게 되기를 바랄 뿐이다.

나의 첫 치마저고리

박리사朴理紗

1974년 오사카에서 태어난 재일조선인 3세이다.
대학원에서 재일조선인 당사자 연구를 했다(2000년
석사과정 수료). 오사카시 초·중·고등학교의
민족강사를 거쳐 현재 사카이시립 쇼린지소학교의
민족강사이며 재일조선인 부모와 자녀들이 함께하는
모임인 '사카이 무지개회' 대표로 있다.

사진 ◆

4살 때 사진. 1978년 사카이의 집에서 촬영.

4살 생일이 지났을 무렵의 여름이었던 듯싶다.

엄마가 "이거 입어. 사진 찍을 거니까"라며 밝고 환한, 빨간색
과 초록색이 어우러진 드레스를 가지고 2층에서 내려오셨다. 펼쳐놓
은 옷자락에는 금색 실로 수놓은 꽃 모양 자수가 여기저기 피어 있
고 소매는 색색의 천이 잇대어져 화려한 줄무늬를 이루고 있었다.

우와, 정말 예쁘다! 처음 본 순간 마음이 설렜다.

"이거, 무슨 드레스야?"

"드레스가 아니라 한국의 전통 옷, 저고리야."

한국! 나와 비슷한 이름을 가진 사람이 많은 그곳.

얼마 전 유치원에서 한 남자아이가 물었다.

"리사짱, 리사짱은 여자아이인데 왜 보쿠ボク(박林의 일본어 발
음인 보쿠는 '나'를 뜻하는 1인칭 대명사로 주로 남성이 쓴다-옮긴이)야?"

나는 집으로 돌아오자마자 부엌 출입문 밖에 있는 엄마에게
질문했다.

"왜 나는 여자인데 보쿠라고 해?"

'왜 밤이 되면 꼭 자야 돼? 왜 공벌레는 발이 많아?'라는 질문
을 할 때처럼 무심히 엄마에게 물었다.

쓰레기봉투에 정원의 쓰레기를 담던 엄마의 손이 멈췄다. 엄
마는 "그렇구나"라고 말하며 손에 들고 있던 쓰레받기를 내려놓고
내 쪽으로 다가왔다. 엄마의 얼굴이 왠지 평소와 달라 보였다. 몸을
낮추어 나와 눈을 맞춘 엄마가 말했다.

"너랑 엄마는 한국인이라서 그래. 보쿠는 한국 이름이야. 앞

으로는 그런 말 들으면 '보쿠는 한국인 이름이야. 한국에는 이런 이름 많아'라고 알려줘. 알았지?"

잘 이해는 안 됐지만 고개를 끄덕였다. 엄마는 "손 씻고 간식 먹어"라고 하고는 쓰레기 정리를 마저 했다. 그때 들은 '한국인'이란 단어에서 왠지 모를 신비한 분위기와 비밀스런 느낌이 풍겼다.

이 눈부시게 아름다운 옷이 바로 그 한국의 옷이구나. 난 치마저고리에 푹 빠져버렸다.

"얼른 입혀줘!"라고 말하면서 입고 있던 옷을 벗어던졌다. 먼저 하얀 속치마를 입었다. 길이가 길고 끝에 레이스가 달려 있었다. 드레스를 입은 것 같아서 빙글빙글 돌았더니 엄마가 가만히 좀 서 있으라고 했다. 속치마 위에 치마를 입었다. 발을 집어넣어 입는 게 아니라 어깨에 끈을 끼운 뒤 몸을 빙 감는 식이었다. 가슴께를 끈으로 꽉 조여 묶는 통에 "아파!" 하고 소리를 질렀다. 엄마는 참으라고 말하고는 이어서 저고리를 꺼냈다. 저고리에서 훅, 하고 나프탈렌 냄새가 풍겨왔다. 오랜만에 옷을 꺼내 입을 때 나는 익숙한 냄새. 그런 냄새쯤이야 신경 쓰이지 않았다. 그것보다 의외로 소매가 까칠까칠 했다. 엄마는 "어떻게 하는 거였더라"라고 중얼거리며 저고리 옷고름을 몇 번이나 다시 묶었다. 나는 따끔거리는 촉감을 참으며 가만히 있었다. 옷고름을 다 매고 난 뒤 엄마는 작은 주머니를 가지고 와서 내게 주었다. 저고리 소매처럼 색색의 천으로 만든 주머니였다.

"이건 뭐야?"

"복주머니야. 돈이나 소중한 물건을 넣고 다니는 주머니."

엄마는 오른손에 복주머니를 들고 카메라를 보라고 했다. 찰칵. 다음은 왼손에 들고 몸을 돌리라고 했다. 찰칵. 이어서 복주머니를 팔에 걸치고 포즈를 취하라고 했다. 찰칵. 앉으면 푸, 하고 소리가 나는 여동생의 아기용 의자에 앉으라고 하더니 치마폭을 넓게 펼치고는 손을 앞에 가지런히 모으라고 했다. 찰칵. 평소와 달리 엄마는 이런저런 포즈를 요구하며 사진을 찍었다.

나는 귀찮을 법도 한 사진 촬영이 무척이나 즐거웠다. 나프탈렌 냄새에 파묻힌 채 웃는 얼굴로 포즈를 잡았다. 팔이 따끔따끔 거리고 가슴이 조여 조금 아프기도 했지만 엄마에게는 아무런 불평도 하지 않고 그저 시키는 대로 포즈를 취했다.

"다 됐다. 잘 나온 사진이 많을 것 같네. 옷은 이제 벗을까."

"싫어. 그냥 입고 있을 거야!"

엄마의 말이 끝나기가 무섭게 싫다고 외치는 나를 보며 엄마는 어쩔 수 없다는 얼굴로 카메라를 정리하러 갔다.

친구인 요코짱이 시치고산 때 기모노를 입고 우리 집을 찾아왔던 일이 떠올라 "엄마 요코짱한테 보여주러 갔다 올래"라고 말하고는 신발을 신으러 현관으로 달려갔다.

"잠깐만!" 엄마의 날카로운 목소리가 들렸다. "안 돼, 더러워져. 이제 벗자." 엄마의 얼굴은 조금 전과는 달리 딱딱하게 굳어 있었다. 어쨌든 이 말은 협상의 여지가 없는, '벗으시오'라는 명령이었다.

"요코짱이 작년 시치고산 때 빨간색 예쁜 기모노 입고 와서는 지토세아메千歲飴(시치고산 때 아이에게 주는 흰색과 빨간색으로 된 긴 막대

어머니가 6살, 외삼촌이 3살이던 1952년, 교토의 사진관에서 촬영.

사탕으로 아이의 장수를 기원하는 의미가 담겨 있다-옮긴이)를 나눠줬단 말이야."

엄마의 표정은 바뀌지 않았다. 그래도 안 돼, 옷이 더러워져, 가지 마라는 말만 되풀이했다.

"왜 안 돼? 왜?"

나는 옷을 벗는 게 싫어 떼를 썼다. 안 된다고 하니 더 요코짱에게 자랑하고 싶었다. 엄마는 엄한 얼굴로 안 된다는 말을 고수했다.

　　　　　　　　　　　　　　　1장　재일조선인 여성

왜 안 된다는 거야? 왜, 왜?

두 번째 시치고산

7살이 됐을 때 다시 한 번 시치고산이 돌아왔다. 저고리는 집 안에서만 입어야 한다는 걸 이 무렵에는 알고 있었다. 화려한 기모노를 입고 시치고산을 즐기는 친구들을 부러워하면서 나는 한국인이니까 시치고산 같은 건 상관없다고 생각했다. 친구들이 준 지토세아메를 가지고 집에 돌아와서는 먹지 않고 잘게 부러뜨렸다.

처음 치마저고리를 입은 날 찍은 사진을 보면 그때의 기쁨과 안타까움이 되살아난다.

엄마는 어렸을 때 한 번도 치마저고리를 입은 기억이 없다고 한다. 6살 때 처음으로 부모가 사준 예쁜 원피스를 입고 남동생과 찍은 사진이 남아 있는데 어릴 적 사진이 거의 없는 엄마에게 이 사진은 참 소중한 추억인 셈이다. 그 원피스가 작아져 할머니가 다른 애에게 물려주려 하자 엄마는 울면서 반대했다고 한다. 그 정도로 특별한 날이 아니면 입을 수 없는 멋진 옷이었다. 생활이 어려웠던 할아버지와 할머니는 쉬지 않고 일했고 오빠들도 우유 배달과 신문 배달을 하며 집안 생계를 도왔기 때문인지 엄마 또한 응석을 부리거나 불평을 내뱉는 일 없이 남동생을 돌보고 할머니의 집안일을 도왔다. 그런 엄마가 나에게 치마저고리를 입히고 사진을 찍고 싶어 한 마음을 헤아리다 보면 사진을 보는 마음이 또 달라진다. 엄마, 정말 고마워요.

박리사

치마저고리를 입고 수업을 하다

처음으로 치마저고리를 입은 때로부터 37년이 지났다. 지금 나는 사카이시에서 민족강사¹로 일하고 있다. 사카이에는 약 150개나 되는 초·중등학교가 있는데 민족학급이 설치된 학교는 딱 2곳뿐이다. 나는 근무하는 학교의 민족학급 수업뿐 아니라 종합학습 등의 시간에 이루어지는 국제이해 교육에도 교직원과 연계해 수업을 진행하고, 민족학급이 없는 학교에서도 선생님들과 연계해 수업을 하고 있다.

나는 수업 때 치마저고리를 입는다. 특히 다른 학교로 출장을 가서 수업할 때에는 반드시 치마저고리를 입는다. 그 옛날, 집 밖으로 입고 나가지 못했던 치마저고리를 지금은 입고 싶을 때마다 꺼내 입는다. 치마저고리를 입고 아이들 앞에 선 내 모습이 좋다.

학교 복도에서 나를 본 아이들은 "우와, 예쁘다"라고 환호하기도 하고 "만져봐도 돼요?"라고 가까이 다가와 말을 걸기도 한다.

예쁜 것은 예쁘다. 멋진 것은 멋지다. 그리고 나는 나이다. 그렇게 자연스럽게 살고 싶다.

그렇지만 가끔씩 차가운 시선을 느낄 때도 있다. 활동하기 불편한 치마저고리를 입고 학교 안을 돌아다니는 것을 뜨악한 표정으

---

1   일본 공립학교에 설치된 민족학급의 강사를 말한다. 공립 초·중등학교에 민족 클럽을 설치한 오사카시는 제도상 '국제이해 교육 코디네이터'라고 칭하고 있으며 히가시오사카시에서는 '모국어학급 강사'라 부르기도 하는데, 총칭으로 '민족강사'라는 말이 폭넓게 쓰이고 있다.

로 바라보는 이들도 있다. "평소에는 입지 않으면서 왜 수업 때만 치마저고리를 입는 겁니까?"라는 질문을 받은 적도 있다.

내가 치마저고리를 입는 이유는 단 하나다. 조선인이니까.

치마저고리를 입을 수 없었던 일도, 치마저고리를 입었을 때 즐거웠던 일도, 불편했던 일도 모두 다 내 몫의 인생이다.

내가 학교에서 만난 아이들 가운데에는 아직도 치마저고리를 입어보지 못한 아이들이 있다. 자기답게 살아갈 수 없는 아이들은 과거의 나를 닮았다. 그렇기 때문에 나는 오늘도 치마저고리를 입고 학교로 간다.

어느 재일조선인
종갓집 이야기

리향李響(가명)   1981년 시가현 오쓰시에서 태어났다. 1살 때부터
아키타현 오마가리시(현재 다이센시)에서 자랐다.
돗쿄대학을 졸업했고 지금은 회사원이다.

사진 ◆

차례 준비를 마친 뒤 장남인 아빠와 장손인 오빠가
조상님께 술을 올리는 모습이다. 2014년 1월 1일.

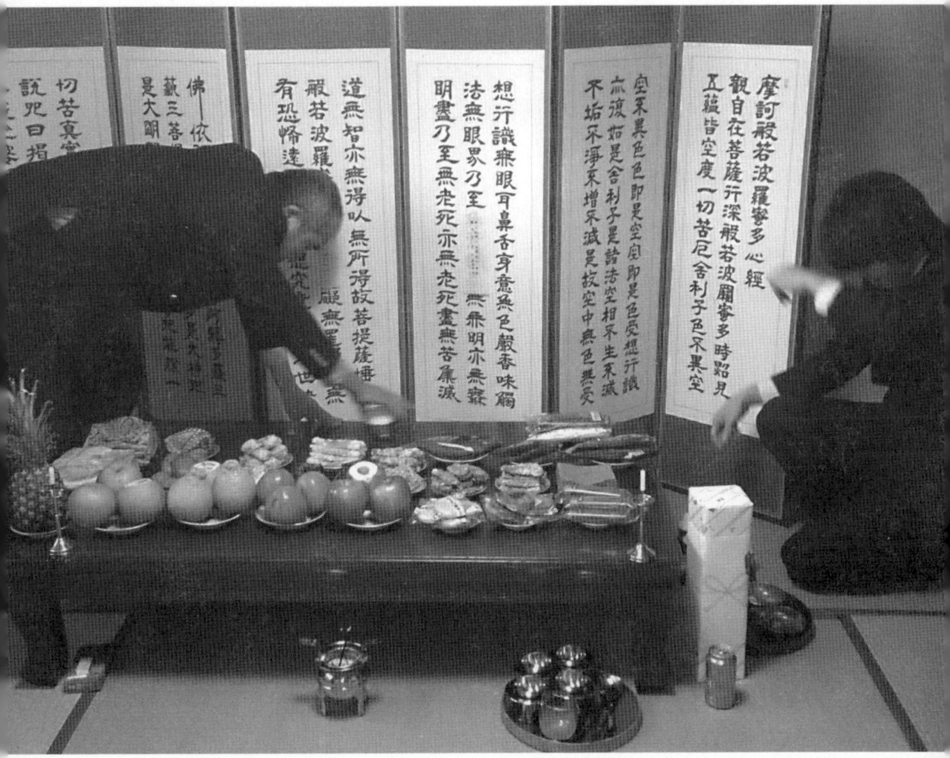
摩訶般若波羅蜜多心經
觀自在菩薩行深般若波羅蜜多時照見
五蘊皆空度一切苦厄舍利子色不異空

참기름과 술과 선향이 뒤섞인 냄새. 30대 중반이 된 지금도 제사 냄새는 익숙지 않아 숨이 턱턱 막힌다. 시가현에 있는 아버지의 본가에서 지금 부모님이 사는 아키타로 제사를 옮겨온 지 10년쯤 지났다. 한 해에 두 번은 집에 내려가 정성껏 제사 준비를 돕는데 그때마다 늘 답답하고 우울한 기분에 사로잡힌다. 재일조선인 가족의 고뇌가 그 냄새에 녹아 있는 듯한 기분이 들어서일까.

어머니의 푸념

어릴 적 설날과 우란분을 기억하면 부모님이 싸우는 풍경이 떠오른다. 설날과 우란분이 가까워지면 집안의 분위기가 점점 가라앉고 사소한 일은 곧 싸움으로 번지기 일쑤였다. 어머니가 차린 밥상에 둘러앉아 아무 말 없이 밥만 먹은 적이 한두 번이 아니다. 명절이라 즐거웠던 추억은 하나도 없다. 그게 너무나 당연해서 왜 그런지 생각해본 적도 없다.

어머니의 푸념은 늘 시어머니, 그러니까 나의 할머니에 대한 험담으로 향했다. "오늘은 나를 어떻게 괴롭힐까를 두고 시어머니와 고모가 시시덕거렸어." "결혼했는데도 월급을 전부 가져가서는 매일 딱 1,000엔을 주면서 가족 7명의 식사를 준비하라고 시켰지." "결혼해도 일은 계속하고 싶었는데 종갓집 며느리가 꼴사납게 밖으로 싸돌아다닌다고 못하게 하셨지." "너랑 있으면 화병이 나니까 당장 나가라고도 하시고." "이제 죽는 수밖에 없다고, 한밤중에 애(나의 오빠)랑 같이 비와호(시가현에 위치한 일본 최대의 호수-옮긴이)에 들어간 적도 있었어, 허리까지 잠기도록." 이제는 내 입에서도 줄줄 흘러 나올 정도로 어머니의 푸념을 수도 없이 들었다. 어머니는 신혼 시절 시어머니의 괴롭힘이 PTSD[1]처럼 되어 사소한 자극에도 그때의 기분으로 되돌아가곤 했다. 부엌에서 불도 켜지 않은 채 설거지를 하다가 어둠 저편을 향해 울부짖는 어머니를 자주 볼 수 있었다. 어머니의 마음을 거스르는 말을 했다가 멱살을 잡혀 벽에 내동댕이쳐진 적도 있다. 한번은 "어머니, 병원에 가보는 게 좋을 것 같아"라고 권했는데, 그때 어머니는 "너 나보고 미쳤다는 거니!"라며 더욱 심한 착란 증상을 보였다. 아버지는 어머니를 무시하는 태도로 일관하며 사태를 수습하려 하지 않았다. 우리 남매는 어머니의 폭풍우가 지나갈 때까지 숨죽이며 시간이 얼른 흘러가기만을 빌었다.

　　1살 때부터 살았던 아키타에는 조선학교가 없어서 오빠, 나, 남동생은 통명으로 공립학교에 다녔다. 어머니는 조선인이라고 차별받을지 모른다며 자녀 교육에 열심이었지만 한편으로 오빠와 남동생에게는 시키지 않는 집안일을 나에게만 강요했다. 저녁을 먹고 나면 오빠와 남동생에게는 텔레비전을 보게 하고 나에게만 설거지를 시키는 것이 너무나도 싫어서 대들곤 했다. 조선인이며 여자인 나는 가족 안에서도 차별을 받는구나 싶어 분노가 치밀곤 했다. 지금 돌아보면 내가 처음으로 의식한 차별은 조선인 차별이 아닌 어머니

1　　심적외상후스트레스장애post-traumatic stress disorder. 심적외상(트라우마)은 강한 충격, 공포감, 절망, 무력감 등을 받아서 생기는 마음의 병을 말한다.

의 성차별이었다.

　가끔 가족이 함께 시가현에 있는 본가에 내려갈 때면 어머니
는 반드시 원형탈모증을 앓았다. 증상은 갱년기에 들어서면서 더욱
심해졌고 어머니는 자주 죽고 싶다는 말을 했다. 불면증, 현기증, 떨
림, 두근거림 같은 증상이 돌아가며 심해졌다. 내가 사이타마에서 취
직했을 무렵이었다. 어머니는 근무 시간에 전화를 해서는 소리 내 우
시며 "죽고 싶어. 지금 당장 죽고 싶다고. 돌아와라"라는 말을 되풀
이했다. 그 말을 들은 뒤 나는 회사에서 제대로 일을 할 수 없었고 밤
이 되면 불면증에 시달렸다.

　어머니를 이렇게 만든 할머니를 용서할 수 없었다. 어렸을 때
부터 어머니는 내게 "할매한테 쓸데없는 말을 해선 안 돼"라고 가르
쳤다. 그런 말을 듣고 자란 손주와 할머니의 관계는 늘 서먹서먹하게
겉돌았다. 나에게 할머니는 가족의 적과 같은 존재였다.

　통명으로 일본 학교에 다니며 내 안에 있는 민족성을 제대로
마주하지 못한 나는 대학에서 처음으로 민족단체를 만났다. 일가친
척 이외의 재일조선인과의 만남은 처음이었으며 처음으로 내가 조
선인으로서 해방되었다는 감각을 맛봤다. 장구를 치면서, 우리말(모
국어인 조선어)을 배우면서 재일조선인과 함께 소중한 시간을 보냈다.
그동안 일본 사회에 마음을 닫고 지내왔다는 사실을 그때 처음 자각
했다. 그들을 만나면서 내 경험이 단지 한 개인의 경험이 아니라는
사실을, 아버지와 어머니, 가족의 추억이 재일조선인 역사의 일부라
는 사실을 깨달았다. 그때부터 나는 적극적으로 부모님의 이야기를

듣고자 했다.

아버지와 어머니 이야기

아버지는 족보를 지닌 종가의 26대 장남으로 태어났다. 한자를 유창하게 읽고 쓸 정도로 박식했던 할아버지는 일본으로 유학을 왔지만 돈이 궁해 원하는 교육을 받을 수 없었다고 한다. 하지만 일하기 싫어하고 술을 좋아했으며 간경변을 앓아 병상에 누워 지내는 날이 많았다. 그 때문에 아버지가 초등학교 때부터 우유배달 등 아르바이트를 하며 가족을 먹여 살렸다고 한다. 할아버지는 현실에서 도피하고 싶었던 듯하다. 술을 마시면 난폭해져 할머니에게 폭력을 휘두른 적도 있다. 아버지는 할아버지에 대해서 결코 좋게 말하지 않았다. 할머니는 재일조선인 2세로 할아버지와 나이 차이가 20살이나 났다. 창고 같은 곳에서 6명의 가족이 생활보호를 받으면서 살았다. 아버지는 초등학교 5학년 때 신설된 시가조선초중급학교에 다녔고 고등학교는 교토조선고급학교를 졸업했다. 동급생 대부분이 귀국 사업을 통해 북한으로 건너가던 시대였다. 조선대학교에 진학하고 싶었지만 가족을 생각하면 꿈도 꾸지 못할 일이었다. 고등학교 졸업 후에는 친척이 운영하는 교유젠京友禪(교토에서 발전한 기모노의 전통 염색 기술의 하나—옮긴이) 염색집에서 일을 돕고, 통풍관 청소도 하는 등 돈이 되는 일은 뭐든 했다. 그 무렵 할아버지의 건강은 더욱 나빠져 할머니와 아버지가 생계를 책임졌다고 한다. 이런 창고에서 살다가는 결혼도 할 수 없다며 새집을 지은 것이 어머니와 맞선을 보기

약 1년 전이었다고 하니, 아버지는 거의 26년 동안 창고에서 생활한 셈이다.

당시 종갓집은 제사를 잘 모셔서 친척들의 모범이 되어야 한다는 관념이 강했다. 할머니와 아버지는 생활보호를 받아야 할 정도로 가난했음에도 불구하고 한 해에 8번 이상 제사를 지냈다. 그때마다 30명이 넘는 친척이 창고에 우르르 모여 아침까지 술을 마셨다. 한반도에서 아무런 연고도 없는 낯선 땅 일본으로 건너온 재일조선인에게 친척이 모이는 자리는 지금보다 훨씬 절실한 의미를 지녔을 것이다. 경제적 부담이 결코 만만치 않았지만 할머니는 종가의 직무를 다하기 위해 돈을 벌고 집안일도 하면서 제사를 유지했다.

어머니는 쓰시마 태생의 8남매 중 일곱째였다. 어머니의 집안은 소와 돼지를 기르며 정육점을 운영했다고 한다. 가난하지만 정육점을 운영한 데다 바다와 산으로 둘러싸인 마을에 살았기 때문에 입이 궁한 적은 없었으며 생활의 지혜가 넘쳐나는 집이었다고 한다. 초등학교와 중학교는 마을의 일본 학교를 나왔고 고등학교는 규슈조선고급학교를 졸업했다. 조선대학교에 통신생으로 다니면서 조선학교 교원으로 3년 동안 근무했으며, 이후 아르바이트를 하다가 아키타에 있는 셋째 오빠가 장사를 시작한 뒤에는 오빠의 애를 봐주러 오갔다고 한다.

아버지와 어머니는 맞선으로 만나 결혼했다. 아버지가 27살, 어머니가 26살이었다. 한 집의 가장 역할을 하던 아버지가 결혼하자 가족 관계의 균형이 무너지며 삐걱거리기 시작했고 그 여파는 어머

1장 재일조선인 여성

니를 괴롭히는 일로 이어졌다. 기존 가족에게 어머니는 타인일 뿐이었으며 새 가족을 받아들이는 일이 결코 쉽지 않았다. 할아버지는 아버지가 결혼하고 1년 뒤 돌아가셨다. 이대로는 경제적으로도 정신적으로도 함께 살아가는 게 불가능하다는 판단에 부모님과 오빠, 나, 이렇게 우리 가족은 내가 1살 때 시가를 떠나 외삼촌이 있는 아키타로 이사갔다. 그곳에서 외삼촌의 도움으로 삶의 기반을 잡았다.

장남인 아버지가 제사도 가족도 내팽개치고 집을 나가겠다고 했으니 할머니는 하늘이 무너지는 줄 알았을 것이다. 할머니는 일도 하지 않고 술만 마시는 할아버지보다 어릴 때부터 아르바이트를 하며 집안을 이끌어온 아버지에게 더 의지하며 살아왔을 것이다. 할머니에게 아버지는 아들이라기보다 정신적 남편이지 않았을까.

아버지는 설이나 우란분 때 제사를 제대로 모시지 못한다는 죄책감에 괴로워했고, 어머니는 그 집에서 제대로 대우받지 못했다고 주장하면서 부부싸움이 시작되었다.

할머니를 찾아뵙고

나 홀로 할머니를 찾아간 것은 대학을 졸업하고 시간이 좀 지났을 무렵이었다. 고모와 단둘이 살던 할머니와 식사도 하고 하룻밤 같이 지내기 위해서였다. 할머니는 정맥류를 앓으면서 옛 기세가 많이 수그러들었다. 그럼에도 빠릿빠릿한 몸가짐은 건재해서 내 앞에서 우유부단한 고모를 야단치기도 했다. 손주 중에는 내가 할머니를 가장 잘 챙기고 종종 찾아뵙는데도 늘 손녀인 나보다 장손인 오빠

리향

이야기를 더 듣고 싶어 했다. 비관론자인 할머니는 내 얼굴을 보자마자 여기가 아프다, 저기가 아프다고 호소하면서 "할매는 내일 죽을 거야"라고 말했다. 나는 "할매, 그런 말 하는 사람이 더 오래 살던데요"라고 웃어넘겼다. 이 무렵은 할머니의 푸념에도 까닭이 있다는 것을 알았기 때문에 쓴웃음을 지으며 받아 삼킬 수 있었다.

할머니를 찾아뵐 때마다 할머니의 젊은 시절 얘기를 해달라고 졸랐다. 할머니는 정말로 찢어지게 가난했다고 한다. 돈이 없어서 담배를 주워다 남편에게 갖다준 적도 있다고 했다. 이씨 집안은 정말 싫다고 진저리치며, 친척 남자들이 제사 때마다 잘난 척 정치 이야기를 하며 아침까지 술 마시는 것을 주눅이 든 채 듣고 있었다는 말도 해줬다. 왜 할아버지랑 결혼했느냐고 물었더니 10대 때 고용살이하던 곳에서 할아버지에게 강간을 당해 어쩔 수 없이 결혼하게 된 사실을 고백했다. 이런저런 질문을 하던 나조차도 이 사건만큼은 더 이상 캐묻지 못했다. "처녀인 데다 아무것도 몰랐으니까 당연히 결혼해야 하는 줄 알았지"라며 비통해하던 할머니 얼굴이 잊히지 않는다. 띄엄띄엄 이어지는 할머니의 말을 들으며 나는 겨우 그 삶을 이해할 수 있게 되었다. 종갓집의 의무를 강요하며 어머니를 힘들게 한 할머니 또한 이씨 집안에 대한 애정 없이 가난과 의무라는 속박 속에서 바동거렸던, 무슨 일이 있어도 남편과 아들을 지켜야만 한다는 생각으로 괴로운 삶을 살아온 재일조선인 여성이었다. 며느리 역할에 옥죄어 살며 괴로워하고 마음이 병들어가는 중에도 오빠와 남동생에게는 시키지 않는 집안일을 여자인 나에게는 강요한 어머니도 할머니와 같은 재일조선인 여성이었다.

할머니는 2009년에 돌아가셨다. 화장장에서 아버지는 "어머니"를 부르며 통곡하다 실신할 뻔했다. 그런 아버지의 모습을 보는 것은 처음이었고 아마도 마지막이지 않을까 싶었다. 그때 아버지가 어떤 마음이었는지 천천히 들어보고 싶다.

이씨 집안의 27대손인 오빠는 올 겨울 일본인 여성과 결혼한다. 우리 집안을 둘러싼 재일조선인 가족의 이야기는 앞으로 어떻게 흘러갈까.

"치이짱, 있잖아…"
어머니의 입버릇

양천하자梁千賀子   1958년 오사카에서 태어났다. 재일조선인 3세이다.
일본의 공립학교에서 재일조선인 아이들과 지역
아이들에게 민족교육을 가르치고 있다. 현재
오사카시립 샤리지소학교의 민족강사이다.

사진 ◆

어머니는 20살에 결혼했다(1957년).

양천하자

어머니의 성장 과정

어머니는 1937년 오사카에서 태어난 재일조선인 2세이다. 두 언니에 이어 "또 딸이야!!"라는 말을 들으며 첫 울음을 터트렸다.

어머니가 어렸을 때 할아버지는 다른 여자와 불륜을 저지르고 규슈로 떠났다. 셋째 딸이던 어머니는 입을 하나라도 줄이기 위해 할아버지가 있는 규슈로 보내졌다. 할아버지는 하카타의 아시야라는 바닷가 마을에 살았고 어머니는 그곳에 세워진 조선학교에 다녔다. 어머니는 지금도 구구단을 조선어로 외운다.

어머니가 2학년일 때 '조선학교 폐쇄령'[1]이 내려져 불도저가 들어와 학교를 부수려 했다. 그때 조선인 아주머니들이 도로에 드러누워 "학교를 부수려거든 날 밟고 가라!"라고 외치던 모습이 지금도 잊히지 않는다고 한다. 만약 조선학교가 없어지지 않았다면 어머니의 인생도 그리고 나의 인생도 크게 달라지지 않았을까라는 생각을 할 때가 있다.

조선학교에서 쫓겨난 어머니는 일본 학교에 다니지 못하고 집에서 지내다가 초등학교 6학년 때 오사카로 돌아와 일본 중학교에 입학했다. 일본 학교에서는 조선인이라는 이유로 괴롭힘을 당하고 돌을 맞은 적도 있다고 한다.

---

1 1948년 GHQ 및 일본 정부는 조선학교를 비롯한 민족학교 폐쇄 명령을 내렸고 조선인 아동의 일본 학교 편입을 지시했다. 이 탄압의 배경에는 재일조선인의 민족교육 요구를 교육 문제가 아니라 치안, 정치 문제로 다루면서 조선학교의 존재를 적대시하고 동화교육을 관철하려는 목적이 있었다.

할머니는 혼자서 아이 넷을 키웠다. 할머니는 먼 마을까지 나가 일용직으로 일했고 어머니는 학교에서 돌아오면 할머니가 기르던 돼지를 돌봤다고 한다. 제면 공장에서 나오는 면 삶은 물을 돼지 먹이로 얻어다 쓰기 위해 손수레에 드럼통을 싣고 다녔는데, 하필 공장이 같은 반 일본인 아이의 집과 가까웠다. 사춘기였던 어머니는 친구들에게 돼지 먹이를 구하러 다니는 모습을 들킬까봐 늘 조마조마했다고 한다.

결혼과 육아

중학교를 졸업한 어머니는 양복 재봉을 마무리하는 일을 시작했는데 얼마 후 근처에 사는 재일조선인 청년(아버지)이 어머니에게 첫눈에 반해 매일같이 줄기차게 찾아오는 바람에 어쩔 수 없이 결혼했다고 한다. 아버지도 돼지와 닭을 기르고 있었다. 어머니는 아이를 업은 채 추운 날이나 더운 날이나 돼지 우리에 들어가 하루 종일 분뇨를 치우고 먹이를 주었다. 늘 가난한 삶이었지만 부모님 모두 가족 관계로 고통을 겪었던 만큼 자신의 아이만큼은 반드시 지키겠다는 일념으로 우리를 열심히 돌보셨다. 아버지가 난폭하게 모는 차를 타고 여섯 식구가 함께 드라이브 갔던 일이 따스한 추억으로 남아 있다. 롯코산을 올라가던 중에 차 뒤에서 연기가 나기도 했고 이코마에서 길을 잃어 깜깜한 밤길을 헤매기도 했다. 매사에 계획 없이 뛰어드는 내 성격은 아버지를 닮았는지도 모르겠다.

당시는 지금보다 훨씬 더 혹독한 차별을 받던 시절이었다. 아버지도 어머니도 민족교육을 받을 수 없었기 때문에 당연히 "일본에서 조선인임을 드러내서 좋을 일은 하나도 없다"고 여기셨다. 나는 부모님에게 나의 뿌리를 한 번도 배운 적 없이 초등학교에 입학했는데, 나중에 일본인과 제사 방식 등이 다른 걸 보고서야 내가 조선인임을 알았다. 어느 날 전철에서 사람들이 조선인 험담을 하는 것을 듣고는 '내가 조선인이라는 사실을 절대로 아무에게도 말하지 말아야지'라고 굳게 다짐했다. 최근 길거리나 인터넷에서 헤이트스피치를 쏟아내는 사람들이 있는데 아이들도 들을 수 있다는 것을 생각하면 화가 나 참을 수 없다.

　암울한 기분에 휩싸여 지낸 초등학교 시절에 잊을 수 없는 슬픈 추억이 있다. 그 무렵 우리 남매는 어머니 옆에 나란히 누워서 잠을 잤는데 어느 날 밤 어머니가 "미안하다. 아무 생각 없이 펑펑 낳아서"라고 중얼거리는 걸 들었다. '조선인이 살기 힘든 일본에서 태어나게 해서 미안하다'라는 의미였다. 어머니가 30살, 나는 4학년 때였다. 잠자코 듣고 있을 수밖에 없었다.

　나는 중학교에 들어가 열성적인 담임 선생님을 만난 덕분에 겨우 같은 반 친구들에게 나의 뿌리를 밝힐 수 있었고 부모님과도 재일조선인 이야기를 나눌 수 있게 되었다. 하지만 밝은 내용은 아니었다. "치이짱, 있잖아, 우리는 외국인이니까 참아야 돼"라는 말이 어머니의 입버릇이었다.

　고등학교 3학년 때 졸업 후 낮에는 공무원으로 일하고 밤에는 대학에 다니려는 생각에 공무원 모집 요강을 찾아본 적이 있다. 그때

　　　　　　　　1장 재일조선인 여성

난 큰 충격을 받았다. 요강 첫 번째 항목에는 작은 글씨로 "단, 일본 국적자에 한함"이라고 적혀 있었다. 집으로 돌아와 어머니에게 말하자 되돌아온 말은 늘 그랬듯이 "치이짱, 있잖아, 우리는 외국인이니까 어쩔 수 없어"였다. 나는 "왜 그래야 돼! 왜 안 되는데!"라며 울부짖었지만 어머니는 아무 말도 하지 않았다. 수십 년이 흘러 내가 어머니가 되고 아이가 취직할 시기가 되어서야 그날을 이해할 수 있었다. 그때 어머니는 나보다 몇 배는 더 괴로웠을 거라는 사실을.

어머니가 변했다

어머니와 내가 민족의 문화와 풍습에 대해 이야기할 수 있게 된 것은 내가 대학에 입학하고 나서였다. 나는 재일조선인 학생 모임에 참여해 많은 친구, 선배들과 만나면서 드디어 민족을 마주했다. 그리고 처음으로 어머니에게 치마저고리를 입어보고 싶다고 말했다. 어머니는 놀랍게도 자주색과 흰색이 들어간 예쁜 치마저고리를 꺼내주었다. 그때부터 어머니는 둑이 허물어진 듯 치마저고리, 음식, 풍습 등 민족 이야기를 허물없이 꺼냈다. '조선' 그 자체인 재일조선인 1세 부모 밑에서 살아온 어머니인 만큼 많은 '조선'의 흔적이 몸에 새겨져 있었다. 그 당연한 사실을 나는 그제야 겨우 깨달았다. 어머니는 딸에게 전해줄 '조선'을 가지고 있었음에도 꽁꽁 닫아놓고 살아왔던 것이다.

"조선인으로서 당당히 살아가야지!"라는 말을 쉽게 할 수 없었던 이유를 시간이 더 흐른 뒤에 알았다. 여권을 만들기 위해 한국

2009년 71살에 할머니의 고향인 김천을
찾아간 나, 조카들, 어머니(왼쪽부터).

관공서에서 호적을 뗐을 때였다. 호적등본을 보고 깜짝 놀랐다. 내가
결혼한 직후 친정 식구 모두가 일본 국적을 택한 상태였다. 어머니는
이 사실을 내게 숨겨왔다.

　　어느 설날, 일흔이 넘은 어머니가 불쑥 말을 꺼냈다. "치이짱,
있잖아, 더 늙기 전에 할머니 고향에 가보고 싶어."

　　고향이라고 해도 소식이 끊긴 지 오래였고, 고향과 관련된 것
이라고는 몇십 년 전에 친척에게 받은 편지가 전부였다. 거기에 적힌
주소를 한국 지도에서 찾아보고 택시 기사에게 물어물어 할머니의
고향에 찾아갔다. 한반도 내륙 산촌의 진달래와 복숭아꽃이 핀 초봄
은 동요 '고향의 봄'의 풍경 그대로였다. 어머니는 할머니가 살던 마
을과 일가친척의 집을 말없이 쳐다보다가 "고맙다. 마음속에 꼭꼭 담
아놓았으니 이제 됐다"라고 조용히 말했다.

　　짧은 글로는 도저히 다 담을 수 없는 여러 일이 있었지만, 지
금 어머니는 말한다. "치이짱은 훌륭해. 당당하게 살아서 훌륭해."
나를 통해 자신을 돌아본 어머니의 목소리는 여전히 떨리고 있다.

타국에서 마음의 병을
지니고 산 엄마

최리영崔里暎(가명) **1986년 간사이에서 태어났다. 아빠는 피차별부락,**
엄마는 대한민국 출신이다. 현재 대학교 임시직
교원이다.

사진 ◆

엄마가 한국에서 가져온 앨범에서 고른 치마저고리
차림의 사진. 앨범에는 일본으로 건너오기 전에 찍은
가족사진이 많다. 엄마는 다리를 다치기 5년 전부터
설날 아침이면 꼭 이 하얀 치마저고리를 입고 신년
인사를 했다.

해서는 안 되는 말

철이 들 무렵부터 사람들에게 말하면 안 된다고 주의를 받은 두 가지가 있다. 엄마가 한국인이라는 점과 아빠가 피차별부락에서 일한다는 점이다. 이 두 가지가 알려지면 나뿐 아니라 친척들까지도 좋은 학교에 진학할 수 없고 좋은 직업도 가질 수 없게 된다고 했다. 아빠가 무슨 일을 하느냐는 질문을 받으면 회사원이라고 대답하라고 배웠다. 이 일은 가슴에 묵직하게 박히기는 했지만 피차별부락 밖에서 나고 자란 내게 그리 어려운 문제는 아니었다. 하지만 엄마의 출신을 숨기기는 어려웠다. 일본어가 어눌했던 엄마에게 한국인임을 숨기라는 건 곧 누구와도 만나지 말라는 뜻이었다.

엄마는 왜 한국인이라는 사실만으로 손가락질 당하는 국가에 살러 온 것일까. 왜 나는 엄마가 어느 나라 출신인지도 말하지 못하는 곳에서 살아야 하는 것일까. 초등학생 때부터 문득문득 이런 의문이 떠올라 기분이 우울해지곤 했다. 엄마에게 "왜 일본에 왔어?"라고 물어봤지만 대답을 듣지 못했다. 왜 일본인인 아빠와 결혼했는지, 일본에서의 생활을 어떻게 느끼는지 엄마에게 직접 들은 적은 한 번도 없다.

아빠와 결혼해 일본으로 이주한 지 1년이 지났을 때 엄마는 나를 낳았다. 그러고 나서 두 번째 임신을 했는데 유산됐다. 4년 후에는 자궁암에 걸려 병원을 전전하며 반년 정도 투병을 했다. 이국에서의 출산, 유산, 육아, 투병을 거치며 심신이 얼마나 지쳤을지 상상하기는 어렵지 않다. 엄마를 좀먹는 마음의 병이 언제 시작되었는

최리영

지는 모르지만 내가 철들었을 무렵 엄마는 조현병 비슷한 병에 걸려 일상적인 대화가 불가능했다. 간단한 질문에는 명쾌하게 대답해줄 때도 있지만 조금 복잡한 질문에는 엉뚱한 대답이 돌아왔다. 엄마의 마음이 그런 질문을 거부했을지도 모른다. 엄마의 인생을 더듬어보기 위해서는 엄마 가족들의 얘기를 들으며 조각을 짜맞추어야 했다.

엄마가 일본에 오기까지

외할아버지의 고향은 경상북도를 가로지르는 산맥 기슭에 위치한, 고갯길이 많은 작은 마을이다. 외할아버지는 일제의 황민화 교육[1]을 받은 세대로 엄마보다도 유창한 일본어를 구사했다. 외할아버지의 아버지는 유교의 가르침을 엄격히 지키는 분이었다고 한다. 조선이 일제의 식민 지배를 받는데도 아랑곳없이 집에서 한시漢詩만 읊으며 집안의 일은 모두 장남인 외할아버지에게 맡겼다.

외할아버지와 외할머니가 한국전쟁을 어떻게 헤쳐나갔는지는 누구도 알려주지 않았다. 휴전 후 얼마 지나지 않은 1956년, 엄마는 5남매의 첫째로 태어났다. 외할아버지는 자신의 가족을 부양하기 위해 군인으로 일했는데 퇴역한 후에는 퇴직금을 기반으로 회사를 설립했다. 하지만 내가 태어나기 전에 사업에 실패했고 회사도 도산했다고 한다. 고등학교 졸업 후 엄마는 서울로 상경했고 친구와 옷

---

1   1937년 중일전쟁을 계기로 조선인을 전시총동원체제에 편입하기 위해 취한 정책. 조선인을 전쟁에 동원하기 위해 황국신민화 교육이 시작됐다. 이에 따라 신사 참배 강요와 '황국신민서사' 제창 등이 의무화됐다.

가게를 운영했다. 당시 최첨단 유행으로 몸을 치장한 엄마는 한국에서 '명동 아가씨'라 불리던, 모던 걸의 전형이었다고 아빠는 말한다. 1985년에 엄마가 결혼한 뒤 엄마의 형제자매들은 장남만 한국에 남고 나머지는 모두 돈벌이를 위해 일본의 대도시로 이주했다. 엄마가 한국말을 쓸 때는 한국의 할머니나 교토, 오사카에 사는 이모들과 통화할 때뿐이었다. 일본으로 온 엄마의 형제자매들은 일본의 경기 불황을 견디지 못하고 2000년 무렵 모두 한국으로 돌아갔다.

마음의 병에 걸린 엄마

자궁암 치료를 받고 퇴원한 뒤로 엄마는 은둔형 외톨이가 되었다. 자궁 적출과 항암제 부작용으로 호르몬 균형이 깨졌고 심신에 이상이 생겨 이전과 같은 생활을 할 수 없게 되었다는 사실을 그때 나는 이해하지 못했다. 주위 사람들은 은둔형 외톨이로 지내는 엄마를 못마땅해 했다. 모두 눈앞에 놓인 일에 쫓겨 주위를 돌볼 겨를이 없던 시절이었다. 엄마는 차츰 혼자 소리 내 웃거나 혼잣말을 하는 일이 많아졌다. 그리고 환청으로부터 자신을 지키기라도 하듯 매일 라디오나 카세트테이프를 크게 틀어놓았다. 수술 후유증으로 다리를 절게 된 엄마가 걸을 때면 발소리가 집안에 울려 퍼졌다. 나는 엄마의 발소리, 라디오 소리, 자그마한 독백이 정말 싫었다.

음식 맛도 점점 변했다. 식탁에 지은 지 오래되어 딱딱해진 밥이 놓일 때도 있었고, 구운 고기와 참기름을 넣은 소금장, 상추만이 며칠씩 이어지기도 했다. 결국 보다 못한 아빠가 직접 부엌일을 하면서 저녁 식탁엔 더 이상 엄마가 한 음식이 올라오지 않았다. 엄마는 나를 위해 가늘게 찢은 마른 생선과 콩나물이 들어간 국을 종종 끓여주었다. 하지만 나는 엄마가 만든 음식은 왠지 꺼림칙해 거의 입에 대지 않았다.

마음의 병을 앓으면서 엄마는 주위로부터 따가운 눈총을 받았다. 아빠와 친척들의 이야기에 등장하는 젊은 시절의 엄마는 화려한 옷과 화장으로 몸을 꾸민 천진난만한 여성이었다. 병이 악화되면서 화장과 옷차림도 어색하게 변해 나는 엄마를 점점 피하게 되었고 옆에서 걷는 것조차 싫어하게 됐다.

사람들은 엄마의 이상한 행동이 마음의 병 때문이 아니라 한국인이기 때문이라고 말하곤 했다. 초등학생이 된 나는 엄마를 향한 주변의 냉대와 편견을 알아차릴 때마다 우울한 기분이 들었다. 한국인이라는 점과 엄마가 이상한 것은 다른 문제였다. 엄마가 이상해진 것은 엄마를 차별하고 괴롭힌 일본인 때문이라고 마음속으로 반발했다. 낯선 일본 생활을 위로해주는 친척도 일부 있었지만, 대부분의 어른들은 '미쳐서' 집안일과 육아를 내팽개친 엄마 대신 그것을 도맡아 해나가는 아빠를 더 애처롭게 여겼고 도와주려 했다. 아마 호의를 보여도 그조차 거부하는 엄마를 보고 주위 사람들도 당황했을 것이다.

엄마에게 불만을 가장 많이 터트렸던 사람은 나다. 보통 엄마들이 해주는 것을 해줄 수 없는 엄마, 이해할 수 없는 행동을 하는 엄마에게 화가 나서 학교에서 돌아오자마자 일방적으로 라디오를 끄고 "내가 뭐라고 했어, 왜 노력을 안 해, 왜 할 수 없는데"라고 따지듯이 소리 질렀다. "일본에 있는 게 그렇게 괴로우면 한국으로 돌아가면 되잖아"라고도 했다. 자신과 가족을, 그리고 아이를 위해서 아무런 행동도 하지 않는 엄마에게 화가 났다.

부락과 조선 사이에서

할머니는 부락민으로 차별받아왔는데, 거기에 또 차별받는 '조센진' 며느리가 둘이나 들어와 마음이 편치 않았을 것이다(나의 큰아버지도 한국인 여성과 결혼했다). 할머니는 엄마가 조선어로 말하면 얼굴을 찌푸렸다. 엄마가 설날에 치마저고리를 입으면 이웃 사람들이 조선인이 있는 집이라고 수군댄다며 싫어했다. 시어머니의 말을 철석같이 지키려 그랬는지 엄마는 친척을 만날 때 이외에는 한국인을 만나더라도 결코 민족의 언어를 쓰지 않았고 본명도 말하지 않았다.

차별을 피하기 위해서, 엄마를 지키기 위해서였다고 하지만 집에 한국인이 있다는 사실을 숨기려는 어른들의 태도를 나는 용서할 수 없었다. 일본 사회에서 부락민이라고 멸시받으면서 차별의 고통을 가장 뼈저리게 느꼈을 사람들이 어떻게 다른 사람을 차별할 수 있는지 이해할 수 없었다. 그럼에도 나는 그런 사람들에게 어릴 적부터 많은 사랑을 받으며 자랐다. 엄마가 병으로 아무것도 할 수 없을 때, 외국인이라 일본의 문화를 모를 때 도움을 준 사람은 할머니와 큰엄마였다. 그들이 없었다면 지금의 나는 없을 것이다.

최리영

저항의 기술을 익히고

대학원에 들어갈 무렵 또래의 재일조선인과 만날 기회가 생겼다. 나는 그동안 한반도와 일본 간의 문제는 말끔히 정리됐고, 차별 의식을 불식시키고 일본 사회에서 인정받을 수 있는 인간이 되면 차별은 해소될 것이라고 여겨왔다. 그런 나에게 재일조선인 친구들이 들려준 말은 충격적이었다. 그들에게서 자신과 타자의 고통을 마주하고 사회의 모순에 정면으로 맞서려는 순수한 저항 정신을 느낄 수 있었다. "왜 일본에서 조선민족은 차별받는가"를 감정의 문제가 아닌 사회구조의 문제로 인식하는 방법을 처음으로 배웠다. 재일조선인 학생운동과 그 운동에 호응해 자신의 책임을 물으며 행동하는 일본인들을 만나면서 참된 의미의 역사를 배우고 내가 가진 가해자성과 피해자성을 마주했다.

나는 일본의 식민지 지배로 어쩔 수 없이 일본에서 생활하게 된 재일조선인이 아니다. 또한 일본 국적자이므로 참정권도 갖고 있으며 법제도에서 배제되는 일도 없다. 당연히 한국과 일본을 자유로이 오갈 수도 있다. 일본에서 살아가는 조선인의 고통에 공감할 수는 있어도 우리가 처한 사회적 위치와 제한은 너무나도 달랐다. 알면 알수록 내가 재일조선인운동에 가담하면 운동의 역사성과 의미를 모호하게 만들지도 모른다는 고민에 빠졌다. 그럼에도 내 주위에는 분단의 역사를 거론하면서, 다르다고 배제하는 것이 아니라 공통항을 찾아내 마이너리티의 고통을 이해해주는 사람들이 있었다. 일본 국적자나 일본인 부모를 가진 '더블'(부모의 인종이나 국적, 문화가 다른 사람들을 일컫는 말-옮긴이), 나처럼 1980년대 이후에 대한민국에서 일본으로 온 엄마를 가진 조선인과의 만남도 큰 영향을 주었다. 자신의 특권에서 도망치지 않고 그것을 당당히 마주하면서 조선민족으로서 살아가는 것이 한반도와 일본 간의 문제를 해결하고 한반도의 통일을 이루기 위해 내가 할 수 있는 일이 아닐까.

재일조선인과 만나 한반도와 일본의 역사를 접한 나는 처음으로 혼자서 한국을 찾아 엄마의 가족을 방문했다. 엄마의 본가를 찾아갔을 때, 증조부부터 엄마의 젊은 시절에 이르는 3대에 걸친 사진첩을 봤다. 조선의 옛날이야기에나 나올 법한 전통 의상을 입고 담뱃대를 문 증조부의 사진, 5살쯤 된 엄마가 판잣집에서 얼굴을 비죽 내민 1960년대 사진, 엄마의 성장과 함께 서서히 윤택해지는 집의 양상 등 사진은 한국과 일본의 사회 상황이 얼마나 달랐는지 보여주었다. 무엇보다도 일본에서는 늘 이상한 옷차림에 어두운 미소를 띠고 있던 엄마가 사진 속에서는 여동생들과 함께 환하게 웃고 있는 모습에 놀랐다.

내가 1살 때 엄마가 할아버지의 환갑을 축하하기 위해 나를 데리고 한국에 방문한 적이 있다고 한다. 한국으로 돌아오고 싶다고 애원하는 엄마에게 외할머니는 일본인과 결혼했으니 일본으로 돌아가라고 했다고 한다. 할머니는 그때 왜 그런 말을 했는지 모르겠다며 후회했다. 할아버지가 돌아가신 뒤 할머니는 장남인 외삼촌 가족과 함께 살고 있었다. 일본으로 돈 벌러 갔다 한국으로 돌아온 엄마의 여동생, 남동생들은 각자의 생활로 정신이 없었다. 30년 이상 한

115

국을 떠나 있던 엄마에겐 의지할 만한 사람도, 복지제도도 없다.

한국에 머무는 동안 할머니가 점심으로 북엇국을 끓여주셨다. 투명한 국물 속에서 황금빛이 도는 말린 생선과 콩나물이 너울너울 춤추었다. 한 입 떠먹는데 눈물이 떨어졌다. 할머니가 끓여주신 국은 엄마가 만들어주던, 내가 너무나도 싫어했던 바로 그 국과 똑같은 맛이었다. 나는 엄마가 할머니에게 전수받은 집안의 맛을 엄마의 병을 이유로 거부하며 알려고도 하지 않았다. 일본 사회에 동화되어 평범하게 살아가라고 그 누구보다 세차게 엄마를 몰아붙였던 사람이 엄마의 딸인 나이지 않았을까. 나는 내 앞에 놓인 차별에 저항하면서 다른 한편으로는 편협한 시각에 사로잡혀 엄마를 궁지로 몰아갔다.

걷지 못하게 되어서야 연결된 세상

5년 전 교토의 하숙집에서 엄마가 다리가 부러져 입원했다는 연락을 받았다. 내가 대학에 입학한 뒤로 엄마의 건강이 점점 나빠졌다. 결국 시장에 갈 때 몰던 자동차도 운전할 수 없게 되었다. 쓰지 않는 다리는 점점 힘이 없어졌고 약해질 대로 약해진 대퇴골이 작은 충격에 그만 부러지고 만 것이다. 병원에서는 걸으면 다시 뼈가 부러질지 모르니 걷지 않는 편이 좋겠다고 했다. 복사뼈의 근육이 너무 약해졌고 경화되어 더 이상 직립할 수 없는 상태였다. 원래 '노력하는' 일 자체를 할 수 없었던 엄마에게 재활 치료라는 벽은 너무 높았다. 엄마는 곧 제힘으로 일어설 수 없게 되었고 하루 종일 드러누워 지내곤 했다. 재활을 하려면 움직이려는 마음이 싹터야 했다. 마음의 병을 치료하기 위해 재활병원에 입원한 엄마는 수 주에 한 번씩 정신과 치료도 받기 시작했다. 입원 생활을 하면서 엄마는 병원 사람들이나 장애인용 택시 운전사와 조금씩 얘기를 나누게 되었다. 걸을 수 없게 되어서야 비로소 엄마는 세상과 연결된 것이다.

처방받은 약이 잘 들어서일까, 사람들과 말할 기회가 늘어서일까, 아니면 내가 이전보다 엄마와 마주하고 대화하는 시간이 늘어서였을까. 엄마와 조금은 대화다운 대화를 나눌 수 있게 되었다. 어느 날 엄마가 갑자기 "한국 친구 있지?"라고 물었다. "어떻게 알았어?"라고 되물었더니 "보면 알지"라고 했다. 서툴지만 엄마에게 조선어로 말을 걸거나 치마저고리와 장구 사진을 보여준 적이 있었기 때문일 것이다. 엄마는 "친절하니?"라고 물었다. 친구들의 얼굴을 떠올리면서 "친절해"라고 대답했다. 그리고 잠시 머뭇거리다 쓴웃음을 지으며 "이곳 사람들은 어때?" 하고 물었다. 엄마는 일본에서 30년을 살았지만 친구가 없다. 엄마의 상황을 묻는 사람은 한국의 가족뿐이고 병문안을 오는 사람도 없다. 내 질문에 엄마는 곧바로 "친절하지"라고 대답했다.

마음의 병에 걸려 일본 사회를 겉돌던 엄마, 자신의 민족을 감추고 일본인으로 행동하려 하다가 다른 재일조선인과도 어울리지 못했던 엄마, 늘 집 안에 홀로 방치되어 있던 엄마가 담담히 내뱉은 "친절하지"라는 말의 의미를 되새겨 본다. 엄마가 접한 '친절함'은 무엇이었을까. 엄마의 인생은 아직도 내게 많은 질문을 던져준다.

최리영

2장

피차별부락 여성

가미모토 유카리

가와사키 도모에

구마모토 리사

다니조에 미야코

니시다 마쓰미

후쿠오카 도모미

미야마에 지카코

야마자키 마유코

순백의 앨범

가미모토 유카리
上本由加利

1964년 오사카에서 태어났다. 지방 공무원으로 일하고 있다. 2003년 무렵 처음으로 '복합 차별'이라는 단어를 알게 되었다. 피차별부락 출신의 여성, 재일조선인 여성, 아이누 여성과의 교류 활동을 기록한 책 『마이너리티 여성의 임파워먼트』를 편집했다.

사진 ◆

아버지의 여동생(나의 고모)은 지방 순회공연을 다니는 히로시마 출신의 연예인과 결혼했다. 고모부는 친척이 모인 자리에서 늘 구로다부시黑田節(규슈 후쿠오카 지방의 민요-옮긴이)를 부르곤 했다. 이 사진은 1970년 무렵 가족들과 함께 고모부의 고향인 히로시마로 여행을 갔을 때 찍은 사진이다. 모두가 친척으로 대부분 한동네에 살았다. 사진 속에는 나의 큰아버지와 큰어머니, 큰어머니의 부모님과 여동생 가족도 있다. 마을 사람을 소개할 때면 늘 친인척 관계를 설명하는 일이 뒤따른다.

가미모토 유카리

사진으로 증명하고 싶은 것

2003년 무렵 '가족사진'을 주제로 하는 활동을 처음 접했다. 당시 나는 '마이너리티 여성과 복합 차별'이라는 문제를 연구하는 조직에서 구성원들과 서로의 생각과 경험을 공유하고 있었다. 그때 재일조선인 출신 여성으로부터 그들에게는 가족사진이 매우 중요한 의미를 지니고 있다는 이야기를 전해 듣고, 어쩌면 피차별부락[1] 출신 인 나 또한 '가족사진'에 의미를 부여할 수 있지 않을까라는 생각을 하게 됐다.

나의 어린 시절 사진은 비단실로 '수壽'(일본어로는 고토부키라고 읽으며 축수祝壽, 축복祝福의 의미를 담고 있다-옮긴이) 자를 새긴 기모노 천으로 장정된 순백의 앨범에 들어 있다. 1960년대 일본의 일반적인 사진첩이 이렇게 생겼는지, 아니면 피차별부락 출신인 딸을 향한 아버지와 어머니의 애틋한 마음이 담긴 특별한 사진첩이었는지는 모르겠다. 나의 부모님은 이 앨범에 사진을 붙이며 어디에 내놓아도 남부끄럽지 않게 딸을 키웠음을 미래의 '혼처'에 보여주려 했던 건 아닐까라는 생각이 든다.

---

1 부락部落은 본래 사람이 모여 사는 곳을 뜻한다. 전근대 시대에 주로 도살업, 피혁업 등에 종사하는 사람들을 향한 사회적 차별이 존재했는데, 특히 메이지 이후에 이들 이 모여 사는 구역을 가리키는 피차별부락이라는 말이 쓰이기 시작했다. 약칭으로 간단히 '부락'이라고 부르기도 한다.

마을 사람 모두가 친척

나는 1964년 오사카 남부 외곽에 있는 마을에서 태어났다. 그 시절에 관한 가장 오래된 기억은 절에 딸린 어린이집에 갔다가 돌아오는 길에 집 근처 공동 수도에서 물을 마신 일이다. 판잣집으로 이뤄진 나가야 앞에서 이웃 아이들과 함께 놀던 모습을 담은 사진을 어른이 되어서 발견하고는 "교과서에 나오는 전후 기록사진이랑 똑같네"라고 씁쓸히 읊조린 적이 있다. 그 사진은 앨범에 붙어 있지 않았다. 그 시절은 갑자기 동화대책사업특별조치법[2]이 시행되면서 마을의 풍경이 하루가 다르게 바뀌어 머리가 어지러울 지경이었다.

기록을 보면 1966년 마을에 시립문화회관이 설립되었다. 이후 '해방회관'으로 이름을 바꿨다가 지금은 '인권문화센터'로 불린다. 문화회관은 이름 그대로 동화대책사업[3]의 대상으로 지정된 지구(피차별부락)의 문화 수준을 향상시키기 위해 만들어졌다. 쉽게 말해

2　'동화대책심의회 답신'(1965년 8월 11일에 나온 정부 심의회의 답신으로, 부락 차별 해소는 국민적 과제이며 국가의 책무임을 명기해 정부가 부락 문제 해결을 국책으로 다룰 것임을 처음으로 확인한 문서-옮긴이)을 바탕으로 1969년에 제정되었다. 피차별부락(동화지구同和地區) 주민의 경제력 배양, 생활 안정 및 복지 향상 등을 목적으로 한 10년간의 한시적인 법률이다(이 법은 3년 연장되어 1982년 3월 효력을 상실하지만 같은 해 4월 '지역개선대책특별조치법'이 제정되었고[1987년 3월 실효] 1987년 4월 '지역개선대책특정사업에 관한 국가재정상의 특별조치에 관한 법률'로 이어졌다. 1992년 다시 5년 연장되어 1997년 3월 효력을 상실하지만 같은 해 4월 남은 사업의 처리를 위해 5년간 재개정법이 시행되어 2002년까지 이어졌다-옮긴이).

3　동화대책사업특별조치법 및 이어진 일련의 특별조치법을 바탕으로 시행된 정책. 피차별부락의 환경 개선, 산업 진흥, 사회 복지, 교육 향상 등을 도모했다. 2002년 3월 종결됐다.

부락 주민만을 위한 폐쇄된 문화센터인 셈이다. 그곳에서는 다도, 꽃꽂이, 붓글씨 같은 일반적인 문화 활동 외에도 문맹교실을 운영하고 조리사 자격증이나 운전면허 취득에 도움이 되는 학습을 지원했다.

마을의 외관은 빠르게 바뀌었다. 두 번째로 오래된 기억은 번쩍번쩍한 새 주택단지 베란다에 다리를 뻗고 앉아 밖을 바라보던 장면이다.

1971년에는 아동관이 설립되었다. 부락에 사는 어린이, 초·중학생의 진로를 탐색하고 취학을 돕는 활동들 가운데 하나였는데, 이는 학습 지원과 생활 지원이 분리될 수 없음을 잘 설명해준다. 오르간과 책 등이 구비된 아동관에 가면 늘 누군가가 있었다. 집에서 들을 수 없는 이야기를 그곳에서 들었고, 처음 하는 일들을 경험해볼 수도 있었다. 부락 가정의 부모는 대부분 맞벌이였다. 맞벌이 가정의 아이가 아니더라도 아이들은 학교가 끝나면 자연스레 아동관에 모였다. 방학 기간에도 아이들은 아동관에서 지냈다. 주택단지의 집이 비좁았기 때문에 먹고 자는 건 집에서, 목욕은 대중탕에서, 놀이와 공부는 아동관에서 해결하는 식으로 마을 전체를 하나의 집처럼 이용했다.

부락에서는 흔히 "무라ムラ⁴ 사람 모두가 친척"이라는 말을 한다. 부락 내부는 혈연관계로만 이루어져서 폐쇄적인 경향이 있지

---

4   대체로 '마치町'(작은 도시, 읍내를 뜻한다-옮긴이)와 대조되는 말로서 농업, 어업 등 1차 산업을 중심으로 성립된 지역을 가리킨다. 피차별부락을 가리키는 말로도 사용되며, '자이소在所'(시골이라는 뜻이다-옮긴이)라고 부르기도 한다.

만, 이 말이 비단 혈연만을 지칭하는 것은 아니다. '지연地緣이 곧 친척'이라는 뜻으로 사용하는 일이 많았다.

동화대책사업은 고도 경제 성장기와 딱 맞아떨어져, 이 시기에 아버지와 삼촌들은 자동차를 구입하고 여름휴가 때면 으레 친척이나 이웃들과 함께 여행이나 캠핑을 가곤 했다. 어머니께서는 내가 "친구들은 여름 방학 숙제로 낼 글짓기 때문에 힘들어 하는데 나는 쓸 거리가 많아서 좋아"라고 말하는 것을 듣고 무척 뿌듯해하셨다. 나는 어른이 되고 나서도 종종 그 말을 꺼내곤 했다.

여름 방학 때의 여행뿐만 아니라 마을회, 지부(부락해방동맹의 소단위 조직)의 문화 교류 활동이 활발했다. 봄에는 꽃놀이, 가을에는 운동회와 나들이, 겨울에는 설산 등산 등 앨범에는 다양한 활동을 하며 찍은 사진이 붙어 있다. 그래서였는지 나, 오빠, 어머니, 아버지, 이렇게 우리 식구끼리만 찍은 사진은 거의 없다.

집에선 해마다 수차례씩 아버지가 밥상을 뒤엎고 "네가 아이들을 잘못 가르쳐서 그렇잖아"라며 어머니를 때렸다. 나는 어머니가 맞는 모습을 볼 때마다 하루이틀은 내 자신을 탓하며 앞으로 두 번 다시 어머니를 아프지 않게 하겠다고, 착한 아이가 되겠다고 굳게 다짐했다. 하지만 며칠만 지나면 새카맣게 잊고 자유분방한 일상으로 되돌아갔다. 아침에 집을 나와 해방어린이회[5]에 가면 집안일 같은

---

5 차별을 극복하고 차세대 해방운동을 담당할 어린이의 육성을 목적으로 한 활동. 부락해방운동이 발전하면서 조직되었고 교과서 학습과 더불어 부락 문제 학습에도 열중했다.

건 깡그리 잊어버렸다. 극단적으로 말하면 아이는 집안이 형편없이 망가지더라도 부락에서 어떻게든 살아갈 수 있었다.

하지만 어머니는 어땠을까. "어머니, 차라리 집을 나가는 게 어때"라고 말하면 어머니는 "갈 데가 없어"라고 대답했다. 이혼한 여성에게 혹독한 비난이 쏟아지는 풍조의 영향도 있었지만, 그보다는 여성은 무슨 일이 있어도 결혼한 집안, 부락 안에서 살아갈 수밖에 없는 운명에 갇혀 있던 게 아닐까.

부락민이라는 자각

어렸을 적에는 어린이회 활동이 어느 지역에나 다 있는 줄 알았다. 하지만 다른 지역의 어린이회와 내가 참여한 해방어린이회가 다르다는 사실을 점차 깨닫게 됐다. 초등학교 고학년에서 중학생이 될 무렵 "와카이치(내가 사는 부락의 이름)는 좋겠네"라는 말이 무슨 뜻인지 알았다. 그 무렵은 1969년에 일어난 야타 교육 차별 사건[6]의 형사재판을 둘러싸고 일본공산당이 '동화행정', '동화교육'을 맹렬하게 비판하던 시기였다.

중학생 때는 해방어린이회에서 저녁 7시부터 8시까지 학교 공부를 하고 8시부터 9시까지는 부락의 역사와 사야마 사건[7]을 학습했다. 저녁 모임에는 중학교 선생님이 왔다. 어린 시절 학교에서 교

6　1969년 오사카시 교직원조합 임원 선거 당시 입후보한 교원이 배포한 문서를 두고 부락해방동맹과 일본공산당이 대립한 사건.

사로부터 부락민이라고 차별받으며 자랐던, 그래서 빈곤의 굴레에서 빠져나올 수 없었던 부모 세대에게는 아이들의 공부를 도와주고 나아가 부락의 역사를 알리고 자신들의 이야기에 귀 기울이는 교사의 모습이 마치 신처럼 느껴졌을 것이다. 교사 또한 절대적인 신뢰와 존경을 보여주는 부락의 기대에 부응하는 일을 보람이자 행복으로 여겼을 것이다. 그럼에도 중학생인 나는 왜 학교 선생님이 우리를 차별하는지 이해할 수 없었다.

어느 날 집에 찾아온 영업사원이 "역에서 이렇게 가까우면 월세가 꽤 되겠는걸요? 얼마라고요? 정말요? 그렇게 싸요? 왜 그렇지?"라고 말하며 의아해했다. 부락 바깥에서 살아본 적 없는 우리 가족은 그런 말을 들으면서 부락의 월세가 다른 곳에 비해 믿을 수 없을 정도로 싼 가격이라는 사실을 서서히 학습했다. 하지만 이 모든 혜택이 갓난아이를 들쳐 업은 채 생활 개선 투쟁을 이어온 부락해방 운동의 성과[8]라는 사실은 자각하지 못했다. 왠지 우리가 나쁜 짓을 하고 있는 것처럼 느껴졌고 내가 사는 집이나 어린이회 활동이 다른 아이들에게 알려질까봐 늘 불안했다.

---

7   1963년 사이타마현 사야마시에서 발생한 여고생 살인 사건. 용의자로 부락 청년 이시카와 가즈오石川一雄가 체포, 기소되었고 최고재판에서 무기징역을 선고받았다(이시카와는 1977년 9월 8일 지바형무소에 수감되었고 1994년 12월 21일에 가석방되었다-옮긴이). 이시카와는 지금도 무죄를 주장하며 재심 청구를 하고 있다.

8   피차별부락 여성들이 보육소 설치, 주거 환경 정비 등 생활에 직결되는 정책을 요구하는 활동을 끈질기게 지속해온 것이 해방운동의 주체적 자각을 촉구하면서 운동이 심화·확장되었다.

부모님께서는 글을 읽지 못했다. 그래서 어릴 적부터 집에 오는 서류는 내가 부모님께 읽어드려야 한다는 강박이 있었다. 공산당이 배포하는 전단지, 부락해방동맹[9]이 발행하는 『해방신문』과 『지부뉴스』도 읽어드렸다. 나는 자극적인 제목만 머릿속에 남을 뿐 자세한 내용은 이해하지 못했다. 주택단지에 붙은 공산당 전단지의 '불공평한 대우', '부락 이권', '동화라는 명목으로 고통받는 교사' 같은 구호, 등하굣길에서 역차별을 당하고 있다고 선동하던 선전차 등 매일 살풍경 속에서 두려워하며 지내는 사이에 마음에 깊은 생채기가 생겼다. 하루는 저녁 모임에 오는 교사가 이혼했다는 소문을 듣고 우리 때문은 아닌지 걱정스러웠다. 그날 저녁 모임이 끝난 후 소꿉친구와 함께 불안하고 의심스러운 미래의 일, 연애, 결혼 등을 오래도록 이야기 나누었다.

1981년 고등학교 졸업 후 진로를 정해야 할 즈음, 지부에서 신용금고에 취직하지 않겠느냐고 제안했다. 1975년 부락 지명총람[10]이 발각되고 대기업과 은행이 지명총람을 구입한 사실이 드러나면서 『해방신문』은 기업을 상대로 한 규탄 집회를 연일 크게 다루었다. 이

---

9 부락 차별 철폐를 목적으로 피차별부락민이 결집한 전국적인 조직. 2차 세계대전 이전의 전국수평사全國水平社(1922년 3월 창립, 1942년 1월 소멸)의 이념을 이어받아 광범위한 운동을 전개했다.

10 전국의 피차별부락의 소재지, 지명, 주소, 호수, 주요 산업 등이 기재되어 있는 책. 기업 등에서는 이 책을 구입해 채용에 악용했고, 사람들 사이에서는 결혼 상대의 신분을 조사하는 데에도 활용되었다. 법무국은 차별로 인정하며 소각 처분을 내렸지만 최근에 다시 인터넷판이 게시되는 등 문제가 이어지고 있다.

후 반성 차원에서 사내의 인권을 개선할 인재로 부락민을 특별 채용했는데, 나는 중학교 선생님이 되고 싶어서 거절했다. 더 솔직히 말하면 민간기업에 취직하는 것이 무서웠다. 지명총람을 구입하는 기업에서 일하는 미래를 상상하기조차 싫었다. 당시 대학에 진학하는 아이들은 대부분 교원을 목표로 삼았다. 오빠도 교원이 되려고 했다. 아버지는 오빠의 진학에는 찬성했지만 나에 대해서는 난색을 표했다. 해방장학금[11]이 없었다면 나는 대학 진학을 포기해야 했을 것이다.

1980~90년대에 내 주변의 부락 여성은 일을 하다가 결혼해서 아이를 낳고 이후 집 가까운 곳에서 파트타이머로 일하며 가사와 육아를 병행했다. 그리고 저녁 회의나 대회, 데모 등에 참여하며 해방운동에 동참했다. 부락 내부에는 병원, 보육소, 노인 요양시설 등은 물론 절까지 있었다. 어떤 경우에는 직장이나 남편의 친척, 푸념을 늘어놓을 친구 등 모든 사회관계가 부락 안에 이루어지기도 했다. 부락은 그만큼 좁은 사회였다. 그곳은 따뜻한 보금자리인 동시에 철창 없는 감옥이었다. 부락 여성이 커뮤니티에서 이탈하는 것은 곧 인간관계와 일, 두 가지 모두를 잃는다는 의미였으며 인생의 기반 자체가 뿌리 뽑히는 일이었다.

11　'동화대책 고교·대학 진학 장려금'. 교육 요구 투쟁의 결과로 1966년 이후 피차별 부락 아이들의 균등한 교육 기회를 실질적으로 보장하기 위해 만들어졌다.

　가미모토 유카리

무엇을 위한 결혼인가?

1990년대 이후 이른바 결혼 적령기인 부락 여성에게 결혼은 특별한 의미를 지녔던, 혹은 부여받았던 듯싶다. 부락 차별은 결혼이라는 사건에서 가장 두드러지게 나타난다. 결혼으로 차별을 극복하는 일이 부락 청년의 사회적 이상이라고 부를 수 있을 정도로 인생의 커다란 과제였다. 부락 출신이 아닌 사람과 연애를 하고 함께 부락 해방사상을 배워 집안의 반대를 무릅쓰고 결혼에 성공해 부락의 해방운동에 투신하는 것이 가장 이상적인 삶이라는 인식이 강했다.

특히 내 안에는 여성은 '선택받는 성'[12]이라는 잘못된 젠더 의식과 부락이라는 출신에 의한 이중 차별을 극복해야 한다는 사명감이 혼재되어 있었다. 나는 피차별부락 출신이 아닌 남성과 결혼할 때 비로소 인간으로서 인정받을 수 있다는 관념에 사로잡혀 있었다. 마치 왕자에게 선택을 받아야 인간이 될 수 있었던 인어공주처럼 말이다. 인어공주는 왕자에게 선택받지 못하면 왕자를 죽이든 아니면 자신이 바다의 거품이 되어 사라져야 했다. 가족의 반대로 결혼 상대와 헤어진 부락 여성 중에는 실제로 자살을 선택한 사람도 있었다. 막상 차별에 직면하면 극단적인 선택밖에 보이지 않는다.

나 또한 대학을 졸업할 무렵에 교제하던 사람이 있었다. 그 남자의 아버지는 우리의 교제를 완강히 반대했다. 심지어 그의 집 앞에

---

12   남성 중심의 사회에서 여성은 역사적으로 형성된 성역할에 따라 '남자는 선택하고 여자는 선택받는다'라는 생각을 무의식적으로 수용하고 이에 기반해 행동한다.

서 몰래 지키고 있다가 내가 집에 들어가는 것을 보고 문을 두드리며 법석을 떨기도 했다. 그날 나는 차별에 당당하게 맞서지 못하고 베란다를 통해 밖으로 도망쳤다. 결국 그의 부모는 설날에 본가에 내려간 그를 가두어놓고 외출도 못 하게 했다. 함께 저금하던 '도피 비용'의 딱 절반과 편지를 돌려받는 것으로 그와의 인연은 끝났다. 훗날 나의 사연을 허심탄회하게 털어놓을 수 있는 새로운 사람을 만났지만, 그때도 부락을 차별하는 야비한 글이 적힌 메시지와 한밤중에 걸려오는 무언의 전화에 시달려야 했다.

몇 번의 연애 끝에 마침내 결혼을 하게 됐을 때 나는 남편과 그의 부모님이 한없이 고마웠다. 하지만 나의 결혼은 부락 청년의 이상적인 모델과는 거리가 멀었다. 부락에서 함께 해방운동을 하는 일은 꿈도 꾸지 못했다. 그래도 결혼만 할 수 있다면 아무래도 좋았다. 결혼을 준비하던 중에 호적을 파서 부락이 아닌 집에 양녀로 들어가는 게 어떻겠느냐는 이야기도 나왔지만, 그의 어머니가 "친정이 없으면 불쌍하잖니"라며 말렸다. 손위 시누이가 "결혼식장 알아보려는데 혹시 생각해둔 곳 있어? 내 마음대로 정하면 안 될 것 같아서"라고 말을 건네주었을 때는 내가 정말 좋은 사람들을 만났구나 싶었다. 나는 사춘기 때부터 부락민에 대한 결혼 반대를 어떻게 극복해낼 수 있을지만 생각했지, 드레스는 어떤 것을 입고 싶다든지 신혼여행은 어디로 가고 싶다든지 같은 문제에 대해서는 아무것도 생각해본 적이 없었다. 결혼한 후의 일도 전혀 상상해보지 않은 채, 막연히 그를 반드시 행복하게 해줘야겠다고 생각했다.

가미모토 유카리

새 가족을 꾸리다

어렸을 적에는 일반인(내가 자란 부락에서는 부락 출신이 아닌 사람을 일반인이라고 부른다)과 함께 있어도 창피를 당하지 않으려고 집에 있는 도감 등을 보며 열심히 공부했다. 결혼 후에는 텔레비전과 잡지가 교양을 쌓을 수 있는 교과서였다. 그런데 결혼 직후 쌍둥이를 출산하면서 매사에 친정 엄마의 도움을 받아야 하는 내 자신이 부끄러웠다. 아무도 내가 부락 출신임을 모르는 곳에서 생활했고, 남편 또한 집안일과 육아를 잘 도와주는데도 나는 늘 내가 부족하다는 생각에 시달렸다. 내가 여자나 엄마로서 자격이 부족하다고 느꼈다.

동화보육소[13]에서 일하는 중년의 보육사는 "부락 엄마들은 뭐든 다 남에게 의지하지. 그래서는 엄마로 성장하지 못해"라고 말하곤 했다. 부락의 육아 방식밖에 모르던 나는 당시 유행하던 '공원 데뷔'(집 주변의 공원에 아이를 데리고 나가 그곳에 모인 엄마들의 커뮤니티에 들어가는 일-옮긴이)도 두려웠다. 차별을 극복하고 나와 결혼해준 남편을 불안하게 만드는 것 같아서 모든 상황이 무섭고 늘 외로웠다. 기쁘고 즐거운 감정도 사라지고, 이대로는 아이를 학대하게 될지도 모른다는 두려움만 커졌다. 그때 '아동 학대 방지 프로그램CAP(Child Assault Prevention)'[14]을 접하면서 임파워먼트empowerment라는 단어를 알게 됐다.

---

13 피차별부락의 아이들을 대상으로 설치된 보육소. 아이들의 건전한 발달과 보육권을 지키는 한편, 부락 여성의 노동 조건을 정비하고 노동권을 보장하기 위한 투쟁의 성과 중 하나이다.

내가 아닌 누군가가 되려 하지 않아도 된다, 눈앞의 폭력으로부터 도망치면 된다는 말에 지금껏 지켜온 나 자신이 무너져내리는 기분이 들었다. 지금까지 차별에서 도망쳐서는 안 된다, 싸워야 한다는 생각으로 견고히 다져온 마음의 장벽이 와르르 부서지면서 눈물이 쏟아졌다. 그리고 진짜 내 자신을 마주할 수 있었다. 이제 나는 고집스럽게 한길로 치달아온 인생을 바꾸려 하고 있다.

아이들과 함께 부락으로 돌아온 나는 가장 먼저 방에 놓을 커다란 둥근 밥상을 구입했다. 공부도 하고 밥도 먹는, 몇 명이든 함께 모여 앉을 수 있는 밥상이다. 부족한 게 없는 장소가 아니라 부족한 것을 제각각 가지고 와서 함께 나누는 장소가 되기를 바란다. 가족뿐 아니라 부락 안팎의 지인들에게도 방을 활짝 열었다. 다문화를 이해하고 페미니즘, 에콜로지, 부락을 넘어 '나' 자신에게로 관심을 옮기면서 네트워크가 점점 확장되었다. 부락민으로서, 여자로서의 내가 아니라 비로소 나 자신의 인생을 선택할 수 있게 되었다.

'이래야만 한다'라는 강박에서 탈피한 내 가족은 진짜 행복을 추구하며 어떤 틀에도 구애받지 않기 위해서 지금도 좌충우돌하고 있다.

2015년 설날, 아이가 공부하고 있는 프랑스에 가서 네 식구가

14　아이가 다양한 폭력으로부터 자신의 몸과 마음을 지키는, 폭력 방지를 위한 예방 교육 프로그램이다. 모든 인간이 안심하고 자신감을 갖고 자유롭게 살아갈 권리를 가지고 있다는 것을 인지하고 이를 저해하는 장애를 없애기 위한 방법을 함께 생각하고 전달한다.

함께 사진을 찍었다. 아마 첫 가족사진이리라. 내게는 참 귀중한 사진이다. 부락 출신인 나와 그렇지 않은 남편, 그리고 아이로 구성된 우리 가족은 부락민일까? 부락민이라는 정의는 누가 하는 것일까?

　　부모님이 정성껏 만들어준 앨범에서 툭 삐져나온 사진 한 장은 어쩌면 내가 '어디 내놓아도 부끄럽지 않게 키운 딸'이었다는 증거였을지도 모르겠다.

엄마의 메시지
: 무슨 일이든 스스로 정하면 돼

가와사키 도모에

川崎那惠

1983년 오사카에서 태어났다. 지금은 교토에 살고 있다. 대학 시절에 부락 문제에 관한 강의를 듣고 부락 출신임을 깨달았다. 이후 학생 동아리 부락문제연구회에서 활동했다. '부락 헤리티지(https://www.burakuheritage.com)'의 멤버이다.

사진 ◆

1983년 1월, 엄마가 갓 태어난 나를 안고 있다. 내 앨범의 첫 장에 붙어 있는 사진이다.

2장 피차별부락 여성

2014년 아직 더위가 가시지 않은 9월의 어느 날, 오랜만에 엄마와 오사카 덴노지天王寺에 갔다. 그때 내 뱃속에는 생명이 들어 있었다. 출산 예정일을 2주 앞둔 무렵으로 배가 묵직했다. 나는 아이를 낳고 산후조리를 하기 위해 9년 만에 오사카의 본가로 돌아왔다.

하루는 친척 할머니가 입원하셨다는 소식을 듣고 엄마와 병문안을 갔다. 할머니는 70대셨다. 병실에 앉아 병환은 좀 어떤지 듣기도 하고, 나와 어머니의 근황을 전하다가 1958년 태어난 엄마의 어릴 적 얘기가 나왔다. 할머니는 "미짱(엄마)은 옛날부터 고집이 엄청 셌어. 이거다라고 한 번 정하면 좀처럼 바꾸지 않았지"라고 말씀하셨다. 내가 아는 엄마는 늘 자신을 억누르고 참고 또 참으며 살아온 사람이다. 하지만 할머니의 기억 속에는 또 다른 엄마가 있었다.

돌아오는 길에 몇 년 만에 엄마와 둘이서 차를 마셨다. 엄마는 달콤한 간식을 좋아하는데, 그 점은 나도 엄마를 닮았다. 덴노지역에서 남쪽으로 걸어서 20분 거리에 위치한 여자중학교와 고등학교를 다니던 나의 학창시절 6년 동안 엄마는 학부모 면담 등에 참석하기 위해 가끔씩 학교에 왔다. 그런 날이면 정해진 수순처럼 집에 가는 길에 엄마가 좋아하는 디저트 가게(지금은 재개발되어 흔적도 찾을 수 없다)에 들러 미타라시당고(꼬치에 꽂은 경단에 단맛이 나는 간장 소스를 바른 간식-옮긴이)와 빙수를 먹곤 했다. 내가 대학 입학 후 아르바이트로 돈을 벌어 독립하면서 엄마와 보내는 시간이 사라졌다.

가와사키 도모에

할머니의 인생

소프트크림이 들어간 달콤한 데니쉬 페스츄리를 사이에 놓고 카페라떼를 마시면서 병원에서 들은 이야기를 이어갔다. 엄마의 아버지, 어머니, 친척들의 생전에 관한 이야기였다. 그중에 특히 마음이 끌리는 사람이 있었다. 엄마의 엄마, 그러니까 내게는 외할머니였다. 외할머니는 1977년 엄마가 19살 때 49살의 나이로 급사했기 때문에 나는 만난 적이 없다. 외할아버지 댁에 걸려 있는 흑백사진을 보며 어떤 분이었을지 상상해봤을 뿐이었다. 외할아버지는 24살 때 친구의 맞선 상대였던, 자신보다 6살 많은 할머니를 가로채 결혼했다고 한다. 외할아버지는 전쟁 통에 초등학교도 제대로 다니지 못해 읽고 쓰는 법을 몰랐다. 경륜 선수가 꿈이었다고 하는데 기억을 더듬어보면 체격도, 머리 크기도 거대해서 〈꼬마숙녀 치에〉(자린코 치에 じゃりン子チエ. 하루키 에쓰미はるき悦巳의 만화 작품이다. 이를 원작으로 애니메이션 영화 등이 나왔다. 오사카의 공단 지역을 무대로 곱창구이집을 운영하는 아빠와 함께 사는 여자아이 치에, 그리고 치에를 둘러싼 인물들의 생활을 그렸다-옮긴이)에 나오는 치에의 아빠 데쓰처럼 풍채가 당당했다. 외할머니는 시마네현 하마다시의 해변 마을 출신으로 어린 나이에 부모님을 여의고 친척 집을 전전했으며, 결국 그마저 어려워 오사카로 나와 여공으로 일했다고 한다. 결혼도 안 하고 아이도 안 낳겠다고 생각했는데 연하의 외할아버지를 만나 결혼했다. 외할아버지는 오사카시에 있는 피차별부락 출신이었지만, 고향을 떠나 천애고아로 지내던 외할머니에게 출신은 문제가 되지 않았을지도 모른다.

엄마가 첫 딸이었고 뒤로 4명을 더 낳았는데 막내는 사산했다. 1950년대부터 1970년대에 걸쳐 일본의 고도 성장 기류를 타고 외할아버지는 2명의 친척과 함께 폐품 회수 일을 했다. 외할머니는 전업주부였다. 엄마가 들려준 외할머니의 몇 가지 에피소드가 있다. 외할아버지와 싸우고 얻어맞은 뒤에는 니혼슈日本酒(쌀을 발효시켜 만든 일본의 전통주-옮긴이) 한됫병을 끼고 앉아 얼굴색 하나 변하지 않고 마셨다고 한다.

엄마 마음속에 남아 있는 외할머니의 모습은 참 매력적이었다. 태어난 고향을 떠나 오사카로 나오기까지, 그리고 1950년대 오사카에서 부락민 남성과 함께 살면서 아이를 낳고 기르는 동안 할머니에겐 어떤 고난과 행복이 있었을까. 할머니의 이야기를 들으러 시간 여행이라도 떠나고 싶다.

엄마가 살던 부락에서도 1960년대부터 부락해방운동이 전개되었다. 엄마는 해방장학금을 받아 고등학교에 진학했고 영양사 자격증 취득을 목표로 전문대학에 진학하기로 했다. 그때 갑자기 할머니가 돌아가셨다. 뇌출혈이었다. 그날 아침, 머리가 아프다고 호소했다고 한다. 엄마는 갑자기 찾아온 이별에 울다 지쳤던 듯하다. 외할아버지의 유품에서 고등학교를 갓 졸업한 젊디젊은 엄마가 멍한 표정으로 앉아 있는 사진을 본 적이 있다.

엄마는 아직 초등학생인 남동생도 돌보고 집안일도 해야 한다는 무언의 압력을 받으며 자신의 꿈을 접을 수밖에 없었다. 여자에게 학력은 아무 소용이 없다는 외할아버지의 반대를 무릅쓰고 들어

간 대학이었다. 엄마는 여름이 되기 전에 자퇴를 하고 잠시 집안일을
하다가 한 해방운동가의 제안으로 부락의 진료소[1]에서 사무직으로
일하기 시작했다.

친척을 통해 근처 부락의 남성과 혼담이 오갔고 23살에 결혼
했다. "하루라도 빨리 집을 나가고 싶었거든." 엄마는 당시를 회상하
며 담담히 말했다. 결혼은 집을 나오기 위한 수단이었던 셈이다. 이
듬해 내가 태어났고 이어서 남동생이 태어났다. 출산과 육아를 맞닥
뜨린 24살의 엄마 곁에는 의지할 친정엄마가 없었다. 대신에 육아서
를 읽으며 공부했다고 한다. 내 사진첩의 맨 앞 장에는 갓 태어난 나
를 안고 웃는 엄마의 사진이 있다.

그로부터 30여 년의 세월이 흘러 이번에는 내가 새 생명을 품
었다. 엄마에게 임신 소식을 전하며 "산후조리가 중요하다던데, 엄
마가 도와주면 좋겠어"라고 부탁했을 때 엄마는 흔쾌히 승낙해줬다.
엄마는 내가 태어났을 때 아기 돌보랴, 아빠 밥 챙기랴, 집안일 하랴
갖은 고생을 다하면서 언젠가 내게 아이가 생기면 산후조리는 꼭 당
신이 하기로 마음먹었다고 했다.

임신과 출산을 경험하며

고졸인 부모님은 나에게 어렸을 때부터 열심히 공부해서 꼭

---

[1]   병원보다 규모가 작은 의료 시설로, 일본의 의료법상 입원용 병상이 19개 이하인
시설이다. 부락해방운동의 성과로 설립된 곳도 있다.

대학에 가야 한다고 강조했다. 엄마는 도중에 대학을 포기한 과거 때문에 그 바람이 한층 강했는지 모른다. 나는 대학에서 젠더론과 가부장제를 배우며 가족 제도 때문에 억압받아온 엄마의 인생에 분노가 일었다. 돈을 벌어오는 아빠와 전업주부인 엄마 사이의 대등하지 않은 관계를 이해할 수 없던 나는 엄마에게 이혼하고 혼자서 살지 않겠느냐고, 그러기 위해 뭐든 해보면 어떻겠느냐고 여러 번 물어보았다. 그때마다 엄마는 "이제 와 무슨…"이라고 말을 흐렸다. 그 모습을 보며 나는 남성과 가족 제도의 희생양이 되지 않겠다고, 자유롭고 주체적으로 살아가겠다고, 공부도 일도 포기한 엄마와 다른 인생을 살겠노라고 다짐했다.

대학생 때는 내 인생에 법률혼은 없을 것이라고 생각했다. 20대 중반에 직장을 구하고 생활이 어느 정도 안정되자 개인적으로 부락 관련 활동에 성실히 참여하는 한편, 영화과 공연을 즐기고, 여행도 다니고, 술에 취하기도 하면서 자유롭게 생활했다. 그러면서 아이를 낳는 일은 없겠구나라는 생각이 점점 더 깊어졌다.

2011년 3월 동일본 대지진과 후쿠시마 원전 사고가 터진 뒤로는 미래에 대한 희망이 사라졌다. 이런 시대에 아이를 낳는 것은 무책임하다는 생각이 확고해지면서 출산과 더욱 멀어졌다. 그런데 31살이 된 직후 임신 사실을 알았다. 남자친구와 아이가 생긴다면 어떻게든 되겠지라는 대화를 나눠본 적은 있지만, 임신을 확인한 순간에는 정말 깜짝 놀랐다. 그와 동시에 갑자기 찾아온 아이를 품으며 인간이 제어할 수 없는 생명의 신비에 경외감을 느꼈다. 시대가 어떻

가와사키 도모에

든 새 생명이 세상에 나오고 싶어 하는구나라는 기대감도 밀려왔다. 우선은 뱃속 아이를 무사히 낳는 것이 내 임무라고 여겨 술을 끊고 건강을 챙겼다.

아이의 아빠, 즉 남자친구와 나는 우리가 어떤 관계이기를 원하는지 다시금 생각해봤다. 남자친구와 나는 고심한 끝에 법률혼은 하지 않기로 했다. 남자친구는 간토關東(도쿄를 중심으로 한 혼슈의 중앙부를 가리킨다-옮긴이)와 간사이關西(교토부와 오사카부를 중심으로 한 지역을 가리킨다-옮긴이)를 오가며 일했기 때문에 한 지붕 아래에서 생활하기 어려웠다. 또한 우리 둘 다 함께 사는 것은 바라지 않았기 때문에 사실혼도 불가능했다.

동시에 나의 출신지인 피차별부락을 둘러싼 차별이 일본 사회에 온존하는 가족 중심의 호적 제도로 인해 되풀이되고 있음을 확인했다. 나는 호적 제도를 전제로 하는 혼인의 틀 속에 나를 가두고 싶지 않았다. 결국 우리는 비혼 상태로 아이를 낳기로 결정했다. 나와 남자친구 사이의 연인 관계, 아이와 나, 아이와 아빠 사이의 친자 관계를 서로 존중하고 소중히 여기는 삶을 목표로 삼았다.

내 선택을 엄마도 전적으로 인정해줬다. 엄마는 늘 "네가 정한 일이니 나중에 실패하더라도 남 탓하며 후회하지 않겠지"라고 말한다. 이 말이 엄마가 품고 살아온 신조였음을 어렴풋이 깨달았다. 엄마는 세상살이가 마음먹은 대로 안 된다고 해도 모두 자신이 정한 일의 귀결이라고 받아들였던 것이다. 자신이 정하고 걸어온 길을 부정하지 않는, 자신에 대한 긍지이기도 했던 셈이다.

이제 딸이 태어난 지 18개월이 지났다. 엄마는 손주가 예뻐 어쩔 줄 모른다. 엄마는 한 달에 한 번 아르바이트를 쉬는 날 오사카에서 2시간을 달려 교토에 있는 나의 집으로 온다. 손주 앞에선 늘 싱글벙글 웃으며 알뜰살뜰 돌봐주신다. 나 역시 엄마와 딸이라는 인연으로 겹겹이 묶인 우리 셋이 함께 보내는 시간이 즐겁다. 손녀가 태어난 뒤 엄마는 아빠의 눈치를 보지 않고 진심으로 즐겁고 편한 시간을 가질 수 있게 된 듯싶다. 이 작은 존재가 주위 사람들의 관계를 변화시키는 힘을 갖고 있다는 데에 고마움을 느낀다.

딸을 낳고 나서 엄마가 나를, 할머니가 엄마를 돌보던 시절을 생각했다. 딸과 보내는 일상에 지칠 때면 60년 전에 엄마를 낳은 할머니의 모습, 30년 전에 나를 낳은 엄마의 모습을 상상하며 마음을 추스른다. 날마다 자라는 아이를 보면서 누구나 이렇게 자라는구나, 사람은 이렇게 커가는 거구나, 하고 새삼 경탄하게 된다.

할머니, 엄마, 나, 딸로 이어진 4대가 살아온, 그리고 살아갈 시대는 모두 다를 것이다. 하지만 일본 사회에서 살아가는 여성의 고난은 계속 이어지는 듯싶다. 그럼에도 앞 세대가 닦아놓은 지평 위를 다음 세대는 걸어간다. 어떤 시대였든 생명을 이어온 여성이 있고, 나 또한 그 길을 따라가기로 결심했다.

2014년 10월, 산후 6일째 아침. 병원에서 퇴원하던 날 엄마가 찍어준 사진.

가와사키 도모에

딸의 미래에는 어떤 고난이 기다리고 있을까. 할머니와 엄마와 내가 도달할 수 없었던 새로운 자유를 쟁취할 수 있을까. 딸이 만들어갈 세계를 꿈꿔본다. 아이가 좀 더 크면 우리가 살아온 시대와 각각의 인생 이야기를 들려주고 싶다. 내가 엄마에게 물려받은 메시지를 이번에는 딸에게 전해주고 싶다.

가족이라는 부스럼 딱지

구마모토 리사

熊本理沙

1972년 후쿠오카현에서 태어났다. 엄마가 나고 자란 피차별부락에서 어린 시절을 보냈다. 유학 중 원주민운동과 레즈비언운동을 접하고 대학 졸업 후 국제인권단체인 반차별국제운동IMADR(International Movement Against All Forms of Discrimination and Racism) **일본위원회에서 일했다. 현재 대학에서 인권을 강의하며, 피차별부락 여성의 이야기를 듣고 쓰는 활동을 이어가고 있다.**

사진 ◆

1959년 우란분 때 외할아버지(45살), 외할머니(38살)가 불단 앞에 정좌한 모습. 외할아버지의 앨범에는 동화대책사업이 지방의 생활 환경을 개선하는 장면이 차곡차곡 정리되어 있다. 외조부모가 살던 피차별부락에는 카메라를 가진 집이 없었지만, 친척 중에 신문기자가 있어 기록을 남길 수 있었다고 한다. 대부분 지역 주민과 같이 찍은 사진이다. 가족사진은 불단 앞이나 현관 앞에서 찍은 몇 장이 전부다.

구마모토 리사

내게 '가족'은 부스럼 딱지 같았다. 부모님은 내가 6살 때 이혼했다. 그 후 외조부모와 큰외삼촌 가족이 나를 키웠다. 나는 내 가족을 설명할 적절한 말을 찾을 수 없었다. 엄마와 떨어져 살았으니 '한부모 가정'이라는 말도 맞지 않았다. '불쌍한 애'라는 시선, '평범한 가족'을 기준으로 삼는 고정관념에 분노를 느끼기도 했다. 무엇보다 친부모가 아니더라도 내 주위에는 많은 어른이 있었고 나는 그들의 관심과 사랑 속에서 자랐기 때문이다.

후쿠오카 시내에서 차로 1시간 남짓 떨어진 곳에서 40여 세대가 산으로 둘러싸인 논밭을 일구며 살고 있었다. 이 작은 부락이 외조부모와 엄마의 고향이다. 1914년생인 외할아버지의 앨범은 부락민, 친척, 지인들과 함께 찍은 단체 사진으로 빼곡하다. 부락 안에서 부락민은 자주 왕래하고 교류했다. 각종 축제와 행사가 수시로 열렸다. 물을 얻어 쓰기도 하고 목욕탕도 빌려 썼다. 곱창이나 생선을 파는 행상이 오면 쌀이나 보리를 주고 바꿨다. 맑고 아름다운 개천은 빨래를 하고 야채도 씻는 여성들의 사랑방이었다. 부락민들은 빈곤의 밑바닥에서 살아야 했지만 그 안에는 서로 도우며 의지하는 연대와 교류가 있었다.

외할머니가 만든 조니는 늘 새카맸다. 할머니는 버려진 땅에 비료가 없어도 잘 자라는 마사메眞小豆(익혀도 모양이 뭉개지지 않는 검은 콩)를 심어 설날에 먹을 조니를 만들었다. 직접 재배한 메밀로 만든 소바도 색이 검었다.

부락 안에 혼자 사는 사람이 있으면 누군가가 그 집에 먹을

구마모토 리사

것을 가져다줬다. 설날에는 기르던 닭을 잡았고, 마을에서는 소와 돼지도 키웠다. 사탕수수도 기르고 유채 기름도 직접 만들었다. 나는 부락에 살면서 먹을거리가 어디서 오는지 자연스레 배웠다.

할아버지는 부락 출신 공무원 1호였다. 공무원으로 일할 때에도 퇴직 이후에도 현금 수입이 있었기 때문에 돈을 빌리러 오는 손님이 끊이지 않았다. 할머니는 남에게 돈 빌려주느라 바쁜 할아버지를 자랑스러워했다. 손님이 오면 꼭 밥을 먹었는지 물어보고, 밥 먹고 가라며 끼니를 챙겨주는 할아버지네 집은 늘 사람들로 북적였다. 밤마다 "빨리 가서 잠자리 맡아놓지 않으면 잘 곳 없다"라는 말을 들었다. 친자식 6명 이외에도 다른 집 아이들을 10명 정도 거두어 키운 할머니는 당시를 회상하며 "그땐 어떻게 먹여 살렸는지 원" 하고 호탕하게 웃는다. 푸념을 늘어놓을 틈도 없이 바빴을 것이다.

할아버지의 부락해방운동

할아버지의 아버지인 다이기치大吉는 양자였다. 낳아준 부모를 모른 채 자랐다고 한다. 양부모에게 아이가 생기자 집을 나와야 했고 그 뒤 탄광에서 일했다. 부락으로 돌아와 결혼하고 나서는 탄광에서 일하던 때의 인맥으로 사업을 시작했다. 벌채한 나무를 수레에 실은 채 산 너머 30리 길을 장작을 팔러 돌아다녔다. 게타下駄(일본의 나막신-옮긴이)의 굽을 갈기도 했다. 할아버지가 자란 오두막집에는 직접 만든 담배가 매달려 있었고 담배를 먹고 사는 벌레의 똥이 바닥 여기저기에 떨어져 있었다.

　　　　　　　　　　　　2장 피차별부락 여성

다이기치는 부들부들하게 만든 짚과 새끼줄을, 다이기치의 아내인 미사는 조리 안창을 만들어 팔러 다녔다.

두 사람의 자녀 가운데 살아남은 아이는 할아버지뿐이었다. 미사는 몸이 약한 할아버지를 업고 비가 오는 날이든 바람이 부는 날이든 1시간을 걸어서 멀리 떨어진 학교까지 데려다줬다. 조리를 엮는 도구를 '힛가케'라고 부르는데 미사는 "이 힛가케로 널 졸업시 켜줄게. 신발을 신고 학교에 가는 아이로 키워줄게"라고 말하곤 했다고 한다.

가난해서 중학교에 가지 못한 할아버지는 전보 배달과 인쇄소에서 활자 줍는 일을 하면서 매일 밤 늦게까지 공부를 이어갔다. 미사가 "돈도 들지 않는 나랏일이 최고"라고 권해서 할아버지는 체신 강습소 시험을 쳐 합격했다. 체신 강습소는 우편과 전신의 행정을 관할하는 중앙 관청인 체신성遞信省(오늘날 일본 우정국-옮긴이) 직원을 양성하는 기관으로, 졸업 이후 체신성에 입사하겠다는 약속을 받고 학비와 기숙사비 및 생활비를 지급했다. 할아버지는 졸업 후 14살에 우편국에 들어갔다. 할아버지는 훗날 우편국장을 역임한 공적으로 받은 서훈을 무척 자랑스럽게 여겼다. 할아버지 발에는 큼지막한 화상 자국이 있다. 키가 작아서 군대에 가지 못하게 되자 "천황폐하 만세"라고 외치면서 불속에 뛰어들었다가 입은 화상이다.

내가 자란 부락에서는 가혹한 차별에 대한 저항으로 "그냥 내버려둬라", "우리는 부락민이 아니다"라고 생각하는 주민도 있었고 부락해방운동에 반대하는 사람도 있었다. 그런 분위기 속에서 할

아버지는 오랜 기간 부락해방동맹 임원을 맡았고 도쿄에서 열리는 집회에도 참가했다. 그런 할아버지가 국경일에 히노마루日の丸(일본의 국기-옮긴이)를 게양하는 것이 어릴 적부터 의아했다. '천황 숭배', '국가에 대한 봉사'와 '부락 차별 반대' 사이에는 괴리가 있는데, 할아버지의 마음속에서는 두 가지가 공존했다.

　　할아버지는 부락해방운동에 열심이었지만 자식과 손주에게는 부락 문제를 알리지 않았다. 본인이 열심히 공부해서 성실히 일하면 차별을 뛰어넘을 수 있다고 생각했기 때문이다. 자신이 입은 상처를 자식과 손주에게 물려주지 않으려고 당신 스스로 권리를 쟁취하기 위해 노력하는 모습을 보여주었다. 그것이 할아버지의 부락해방운동이었다고 엄마는 회상한다. "일을 못하면 곧바로 에타穢多[1]라서 그렇다는 말을 들었다"라는 할아버지의 글이 남아 있다. 어렸을 때는 "에타고로"라 불렸고 우편국에 들어간 뒤에도 가혹한 차별에 시달렸다. 그 때문인지 할아버지는 가정교육과 예의범절에 엄격했다. 아이들은 "다른 사람이 1만큼 노력할 때 부락민은 5만큼 노력해야 돼"라는 말을 들으며 자랐다. 90살에 돌아가시기 전까지 할아버지는 늘 산처럼 쌓인 종이에 둘러싸여 너덜너덜해진 사전을 끼고 쉼 없이 읽고 썼다. 재능에 겸허했으며, 가족과 지역을 위해 헌신한 인생이었다.

1　전근대에 피차별부락민으로 몰린 집단의 호칭 가운데 하나. 지역에 따라 조리長吏, 가와타皮多 등으로도 부른다. 부락민은 형벌을 집행하는 일이나 가축 도살, 피혁 가공, 아교풀 제조 등에 종사했다.

부지런한 여자들

1921년생인 할머니는 12남매 중 셋째였다. 할머니의 어머니인 이네는 옆 동네에서도 구경 올 정도로 미인이었다. 니혼가미日本髮(일본 여성의 전통적인 머리 모양의 총칭이다-옮긴이)를 만져주는 일을 했는데 당신 머리는 직접 서양풍으로 다듬었다. 남편인 기타로는 몸이 허약해 집에서 늘 단젠丹前(솜을 두껍게 넣은 소매가 넓은 일본 옷으로 실내용 방한복의 하나-옮긴이)이나 나가주반長襦袢(겉옷과 같은 기장의 속옷-옮긴이)을 입고 지내다 아기가 울면 젖을 먹이러 할머니가 일하는 밭으로 나가고, 또 휴식 시간이면 차를 마시러 밭으로 왔다. 그야말로 아내의 벌이로 먹고사는 남편이었다. 12명의 아이를 기르면서 일까지 억척스럽게 해내는 이네의 품새는 동네에 소문이 자자했다. 모종 심기, 벼 베기, 조리 만들기, 바느질 등 모든 일에 놀랄 정도로 손이 빠르고 꼼꼼했다. 자기 일이 끝나면 다른 곳으로 도움을 주러 가기도 했다. 할머니는 아이가 생사를 헤맬 때에도, 몸이 만삭일 때에도 밭일을 쉬지 않았다. 비가 오는 날에는 대나무 껍질을 찐 다음 약을 풀어 표백해 게다의 안창을 만들었다. 신발 수선에도 능했고, 홍백색으로 물들인 새끼줄로 하나오鼻緒(왜나막신의 끈이나 짚신의 갱기-옮긴이)를 만드는 솜씨도 뛰어났다. 할머니는 비 오는 날 가족이 빙 둘러앉아 증조외할머니의 선창에 따라 노래를 부르며 조리를 만들던 때가 인생에서 가장 즐거웠다고 했다. 할머니는 어렸을 적부터 증조외할머니와 함께 일하며 집안일을 도맡았다. 바구니를 등에 지고 누에 먹일 뽕잎을 따러 다니고 짐수레로 누에고치를 날랐다. 누에는 낮밤 가리지 않고 3시간마다 먹이를 줘야 했다. 집 안에 대나무로 선반을 만들고 거기에 짚으로 만든 누에 집을 놓았다.

"글쎄, 글자를 몰랐다니까"

할머니는 밭일이 없을 때만 어린 동생을 업고 학교에 갔다. "너무 가기 싫었어." 어떤 날에는 학교에 간다고 말하고 집에서 나와 산에 숨어 놀기도 했다. 빠지는 날이 많아지자 수업은 점점 더 따라가기 버거워졌다. 하루 종일 양동이를 들고 벌을 서기도 했다. 공부를 따라가지 못하는 아이들은 방과 후에 나머지 공부를 했다. 남는 아이는 부락 아이들뿐이었다. 여동생이 학교에서 머리채를 잡히는 등 괴롭힘을 당했을 때는 할머니가 책상 옆에 앉아서 동생을 지켰다고 한다.

할머니는 12살 때 보모 일을 하러 남의 집으로 갔다. 입을 하나라도 줄이기 위해서였다. "슬퍼서 견딜 수 없었지. 돌아가고 싶어서, 돌아가고 싶어서." 도저히 참을 수 없어서 기차를 타고 집으로 돌아왔지만 곧 다른 집으로 다시 고용살이를 하러 보내졌다. 아이를 업은 채 화장실에서 엉엉 울기도 했고 벽에 기대어 잠들기도 했다. "글자를 몰랐다니까." 할머니는 지난 삶을 토로할 때면 늘 이 말을 덧붙였다. 그리고 "우리 애들은 무슨 일이 있어도 학교에 꼭 보내겠다고 다짐했지"라고 힘주어 말했다.

어느 날부터 "우리가 결혼해 나가기 전에 꼭 배워야 해요"라며 큰이모가 할머니에게 글자를 가르쳤다. 그때 할머니는 50대였다.

"네 아버지가 있으니 어떻게든 되겠지. 난 필요 없다"라며 손사래 치는 할머니를 큰이모가 억지로 앉혀놓고 연필 잡는 법부터 가르쳤다. 연필을 손으로 감싸 쥐고 글자를 더듬더듬 써나갔다. 집안일을 모두 마치고 난 뒤 주워온 폐지 뒷면에 아이들의 이름과 전화번호, 주소, 전화기 사용법 등 꼭 필요한 것들부터 쓰고 또 썼다. "됐다, 됐어." "못 하겠다." "안 해도 돼." 몇 번이나 그만뒀다가 다시 시작하는 일이 되풀이됐다. 처음에는 그림 그린 듯 비뚤배뚤하던 글씨가 점점 모양을 갖춰갔고 간단한 가타카나와 한자까지 익히게 되자 할머니는 매우 기뻐하며 수첩과 노트를 갖고 싶어 했다. 그 후로는 항상 가방에 수첩을 넣고 다녔다.

선거 날이면 몇 번이나 연습해서 쓴 메모를 쥐고 투표소로 갔다(일본은 유권자가 후보자의 이름 또는 정당의 이름을 직접 기표 용지에 기입하는 자서식 선거를 채택하고 있다-옮긴이). 할머니는 기표소 안에 홀로 선 채 한 자 한 자를 꾹꾹 눌러 썼다. 그 시간이 무척 두렵고 민망했을 것이다. 우체국에서 돈을 찾을 때도 집에서 연습을 많이 하고 갔지만 막상 글씨를 쓰려면 손이 떨려 몇 장이나 다시 써야 했다. "나이가 들면 의외로 글씨 쓸 일이 많구나. 선거 때도 그렇고, 병원이나 우체국에서도 자기 이름은 써야 하니까"라며 이제 90살이 넘은 할머니가 말한다.

처음으로 할머니에게 받은 편지에는 "할머니는 매일 엄청 바쁩니다. 하지만 부처님 덕분에 건강하게 지냅니다. 이 편지를 쓰는데 모두 큰소리로 웃습니다. 할머니는 리사짱에게만 편지를 씁니다. 건강히 일하세요"라고 적혀 있었다. 글자 하나하나에서 할머니의 마음을 느낄 수 있었다.

종교에 의지한 할머니

가족사진은 대부분 스님과 함께 찍었거나 불단을 배경으로 하고 있다. 집은 허름한 초가집이었지만 금박을 입힌 불단만은 번쩍번쩍 빛났다. 할머니는 3살 무렵부터 '오반사마'(설 연휴가 지난 뒤 일주일간 매일 밤 집집마다 돌면서 여는 법회)와 한 달에 한 번 당번제로 여는 '오차코' 법회에 따라다녔다. 그날만은 증조외할머니가 만들어준 조리를 신고 증조외할머니의 기모노를 고쳐 만든 옷을 입을 수 있었다.

나도 어렸을 때부터 할아버지, 할머니와 함께 오차코에 가곤했다. 모두 같이 불경을 읊고 찬불가를 부른 뒤, 다과를 나누며 이웃의 이야기를 듣는 게 좋았다. 부락민이라고 화로에서 담뱃불을 직접 못 붙이게 한 일, 지역에서 열리는 축제에 참가할 수 없게 해서 따로 축제를 만든 일, 일 잘하는 부락민을 불러놓고 밥은 토방에 돗자리를 펴서 따로 먹게 한 일, 인근의 절에서 부락민의 출입을 막은 일, 부락민과의 결혼을 반대한 일 등 차별은 생활 속 도처에 있었다.

동화대책사업 때 도로 공사와 더불어 가장 먼저 실시된 사업은 납골당 건설이었다. 그 시절 부락 여성들은 땅속에 묻힌 시신을 직접 파내서 납골했다. 사진첩에는 지역 주민들이 납골당 앞에 질서정연하게 서서 찍은 사진이 많다.

매해 우란분이 열릴 때면 납골당 앞에서 참배가 이루어진다.

그날 "어디서 왔니", "이름은 뭐니"라는 질문을 받으면 내 신분을 감추려고 머리를 굴리는 일이 일상이었다. 상대의 반응도 충분히 예상할 수 있다. "어느 절에 다니니"라는 질문도 부락민인지 아닌지를 판별할 수 있다. 우리가 다닐 수 있는 절은 집에서 차로 1시간이나 떨어진 곳으로 정해져 있었기 때문이다.

할머니는 "나를 위해 이런 불경佛經이 나온 거야. 딱 나에게 맞춘 것 같아. 나를 위한 것 같아 기쁘구나. 난 참 좋은 곳에 태어났어"라고 말한다. 그러곤 "나무아미타불"을 읊조리면서 라쿠고(17세기부터 전해오는 일본의 언어 예술로 연기자 한 사람이 부채와 수건 등 소품을 손에 쥐고 앉아서 몸짓과 손짓을 사용해 이야기한다-옮긴이)나 1인극이라도 하는 듯이 자신의 인생을 말한다. 말은 이내 노래로 이어진다. 그럴 때면 할머니는 성性과 정치 이야기를 좋아했고, 소리 내 울거나 화를 내다가도 제풀에 웃었다.

부락, 그리고 여성

"바깥 사람들은 다르니까 따돌림당하는 거야라고 하는데, 우리는 전혀 따돌림당한 적이 없어"라고 할머니는 말한다. 할머니는 평생을 부락에서 살아왔다. 고령이 되어 이웃 친구들이 하나둘씩 저세상으로 떠났는데도 데이서비스센터(집에서 오가며 이용할 수 있는 노인 돌봄 시설이다-옮긴이)에는 다니고 싶어 하지 않는다. "나는 아무것도 몰랐어. 부락 밖의 사람들이 오히려 부락이 무엇인지 잘 알고 있었지"라고 할머니는 말한다. 그러면서 그 시대는 모두 가난했지만 부락의 가난은 뭔가 달랐다고 덧붙였다.

"여자로 태어났다는 이유로 죽을 고생을 했어. 그렇지만 일절 불평하지 않았어. 지금 생각하면 눈물이 나." 종종 할머니는 이웃 할머니들과 찬불가를 흥얼거리면서 산책을 하거나 논두렁에 앉아 담소를 나눈다. 그럴 때면 서로의 살아온 길이 "영화보다 더 재미있다"며 웃는다. 부락 안에서 사는 길밖에 없었고, 그 길 위에서 남편과 아이를 위해 살아왔다. 남편을 떠받드는 일, 아이들을 잘 교육시키는 일이 할머니를 살아가게 한 힘이었다.

부락 밖에서 차별에 맞닥뜨린 엄마

조부모 세대의 부락해방운동이 열어놓은 길 덕분에 부모 세대의 삶의 지평이 조금 더 넓어졌다. 1949년생인 엄마는 친구, 연애, 취직, 결혼 등 여러 면에서 부락 밖으로 사회관계가 넓어졌다. 그 안에서 엄마는 차별을 직접 마주하며 부락 문제를 깨달았다. 중학교 시절 엄마의 친구는 교사인 부모에게 "부락민과 친하게 지내지 마"라는 말을 들었다고 한다. 고등학교 시절 엄마가 동경하던 사람은 주위에서 "걔 부락 애잖아. 가까이 안 하는 게 좋아"라는 말을 듣고 엄마를 멀리했다고 한다. 대학 진학의 꿈은 "대학은 남자나 가는 거야"라는 말에 막혔다. 실제로 엄마의 여섯 형제 중 아들만 대학에 진학했다. 심지어 다른 이모들은 중학교 졸업으로 학업을 마쳤다. 다행히 성적이 우수했던 엄마는 취직에 유리한 상업고등학교에 입학했지만 졸업하기 전까지 단 한 번도 선생님이 어디에 취직하고 싶은지 물은

1967년, 할머니는 46살, 엄마는 18살 때이다. 상업고등학교를
졸업했지만 직장을 구하지 못한 엄마는 집안일을 도우며 혼자서 취직
준비를 했다.

적도 소개해준 적도 없었다고 한다. 결국 갈 곳을 정하지 못한 채 졸
업했다. 졸업 후 의지할 사람도 없이 혼자서 취직 준비를 했다. 힘겹
게 구한 직장에서 취직 전에 신원조사를 했다는 사실을 퇴사할 무렵
인사부장에게 듣게 되었다. 그는 엄마에게 "화내지 말고 듣게. 부락
민이라고 해서 조사를 좀 했어. 인사성도 바르고 예의범절도 반듯하
다고 해서 채용했었네"라고 말해주었다.

엄마가 아빠와 결혼을 결심했을 때, 할아버지는 "사귀는 거야 괜찮지만 부락의 피가 흐르는 아이를 낳을 수는 없다"라고 결혼을 반대했다. 결국 아빠와 엄마는 할아버지, 할머니와 연을 끊었다. 지금까지도 나는 아빠 쪽 친척 중 누구와도 만난 적이 없다. 아빠는 사업에 실패해 거액의 빚을 남기고 사라져 소식이 끊겼다. 당시 제도상 엄마는 자동으로 외할아버지의 호적으로 돌아갔고, 나와 남동생은 행방불명된 아빠의 호적에 남아 아빠의 성을 썼다. 엄마는 우리의 친권을 되찾으려고 몇 번이나 가정법원을 들락거린 끝에 수년이 지나서야 법적인 이혼을 할 수 있었다. 아빠의 빚은 나의 외조부모가 대신 갚아야 했다. 그 결과 가뜩이나 어려웠던 집안 형편이 더 나빠졌고, 엄마는 나를 외할아버지, 외할머니에게 맡긴 채 밤낮없이 일에 매달리게 됐다.

엄마가 건축회사에서 일하던 무렵은 동화대책사업이 막 시작되어 도로 공사가 늘어난 시기였다. 회사에서는 "부락은 왠지 꺼림칙하다니까", "부락엔 들어가기 싫어"라는 말들이 난무했다. 집은 다 쓰러져가는데 도로만 번지르하게 정비해서 뭐하느냐는 멸시와 질투의 말을 내뱉는 상사에게 엄마는 "저 부락 출신이에요. 이런 곳에선 일하고 싶지 않습니다. 그만두겠습니다"라고 항의했다. 엄마는 한 사람의 부락민으로서 시대에 맞서 싸워온 선배 부락민들의 존재를 경외하며 현실에 당당히 맞섰다. 이후 여러 직장을 전전했지만 차별 발언은 끊이지 않았다. 그럼에도 엄마는 부락 출신인 자신을 비하한 적이 없다고 한다. 나름의 방식으로 차별에 저항하며 살아온 자신의 부모님에 대한 존경이 마음속 깊이 자리 잡고 있었기 때문이다. 부락 밖으로 나간 엄마는 부락민과 여성에 대한 혹독한 차별을 꿋꿋이 버텨냈다. 이혼을 하면서 아빠의 속박에서 해방되었고, 일을 하면서 자신감과 자부심을 갖고 사회를 바라보게 되었다.

가족이 내게 준 것

1972년에 태어난 나는 해방어린이회와 동화교육을 통해 부락 문제를 인식했고, 그것이 나와 사회를 이어준다는 관점과 사고, 그리고 부락의 역사를 배웠다. 선생님은 시간이 날 때마다 우리 집을 찾아왔고, 부락해방동맹 청년부는 논두렁에 앉아 상담에 응해주었다.

초등학교를 졸업할 무렵, 나는 집에서 2시간 떨어진 사립 중학교 입학 시험을 치고 싶다고 엄마에게 졸랐다. 딸의 고집에 엄마는 직장을 옮겨야 했다. 당시의 교통비만 해도 큰 금액이었다. 다른 지방에 있는 대학으로 진학할 때도, 외국으로 유학을 가겠다고 말했을 때도 외할아버지, 외할머니와 엄마는 한 번도 반대한 적이 없다. 늘 나의 가장 든든한 응원군이었다. 엄마는 그때마다 직장을 옮기거나 일을 늘렸다. 싱글맘인 엄마는 휴일도 없이 매일 20시간씩 일했지만, 남성이 받는 임금의 절반밖에 받지 못했다. 부락에서 벗어나기 위해 교육을 받고자 하는 나의 열망은 엄마에게 큰 부담을 강요했다. 그런 우리 가족에게 해방장학금은 경제적인 버팀목이 되어주었다.

엄마로부터 "여자답게"라든지 "결혼해라"라는 말을 한 번도 들은 적이 없다. 스스로 생각하고 스스로 선택해서 결정하고 책임

구마모토 리사

질 것, 그러기 위해서는 온 힘을 다해 노력할 것을 어른들은 행동으로 보여주었다. 할머니는 "결혼 같은 거 됐다. 열심히 일하는 게 최고지"라고 말한다. 어린 시절에 나는 할머니와 엄마처럼 살고 싶지 않았다. 할머니와 엄마가 살아온 삶의 방식을 부정하고 싶었다. 집을 나가고 부락을 떠나고 싶었다. 조금 성장한 뒤에는 부락 출신이라는 사실, 여성이라는 사실, 내가 나라는 사실을 제대로 마주할 수 있게 해주는 것들을 미친 듯이 찾아다녔다. 유학 중에 캐나다에서 원주민운동과 레즈비언운동을 만났고 대학 졸업 후 취직한 NGO에서 부락해방운동, 여성해방운동, 국제적 반차별운동, 페미니즘을 만나 푹 빠져들었다. 국내외 마이너리티 여성의 실천과 사상에 감화되어 20대 후반부터 지금까지 15년 넘게 부락에서 여성들의 이야기를 듣고 기록하고 있다. 사회로부터 배제된 부락에서 살아야 했던 부락민은 가족과 지역에 강하게 밀착되어 서로 도우며 살아왔다. 하지만 부락은 차별에 저항하며 살아가기 위한 안락한 베이스캠프인 한편 여성에 대한 차별과 억압을 낳는 곳이기도 하다. 그 안에서 살아온 부락 여성의 역사를 기록하고 싶다. 할머니와 엄마, 여성은 가족과 지역 안에서 몇 겹의 역할을 떠안으면서 배우고 일하고 버텨왔다. 나는 차별에 저항하며 관철한 인간의 존엄, 있는 그대로의 나라는 자부심, 삶의 본연의 모습을 가족에게서 배웠다. 이를 빼앗으려는 모든 것에 대한 분노가 내 삶의 원동력이다.

결혼 후 부락을 만나다

다니조에 미야코

谷添美也子

**1945년 고치현 고치시에서 태어났다. 고등학교
졸업 후 오사카에서 취직했다. 1970년 다카라즈카
피차별부락 출신의 남성과 연애 결혼, 피차별부락에서
남편의 가족과 생활을 시작했다. PTAParent-Teacher
Association(각 학교의 학부모와 교사로 이루어진 조직으로,
한국의 학교운영위원회에 해당한다-옮긴이) 활동을 하며
동화교육을 배우고 부락해방운동에 참여하게 됐다.
부락해방동맹 효고현연합회 여성부 상임위원으로
활동했다.**

사진 ◆

1970년 1월 25일 다카라즈카 시민회관에서 결혼식을
올리고 집에서 성대한 피로연을 열었다. 부락 전체가
들썩일 정도의 큰 행사였다. 이날의 피로연은 부락의
전통 법식을 따른 마지막 피로연이 되었다. 나는
부락의 음식 문화와 상호부조의 정신을 결혼 피로연과
장례식에서 배웠다.

다니조에 미야코

아버지를 알고 싶지 않았다

내 나이 56살 때, 재일조선인 여성들의 제안으로 가족사진 워크숍에 참여했다. 그 자리에서 나는 스스로 목숨을 끊은 나의 아버지 이야기를 꺼냈다. 그때까지 누구에게도 아버지의 자살을 말하지 못했는데, 워크숍은 그런 나를 다시 바라보는 계기가 되었다. 아버지에 관해 내가 알고 있는 것들은 대부분 최근에 와서 어머니와 언니들에게 들은 내용이다. 나는 그것을 알고 싶지도 않았고 알려고 하지도 않았다.

1940년, 이발소를 운영하던 30살의 아버지는 20살의 어머니와 맞선을 보고 결혼했다. 중매인이 허위로 작성한 아버지의 재산 자료를 어머니는 아무 의심 없이 믿었다. 아버지는 삼형제의 차남으로, 형제는 모두 친부가 달랐다. 가정 형편이 몹시 어려워서 아버지는 초등학교를 졸업하자마자 상가에서 허드렛일을 시작했다. 반면 야산과 밭을 가진 유복한 지주의 딸로 태어난 어머니는 교육도, 애정도 듬뿍 받으며 자랐다. 결혼한 뒤로는 사소한 일로 싸움이 끊이지 않았다고 한다. 외할머니는 이혼에 찬성했지만 외할아버지는 아이를 두고 오는 것을 조건으로 내걸었다. 당시 어머니는 21살이었으니 애만 없으면 재혼해서 행복하게 살 수 있을 거라고 기대했던 것이다. 어머니는 아이를 두고 나오는 일만은 할 수 없다며 이혼을 포기했고 이후의 삶은 험난하기 그지없었다.

1944년 가을, 아버지에게 소집 영장이 날아왔다. 시베리아에 억류되었던 아버지가 조국으로 돌아왔을 때 나는 3살이었다. 아버지는 고치에 다시 이발소를 열었지만 잘 되지 않았고, 결국 고베제강의 공장에 들어갔다. 공장 근처의 허름한 사택에서 다섯 식구가 함께 살았는데 아버지에게 안겨본 기억도, 아버지의 손을 잡아본 기억도 없다. 식구들은 아버지와 이부자리도 달리 했고, 그게 오히려 자연스러웠다. 아버지는 매일 일하러 나갔고 집에 돌아오면 술을 마시고 쓰러져 잤다. 가족 간의 대화는 거의 없었다. 전쟁터, 수용소에서 겪었던 일을 아버지는 어머니에게도 꺼내지 않았다.

내가 보기에 부부싸움의 이유는 전적으로 아버지에게 있었다. 월급봉투는 늘 텅 비어 있었다. 지금도 부족한 살림에도 식구들을 굶기지 않으려고 고생하던 어머니의 모습이 눈에 선하다. 아버지는 점점 집에 들어오지 않는 날이 많아졌다.

내가 초등학교 2학년 때의 일이다. 하루는 학교에서 돌아왔는데 어머니가 안 보였다. 그날 어머니는 혼자 집을 나갔다. 나는 책가방을 진 채 어머니를 찾으러 돌아다녔다. 며칠 뒤 지인이 경영하는 카바레에서 회계 업무를 보고 있는 어머니를 발견했다. 나는 어머니를 붙잡은 채 혼자 돌아가기 싫다고 울었고, 이날부터 언니들과 헤어져 어머니와 살았다. 중학교 1학년 때 아버지가 어머니를 찾아와 사과하며 돌아오라고 애원해서 다시 다섯 식구가 함께 살게 되었지만 나는 기쁘지 않았다.

한번은 아버지가 회사에서 가져온 종이를 내게 보여준 적이 있다. 간단한 인수분해 문제가 적혀 있었고, 아버지는 내게 그 문제를 풀어달라고 했다. 아버지가 해고 대상인 줄 몰랐던 나는 기어들어가는 목소리로 부탁하는 아버지를 무시하며 가르쳐주지 않았다. 정 년퇴직을 3년 앞둔 어느 날 아버지는 갑자기 퇴사했다. 아내도 아이 도 자기편이 아니라 여겼는지 아버지는 퇴직금을 혼자서 다 썼다. 나 는 고등학교를 졸업한 뒤 오사카 소재의 회사에 취직해 집을 나왔다. 그 직후 어머니도 집을 나왔다.

21살 때 아버지의 부고를 들었다. 관에 누워 있는 아버지를 마주했지만 눈물은 나지 않았다. 옆에서 아버지의 입 주변을 닦으라 고 말했지만 손이 움직이지 않았다. 화장장에 간 기억도 없다. 아버 지의 자살을 오랫동안 마음속에 봉인한 채 결혼할 때 남편에게도 아 버지가 돌아가셨다고만 했을 뿐 자세한 설명은 하지 않았다. 결혼하 고 10년 후 부락해방운동 활동을 하면서 아버지의 고독을 조금씩 이 해하게 됐다.

남편과의 결혼

나는 가끔씩 선배의 부모님이 운영하는 식당 일을 도왔다. 가 게가 바쁠 때는 아예 그 집에 머물며 일을 도왔다. 어느 날 밤 선배의 여동생이 이불에 앉아 울고 있었는데, 나는 왜 그러냐고 묻지 못했 다. 다음 날 아침 여동생은 아무 일도 없었다는 듯이 학교에 갔다. 마 음에 걸려 선배의 어머니에게 이유를 물었다. "아주머니, 어젯밤 가 요쨩이 밤새 울었어요." 아주머니는 아무 말도 하지 않았다. "그러고 보니 가요쨩의 남자친구 게이쿤이 통 얼굴을 안 비치네요. 둘이 싸워 서 울었나"라고 말하자 아주머니는 내 얼굴을 바라보며 "다행이지.

다니조에 미야코

게이쿤은 부락 출신이니까"라고 대답했다. 게이쿤의 아버지는 조경업을 하는데 경제적으로 풍족한 집안이다. 둘은 중학교 때부터 교제해왔고, 무엇보다 게이쿤은 인품이 훌륭했다. 하지만 선배의 부모는 부락민과의 결혼을 절대 받아들일 수 없었다. 혼담이 오가기 전에 헤어지는 게 서로 상처를 덜 받는 일이라고 했다. "왜 부락민이라는 이유로 결혼에 반대하는 거죠?" 아주머니에게도, 선배에게도 이 말을 묻지 못한 채 다시는 그들을 보지 않았다.

그 후 1년쯤 지났을까. 길을 가다 자동차 경적 소리를 듣고 돌아봤더니 게이쿤이 서 있었다. 그는 고등학교를 졸업한 뒤 가업을 잇고 있다고 했다. 그 뒤로 가끔 같이 드라이브를 하자는 연락이 왔다. 어느 날 밤 게이쿤은 자신이 부락민이라고 말했다. 나한테는 부락 출신이라는 게 별 문제가 되지 않았기에 "알고 있어"라고 대답했다. 며칠 뒤 나와 게이쿤은 결혼하겠다는 뜻을 서로의 부모님에게 알렸다. 부모, 형제, 자매의 축복을 받은 평범한 연애결혼이었다. 1970년, 부락 전체가 술렁거리는 피로연 속에서 나와 게이쿤은 부부가 되었다.

해방학급과의 만남 · 제킨을 달 수 없었다

큰아들이 초등학교에 입학한 직후 담임 교사에게 해방학급[1]에 참여해보라는 제안을 받았다. 처음 듣는 이름이었다. 참가 이유

---

[1] 피차별부락의 아이들을 위한 학습 지원 활동. 해방어린이회와 같은 활동이다. 학습 지원과 더불어 차별을 인지하고 차별에 저항하는 '해방 학력'과 '사회적 입장의 자각'을 촉구할 목적으로 만들어졌다.

는 부락 아이이기 때문이라고 했다. 남편과 시아버지가 공부는 학교에서 하는 것으로 충분하니 안 가도 된다고 해서 그 말을 따랐다. 큰아들이 5학년 때 내가 학교의 PTA 회장을 맡았다. PTA 담당 교사는 내게 인보관隣保館[2]에서 열리는 학부모-교사 간담회에 참석해달라고 요청했다. 학부모 발언 순서가 됐을 때 누군가가 "선생님, 우리 애들은 이제 5학년입니다. 부락에 대해 가르쳐야 하지 않나요"라고 말했다. 비슷한 발언이 이어졌지만 교사들은 아무런 대답도 하지 않았다. 나는 "학교 선생님은 공부를 가르치는 게 본분입니다. 부락에 관해서는 부모가 가르쳐야 하지 않을까요"라고 말했다. 처음 말을 꺼낸 학부모가 "도대체 무슨 생각인 거예요. 어디에 시집온 건지 아세요?"라며 책상을 치며 나를 노려봤다. 이 말이 가슴에 깊이 박혔다. 나는 그동안 내 교육 방식을 절대적으로 자신해왔다.

한번은 한신동화교육연구대회阪神同和教育研究大會[3] PTA부 회의에 PTA 회장 자격으로 참가한 적이 있다. 문을 열고 들어서자 노란색 제킨zeichen(운동선수의 가슴이나 등에 붙이는 천으로 된 번호표로, 알리고 싶은 글을 인쇄해 붙이기도 한다-옮긴이)이 눈을 사로잡았다. 아이가

---

2 동화대책심의회 답신에 기반해 부락 문제 해결을 위해 교육, 생활, 산업, 노동 대책 등 광범위한 시책을 종합적으로 실시하고 피차별부락민의 자주적, 조직적 활동을 촉진할 목적으로 설치된 기관.

3 한신 지구의 7개 도시(다카라즈카, 산다, 니시노미야, 아시야, 이타미, 아마가사키, 가와니시)와 1개 정町(한국의 읍에 해당한다. 여기에서는 이나가와를 가리킨다-옮긴이)의 동화 관련 조직이 매해 여름에 모여 개최하는 행사. 현재는 '효고현 인권·동화교육연구대회'라는 이름으로 개최되고 있다.

다니조에 미야코

부락 출신임을 드러내는 표식을 달고 등교하는 일을 도저히 받아들일 수 없었다. 나는 "부모와 교사가 나서서 가르칠 일은 아니다. 아이가 스스로 의문을 갖고 물어볼 때 알려주면 된다. 무슨 말이든 나눌 수 있는 부모 자식 간의 관계 형성이야말로 중요하다"라고 발언했다. 회의장에선 부락의 아이를 둔 엄마치고는 참 허황된 교육 방식이라는 반론이 일었다.

내 아이를 지키는 일

부락해방동맹 효고현연합회의 여성부장은 "당신의 아이도 언젠가는 결혼 차별을 당해 상처를 받게 될 것입니다. 자신의 처지를 알지 못한 채 자란다면 차별을 받았을 때 어떻게 자신을 지키겠습니까. 최악의 경우 스스로 목숨을 끊는 젊은이도 있었습니다"라고 말했다. 누군지도 모르는 사람이 소중한 내 자식에게 상처를 줄지도 모른다고 생각하니 온몸에 소름이 돋았다. 남편이 부락민이라는 사실을 알고 결혼했지만, 내가 부락 문제를 배울 필요는 없다고 착각하고 있었다. 부락민과의 결혼이 나를 차별의 단상 위에 세우는 일이라는 생각을 하지 못했다. 부락민인 남편의 처지에 대해 아무것도 몰랐던 내 자신이 그제야 눈에 들어왔다.

어느 날 밤, 나는 처음으로 남편과 함께 부락해방동맹 집회에 참가했다. 접수처에서 노란색 제킨을 건네받았다. 남편은 그것을 가슴팍에 붙였지만, 나는 그럴 수 없었다. 한동안 손에 가만히 쥐고 있다가 집회 시작을 알리는 벨이 울릴 무렵에야 겨우 남편을 따라 했다. 천 조각 하나를 붙이는 일에 저항감을 느낀 이유를 생각해보니 한신동화교육연구대회 때 일이 떠올랐다.

남편의 제킨과 얼굴을 번갈아 바라봤다. 제킨에 적힌 '부락해방동맹'이라는 글자를 확인하고 이 사람이 부락민이라는 사실을 다시 떠올렸다. 나는 결혼할 때도 부락 차별을 심각하게 고민하지 않았다. 결혼한 뒤로도 그것을 인식하지 않은 채 쭉 부락에서 살아왔는데, 그날 부락해방동맹이라는 표식에 거부감을 느끼는 내 자신을 발견한 것이다. 제킨에 쓰인 글자가 복지나 교육이라든지 반핵이었다면 스스럼없이 제킨을 붙였을 터였다.

이날부터 내 안에서 뭔가가 바뀌었다. 이전보다 훨씬 더 부락 문제에 빠져들었다. 부락해방동맹 마이타니 지부 여성부에 제 발로 찾아가 피차별의 생생한 목소리를 들었다.

출신을 밝히는 일과 결혼 차별

결혼 차별의 해소가 부락 차별의 해소를 위한 최종 과제라고 이야기하는 사람이 많지만, 나는 꼭 그렇지는 않다고 생각했다. 나는 결혼하기 전까지 부락 차별이라는 사회 문제를 알지 못했고 결혼할 때도 차별을 겪지 않았다. 부락 차별의 현실을 알면 알수록 아무것도 모르고 살아온 내 무지가 부끄러웠다. 해방운동에서 얻은 지식은 분노로 바뀌어 적극적인 활동으로 나를 끌고 갔다.

내게는 두 아들이 있다. 아이들에게 "좋아하는 사람이 생기고, 그와의 결혼을 계획하게 되었을 때 너희가 부락 출신이라는 사

엄마, 아빠와 나의 세 자매, 다섯 식구가 함께 산 기간은 겨우 5~6년에 불과하다. 가족사진도 몇 장 없다. 자매가 함께 찍은 사진은 이것뿐이다.

실을 당당히 밝혀야 한다"라고 가르쳐주었다. 이후 아들이 연인에게 자신이 부락 출신임을 밝혔을 때 여자친구의 표정은, 남편이 부락민이라는 말을 했을 때의 내 모습과 겹쳐졌다. 두 아들 모두 출신을 밝히고 축복을 받으며 결혼했다.

　나와 아들은 결혼 차별을 겪지 않고 결혼한 사례에 속한다. 그럼에도 불구하고 이것만큼은 이해할 수 없었다. 왜 사랑하는 사람에게 자신의 출신을 밝혀야만 할까. 결혼 전에 출신을 밝힐지 말지를 고민하는 일 자체가 부락 차별의 한 예이지 않을까. 손주 세대는 또 어떤 세상을 살게 될지 불안이 몰려왔다.

　혹자는 다 같은 사람이니 굳이 밝힐 필요는 없다며, 부락민임을 말하지 않고 결혼하기도 한다. 하지만 결국은 출신이 밝혀져 이혼한 사례가 비일비재하다. 내 또래의 여성들로부터 부락해방운동을 하던 청년들이 당한 결혼 차별의 일화를 종종 듣는다. 이 비극은 언제 끝날까.

앞으로의 나

나는 결혼을 한 후 부락 차별과 해방운동을 만났다. 차별받는 편에 서서 활동하고 생활해왔지만 태어나면서부터 불합리한 차별을 받아온 부락 출신자에게 나는 어떤 존재로 비칠까. 남편과 아들, 손주는 나를 자신들과 같은 처지로 인정해줄까. 이런 질문과 불안을 지닌 채 부락민 못지않게 부락 차별을 호소하고 규명하는 활동을 열심히 해왔다. 여기에 대한 자부심을 마음의 양식으로 삼아 앞으로도 내 나름의 해방운동을 지속하려 한다.

다니조에 미야코

고무 공장 딸

니시다 마쓰미

西田益巳

1965년 고베에서 태어났다. 현재는 교원이다. 아빠가
피차별부락 출신이라는 사실을 모른 채 자랐다. 하지만
교원으로 부임한 첫 학교에서 해방교육을 만나며 내
뿌리를 알게 됐다.

사진 ◆

1970년대 초 부모님이 임대해 운영하던 공장 앞에서
찍은 사진이다. 고무 공장에서 살면서 부모님은 하루
종일 일하고 아이들은 공장의 골판지를 장난감 삼아
놀았다.

니시다 마쓰미

누구에게나 가족을 떠올리게 하는 그리운 냄새가 있다. 나는 신발 가게에서 그 냄새를 찾는다. 특히 스니커즈 밑창에서 나는 고무 냄새가 코에 훅하고 들어올 때면 "아, 공장 냄새다"라는 말이 나도 모르게 튀어나온다.

어린 시절의 가족사진은 공장을 배경으로 한 사진이거나 공장 직원들과 단체 여행을 가서 찍은 사진이 대부분이다. 사진을 보다 보면 먼지 가득한 공장, 기계 소리, 독특한 냄새가 되살아난다. 우리 가족의 공통된 기억이다.

나는 케미컬슈즈(합성 피혁으로 만든 신발-옮긴이)의 본고장인 고베시 나가타구에서 태어났다. 자동차가 다닐 수 없는 좁은 도로에 조그만 집들이 다닥다닥 붙은 시타마치下町(도시의 저지대에 위치한 시가지로, 상인이나 장인이 많이 사는 서민 마을을 이른다-옮긴이)였고 엄마의 친정 바로 옆이었다. 내가 태어났을 때 아직 고등학생이던 이모가 엄마를 도와 나를 자주 봐줬다고 한다. 아빠의 본가도 가까이에 있었지만(아빠와 엄마의 본가는 가까이에 있었고 친척들도 한데 모여 살았다) 그곳에 가는 일은 거의 없었다. 특히 할아버지에 대한 기억은 전혀 남아 있지 않다.

고무 공장의 추억

내가 3살, 여동생이 1살이었을 때, 부모님은 큰 결단을 내렸다. 효고현 히카미군(지금의 단바시)에 공장을 빌려 신발 밑창 등을 만드는 회사를 열기로 한 것이다. 엄마는 어린 내 손을 잡고 여동생을 업고 공장 안으로 이사했다. 부모님은 고베에 본사를 두고 있는 케미컬슈즈 회사로부터 공장 1동과 종업원용 방 2개를 임대했다. 부엌과 화장실은 공용이었다. 욕실은 종업원용으로, 기계용 보일러 증기를 사용해 물을 끓였는데 마치 거대한 콘크리트 연못 같았다. 공장 주위에는 밭과 밤나무 숲이 있었다. 공장 부지가 넓었기 때문에 아이들은 곤충 채집망을 들고 나가 마음껏 뛰어놀 수 있었다.

공장 안의 다른 동에도 자주 놀러 갔다. 마을의 아주머니들이 와서 일하고 계셨는데, 공업용 재봉틀 작업, 신발 밑창 붙이기, 완성품 박스 포장 등 신발을 만드는 전 과정을 한눈에 볼 수 있었다. 게다가 아주머니들은 우리를 무척 귀여워해줬다. 고무풀과 톨루엔toluene(무색의 휘발성 액체로, 항공기 및 자동차 연료나 용해제로 사용된다-옮긴이) 냄새가 코를 찌르는 공장에서 밥사발 안에 딱딱하게 굳어버린 고무풀을 잡아 떼어내거나 골판지 상자 안을 들락거리며 노는 게 재미있었다. 엄마는 여동생과 남동생을 골판지 상자에 넣어놓고 일하곤 했다.

공장에서는 합성수지를 사용해서 신발 밑창이나 비치샌들에 쓰이는 1.5제곱미터 크기의 고무판을 제조했다. 특수한 기술로 발포시켰는데 우리는 이를 '스펀지' 또는 '라바'(고무를 뜻하는 영어 러버 rubber의 일본식 발음 표기-옮긴이)라고 불렀다. 공장에는 원료에 약품을 섞어서 얇은 시트로 만드는 '롤', 시트를 겹친 뒤 압력을 가해 구워내는 '프레스' 등이 있었다. 커다란 롤러가 회전하는 롤에 원료인 수지를 훌훌 부으면 롤러에 뭉개진 수지가 숙련공의 손에 의해 일정한 두께로 펴지면서 얇은 시트로 완성됐다. 마치 마법을 보는 듯했다. 아

니시다 마쓰미

무리 봐도 질리지 않았다. 시트를 몇 장 겹쳐서 프레스에 넣어 압착시킬 때면 증기가 뿜어져 나오며 엄청나게 큰 소리가 났기 때문에 겁이 많은 나는 프레스에 가까이 가지 못했다. 김이 펄펄 나는 제품을 프레스에서 꺼내 작업대 위에 철썩 던져놓고 가장자리에 삐져나온 부분을 칼날이 둥근 가위로 잘라내고 제품에 들어간 공기를 바늘로 찔러 빼내는 '미미'라는 작업이 이어졌다. 이 일은 나도 거들 수 있었다. 엄마와 함께 비치샌들에 끈을 붙이는 일도 했다.

아빠가 개발한 기술은 당시로서는 매우 혁신적인 것이어서 제품은 날개 돋친 듯 팔렸다. 거래처는 주로 고베의 신발 회사로, 운송 업체의 배송만으로는 주문을 감당할 수 없을 정도였다. 아빠는 박스가 산처럼 쌓인 트럭을 직접 몰아 하루에 두 번씩 단바와 고베를 왕복했다. 사업은 승승장구했고 마침내 아버지의 이름은 지역의 부자 순위에도 올랐다. 부모님은 뛸 듯이 기뻐했지만 새 집을 구하지 않았고 윤택한 생활을 즐기지도 않았다. 변함없이 공장에서 살면서 일벌처럼 아침부터 밤까지 일만 했다.

엄마는 주말이면 우리를 데리고 고베로 향했다. 그럴 때면 꼭 엄마의 친정에 머물렀다. 아빠의 본가에는 설날에 세뱃돈을 받으러 들르는 정도였고 거의 가지 않았다. 엄마가 시어머니를 걱정하며 시댁에 가자는 말을 꺼내면 아빠는 언제나 "그 집은 개도 성격이 나빠"라며 언짢아했다. 설날이 되면 아빠의 본가에서는 할머니가 우리 오기를 손꼽아 기다렸다. 세뱃돈 주머니에는 늘 어린애가 쓴 것 같은 비뚤배뚤한 히라가나로 '마쓰미ますゑ'라고 쓰여 있었다. 나는 할머

니는 왜 한자를 안 쓰고 히라가나로 쓰는지 궁금했다.

1970년대 오일 쇼크로 원자재 값과 중유 가격이 폭등하면서 공장 경영이 악화됐다. 그 무렵 부모님은 새 공장을 건설 중이었는데 가동한 지 얼마 되지 않아 회사가 도산했다. 보일러가 멈춰 목욕물을 받을 수 없게 되자 엄마가 냄비란 냄비는 다 꺼내서 물을 데워 대야에 붓던 기억이 난다. 나는 부풀어오르기 시작한 가슴을 손으로 가리며 간신히 몸을 씻었다. 옷은 다 물려받은 것뿐이었다. 어느 날 학교에서 친구들과 말다툼을 하다 "어디서 주워온 이상한 옷만 입고 다니는 주제에"라는 말을 듣고는 소리 내 펑펑 울고 말았다.

결국 부모님은 일을 찾아나섰다. 가족이 월세 3,000엔짜리 시영 주택으로 이사한 후 엄마는 이웃 마을 공장으로, 아빠는 택시 운전과 고무 회사의 기술 지도 일을 하러 고베로 갔다. 그때도 아빠가 머문 곳은 엄마의 친정 앞 다세대주택이었다. 아빠가 기술 지도를 하러 다닌 곳은 재일조선인이 경영하는 고무 회사로 사장은 매우 친절한 사람이었다.

설날 즈음이었던 것 같다. 아빠와 함께 커다란 김일성 사진이 걸려 있는 응접실에 앉아 있는데 사장님이 나에게 "학교 다니려면 돈 많이 들지. 자, 세뱃돈"하며 봉투를 줬다. 들여다봤더니 세상에나, 20만 엔이나 들어 있었다. 그 돈은 거의 아빠 호주머니로 들어갔지만 말이다.

몇 년 뒤 드디어 고난의 세월을 끝내고 공장을 다시 가동할 수 있게 됐다. 하지만 신발 밑창 같은 합성수지 제품은 아시아의 다

니시다 마쓰미

른 나라에서 더욱 싼 값에 수입하고 있어서 부모님의 공장이 이전처럼 번성하는 일은 두 번 다시 일어나지 않았다.

내 뿌리에 대한 자각

나는 부모님의 도움을 받으며 고등학교와 전문대학에 진학했다. 졸업 후 교사가 되었고 부임한 첫 학교에서 해방학급을 만났다. 해방교육[1]에 대해 배우면서 내가 피차별부락 출신이라는 사실을 알게 됐다. 할머니가 제대로 읽고 쓸 줄 몰랐던 이유와 아빠가 본가와 거리를 두려고 한 이유를 알고 난 후 내 인생은 완전히 달라졌다. 엄마에게 물었더니 부락 차별을 자세히 알지는 못하지만 아빠의 출신 때문에 부모님이 결혼을 반대했다고 했다. 하지만 아빠는 나에게 자신이 어떻게 자랐는지 단 한마디도 말하지 않았다. 끝까지 아빠를 추궁해 대답을 들었어야 했을까.

아빠가 할머니의 반대를 무릅쓰고 소년항공병에 지원했던 일과 전후에 피폐한 삶, 힘든 유년 시절을 보냈다는 말을 삼촌에게 들었다. 그런 일을 내가 새삼 들추어내야 할까. 이런 질문들이 아빠를 괴롭게 만들지는 않을까. 답이 보이지 않았다.

1995년 한신·아와지 대지진으로 고베의 거리가 파괴되었을 때 아빠는 병상에 있었다. 아빠는 "이제 고베는 끝이구나"라며 한탄

---

1   동화교육이라고도 한다. 부락 차별 등 여러 차별을 없애기 위한 목적으로 이루어지는 교육의 총칭. '차별의 현실에서 심도 있는 교육'을 슬로건으로 부락해방운동과 연계한 실천이 이어지고 있다.

했다. 이듬해 아빠는 돌아가셨다. 병이 발견되고 나서도 쓰러지기 직전까지 새벽같이 공장에 나가 보일러 스위치를 켜던, 공장이 전부였던 아빠의 장례식은 당신이 무엇보다 소중하게 여기던 공장에서 거행되었다.

아빠가 돌아가신 뒤 고모가 어린 시절의 이야기를 내게 들려주었다. "나는 초등학교 4학년까지밖에 못 다녔어. 글자도 쓸 줄 몰랐지. 14살 때 네 아빠가 이력서에 16살이라고 나이를 속여 적었어. 그때부터 공장 일을 시작했지." 고모도 일흔이 넘을 때까지 케미컬 슈즈 공장에서 일했다. 사촌오빠도 부락 차별 때문에 파혼을 당한 적이 있다고 했다. 나는 내 가족에 대해 아무것도 모르고 있었다.

아빠가 돌아가신 뒤 경영을 이어받은 엄마는 공장 문을 닫았고 지금은 건물만 남아 있다. 엄마는 가족의 추억이 가득한 공장을 절대로 처분할 수 없다고 했다. 내가 마지막으로 공장에 간 것은 벌써 몇 년 전이다.

나는 나의 가족과 친척들이 살아온 모습을 어른이 된 내 딸에게 조금씩 이야기하고 있다. 추억과 기억은 조금씩 옅어져갈 것이다. 하지만 내 머릿속에는 공장의 모습이 아직도 또렷하다. 신발 가게의 냄새는 어느 때이고 나를 과거로 데리고 간다.

그리운 우리 집 냄새. 우리 가족은 늘 고무 공장과 함께했으며 나는 언제까지나 고무 공장의 딸이다.

니시다 마쓰미

그 시절, 가족의 풍경

후쿠오카 도모미
福岡ともみ

1956년 에히메현 오즈시에서 태어났다. 이요군
마사키초와 마쓰야마 시내의 피차별부락에서
자랐다. 나라현에서 발생한 가정폭력 사건
재판에서 피해 여성을 지지하는 활동을 했다. 현재
애드버킷advocate(지지자, 옹호자, 변호사라는 뜻을 가진
단어. 인권운동과 관련해서는 권리 표명이 어려운 어린이,
고령자, 장애인 등을 대신해 권리를 대변, 옹호하고 권리 실현을
지원하는 역할을 하는 사람을 가리킨다-옮긴이), 카운슬링
등의 활동을 하고 있다.

사진 ◆

1962년의 어느 날. 아버지와 있으면 늘 웃음이 났다.

◆

후쿠오카 도모미

한 장의 사진

아버지와 여동생과 내가 노는 모습이 찍혔다. 나는 초등학교에 들어갈 무렵이었고 여동생은 2살이었다. 언제 봐도 마음 푸근해지는 사진이다. 아마 어머니가 촬영했을 것이다.

살아 있다면 95살이 되는 아버지는 에히메현 이요군에 있는 피차별부락에서 나고 자랐다. 사진 속의 집은 아버지의 할아버지가 마도위ばくろう(말과 소의 중개상, 또는 말과 소를 감정하는 사람-옮긴이)를 하며 모은 돈으로 산 정원이 딸린 단독주택이다. 정원에는 포플러, 감나무, 호랑가시나무, 배롱나무, 석류나무, 나한송, 철쭉, 수국 등이 심어져 있었다. 나는 바람에 하늘거리는 포플러를 유난히 좋아했다. 아버지가 마쓰야마 시청의 촉탁 직원이 되어 이사가기 전까지 약 8년간 이 집에서 살았는데 방의 배치, 정원의 모양 등이 아직도 기억에 선하다.

6~7년 전, 아버지의 유품을 정리하는데 중국 동북 지방에서 온 엽서를 발견했다. 아버지가 징병되어 중국 전선에 갔다는 사실을 그때 처음 알았다. 전후 "유령이 유럽을 떠돌고 있다. 공산주의라는 유령이"라는 『공산당선언』의 한 구절에 이끌려 일본공산당에 입당했다는 얘기는 귀가 닳도록 들었지만 아버지의 입에서 전쟁이야기가 나온 적은 없었다. 듣고 싶었다. 전쟁에서 돌아온 직후 아버지는 에히메신문사에서 일했고 노동운동에 몰두하다 레드 퍼지 red purge[1]로 실직했다. 일본공산당원으로 2·1총파업[2]에 참가하기도 했고 조직활동가로 고치현에 있는 조선소 쟁의에 가담하기도 했

다. "고쿄皇居(일본 천황궁-옮긴이) 앞 광장에서 열린 집회에 갈 때 국철을 탔는데, 앉아 있다가 공산주의자라는 사람이 인민에게 봉사해야지라는 생각에 자리를 양보하고 도쿄까지 서서 갔어." "조직폭력단이 쟁의를 훼방놓으러 온다고 해서 대나무 수십 개를 준비해 끝을 뾰족하게 다듬어놓았다가 흉기 소지죄로 잡혀갔었지." "석방 후 기후의 친척 집에 얹혀살았는데 김초밥용 김을 사 오라기에 나갔다가 다리에서 데모대와 마주쳤어. 뭐하러 가느냐고 물었더니, 세무서에 항의하러 간다고 하더라고. 그 대열에 가세해 세무서로 쳐들어가서 서류를 찢어버렸어. 결국 공문서 파괴죄로 또 잡혀갔지." 이런 얘기들을 무용담처럼 들려주기도 했다. 아버지는 마쓰모토 지이치로松本治一郎[3]가 에히메현에서 한 가두연설을 듣고 부락해방동맹 활동에 공감해 해방운동을 시작했다고 한다. 어디부터 어디까지가 사실인지 지금은 확인할 길이 없다. 하지만 이야기를 듣다보면 혈기 왕성한 젊은이의 피 끓는 열정이 느껴졌다. 아버지는 출장갔다 올 때면 늘 선물을 안겨주었다. 고케시(일본 도호쿠 지방 특산의 목각 인형으로 손발이 없는 원통형의 몸통에 둥근 머리가 붙어 있다-옮긴이)와 장식용 인형이 대

1　2차 세계대전 패전 후 연합국 점령하에 있던 일본에서 GHQ가 진행한 일본공산당원 및 동조자에 대한 공직 추방. 1950년 이후 1만 명 이상이 실직했다.

2　1947년 2월 1일에 예정되었던 총파업. 전관공청공동투쟁위원회全官公廳共同鬪爭委員會(1946년 11월 관공청, 우편국, 국철, 교원 등의 노동조합으로 결성됨-옮긴이)의 주도하에 수백만 명이 참가할 것으로 예상되었지만 GHQ의 지령으로 중지되었다.

3　부락해방운동의 지도자. 1887년 후쿠오카현 출생. 수평사운동 시대부터 일관되게 부락해방운동을 이끌어와서 '부락해방의 아버지'라 불린다. 전전戰前에는 중의원, 전후에는 참의원 의원도 역임했다. 1966년 서거했다.

183　　　　　　　　　　　　　　　　　후쿠오카 도모미

부분이었는데 내가 초등학생이 되고 나서는 책으로 바뀌었다. 아버지는 늘 어린 나에게 "전문 기술을 배워라"라고 말했다. "차별을 없애기 위해서는 정치를 바꿔야 한다. 기술이 없었기 때문에 나는 해고당했다. 일을 잃었다. 그렇게는 되지 말아라"라는 말을 수없이 했다. 정치 활동을 하려면 변호사나 의사가 되어야 한다는 말 또한 수도 없이 들었다.

아버지의 사랑을 절감한 소중한 추억이 있다. 6살 무렵 툇마루에 앉아 빨랫줄을 받치는 긴 막대기를 두 손으로 잡고 멍하니 있었는데 막대기가 갑자기 마당으로 쓰러졌다. 그 바람에 나는 앞에 놓인 선인장 화분을 짚었고 선인장 가시에 양손을 찔려 엉엉 울고 말았다. 아버지는 다가와 내가 괜찮다는 것을 확인한 뒤 선인장 화분을 들고는 "이런 게 있어서 그렇지"라고 소리치며 집 뒤 냇가에 던져버렸다. 아버지는 나를 조금도 야단치지 않았다. 혼날 것 같아 조마조마했는데 아버지의 뜻밖의 행동을 보며 마음이 묘하게 가벼워졌다. 그날의 경험은 살아오면서 타인과 맺는 신뢰의 기반이 되었다.

결혼 차별

어머니는 부락 출신이 아니었다. 어머니와 아버지의 결혼은 사랑의 도피나 다름없었다. 12살 연상에 이혼한 적도 있고, 애가 딸린 데다가 수입도 적고, 부락 출신으로 레드 퍼지까지 당한 아버지와의 결혼이었다. 노래 동호회에서 만났다고 하는데 아버지의 어디가 그렇게 매력적이었는지는 어머니에게 듣지 못했다. 반체제 인사의 위태로운 면모가 어머니에게는 강렬한 문화적 충격이었는지도 모르겠다. 어머니는 "난 연애결혼했어"라고 자랑하듯 말했다. 결혼한 뒤 성姓을 바꾸지 않은 것(일본은 민법 750조에 부부는 아내나 남편의 성 중 하나를 선택해야 하는 부부 동성 규정이 있다. 패전 직후에 개정된 민법에는 남편의 성을 강제로 따르도록 되어 있었지만, GHQ와 국내의 비판을 받고 1947년 남편 또는 아내의 성 가운데에서 고를 수 있는 현재의 제도로 바뀌었다–옮긴이)도 "헌법이 바뀌어서 여성이 성을 선택할 수 있게 됐다"라고 설명했다. 연애결혼이 내게는 당연한 일이어서 공감이 안 됐는데 나중에 여성사 책을 읽고 난 뒤 겨우 이해가 됐다. 전쟁을 몸소 겪으며 살아온 어머니에게 연애결혼은 "새 헌법하의 새로운 여성의 삶"이었던 셈이다. 결혼한 여성이 성을 바꾸지 않아도 된다는 어머니의 주장에 담겨 있던 속뜻을 몇 년 전에야 제대로 이해할 수 있게 되었다. "부락의 성이 없어지면 차별이 없어진다고 생각했지"라고 어머니는 말했다. 20살 남짓한 나이에 아버지를 만난 어머니 앞에는 결혼 차별이 기다리고 있었다. 결국 어머니는 친정과 연을 끊어야 했다. 부락 차별에 슬퍼하고 괴로워하다 그 나름의 해결법으로 '부락의 성'을 없애기로 했다. 부락 성이 없어지면 차별이 없어지지 않을까라는 발상은 어머니만의 생각은 아니었던 듯하다. 나라현의 한 피차별부락에서도 1949년에 개성改姓운동[4]이 일어났다.

---

4   차별을 받는다는 이유로 성을 바꾸려고 일어난 운동. 나라 가정재판소에 '개성 신청'이 제출되었다.

내가 태어나면서 절연했던 친정과 다시 왕래가 이루어졌다. 하지만 아버지는 어머니 쪽 관혼상제에 거의 참석하지 않았다. 어머니는 지금도 집요할 정도로 친정의 관혼상제에 꼭 참석한다. 거기에 더해 어머니는 친정과의 관계 회복을 위해 좀 더 강력한 전략을 취했다. 어머니의 형제자매는 에히메현에서 멀리 떨어진 곳에서 살고 있었고 결혼한 여자 형제는 모두 성이 바뀌었다. 필연적으로 후쿠오카 집안의 '하카모리墓守'(묘지기, 성묘와 제사 등을 모시는 일을 하는 자손-옮긴이)는 후쿠오카 성을 유지해온, 의절한 엄마밖에 남지 않았다. 지금 후쿠오카 집안의 묘에는 외할머니와 아버지가 나란히 잠들어 있다. 가족 안에 가로놓인 부락 차별은 어머니가 의도한 결말을 맞이했다고 할 수 있지 않을까.

갈등 이후

나는 어릴 적부터 아버지에게는 "너는 부락민이다"라는 말을, 어머니에게는 "그렇지 않다"는 말을 듣고 자랐다. 뭐가 뭔지 모르면서도 나는 스스로를 부락 출신이라고 말하고 다녔다. 아버지의 영향력이 훨씬 컸기 때문일 것이다.

아버지의 바람에는 미치지 못했지만 이과를 지망했고 어렵사리 도쿠시마대학에 들어간 나는 곧바로 부락해방연구회[5](이하 해방

---

5 부락 차별을 없애기 위한 활동을 하는 학생 동아리. 대학과 고등학교 등에서 학습회를 조직하는 한편 피차별부락의 필드워크와 어린이회 활동, 문맹학급 등도 운영했다.

연)에 가입했다. 처음으로 지역 부락해방운동에도 참여했다. 에히메현은 후쿠오카, 히로시마에 이어 부락 수가 많은 지역이지만 소규모 부락이 이곳저곳에 흩어져 있었다. 전후 부락해방운동의 역사를 보면 1948년에 부락해방전국위원회[6]가 발족하지만 1960년에 활동을 중단했다가 1976년에 이르러서야 다시 부락해방동맹 에히메현준비회가 활동을 시작한다(덧붙이면 같은 또래의 긴키, 후쿠오카, 히로시마 등의 부락 출신자에 비해 나는 동화대책사업의 혜택을 거의 받지 못했다. 다른 부나현의 해방장학금 액수를 듣고 깜짝 놀랐던 기억이 난다). 나는 해방연에 들어가기 전까지 '수평사선언水平社宣言'[7]도 '해방가解放歌'[8]도 '차별 재판을 박살내자'[9]라는 노래도 들어본 적이 없었다. 선배들은 그런 나를 보고 놀라워했다.

문맹학급[10]에 참여하면서 글 공부는 연필 쥐는 법을 알려주는 데에서부터 시작해야 한다는 사실도 배웠다. 문맹학급에 오는 여성

---

6   2차 세계대전 이후 전국수평사의 지도자들을 중심으로 부락해방운동 재건을 위해 1946년 2월에 결성된 전국 조직이다. 1955년 8월 제10회 대회를 기점으로 부락해방동맹으로 이름을 바꾸었다.

7   피차별부락 출신자가 부락 차별 철폐를 위해 결성한 전국수평사의 창립대회(1922년 3월 3일, 교토 오카자키 공회당)에서 채택한 선언문. 사이코 만기치西光萬吉, 히라노 쇼켄平野小劍 등이 기안했다.

8   부락 해방을 염원하는 노래. 1922년 시바타 게이조柴田啓藏라는 구제 마쓰야마고등학교(현 에히메대학의 전신 중 하나로 문리학부의 모체가 되었다–옮긴이) 학생이 수평사선언의 정신을 평이한 노랫말로 작사, 1학년 기숙사의 기숙사가에 얹혀 부른 것이 시작이었다.

9   사야마 사건에서 유죄 판결을 받고 복역 중이던 이시카와 가즈오를 지지하는 노래. 1970년 사야마 차별 재판 규탄투쟁 전국행진에 참가했던 사쿠타 아키라作田晃가 작사, 작곡했다.

은 대부분 고령으로 부락 안에서도 낮은 대우를 받았다. 학습지도원 사이에서 문맹학급에 오는 학생들에게 필순을 알려줄 것인가 말 것인가로 논쟁이 벌어진 적이 있다. 나는 가르쳐야 한다고 주장했지만 글자만 쓸 줄 알면 되는 거 아니냐는 주장을 펴는 사람도 있었다. 의견은 좁혀지지 않았다. 비슷한 시기에 대학 학생회관 남자 화장실에서 부락민에 대한 차별을 주장하는 낙서가 발견됐다. 이름은 적혀 있지 않았지만 누구를 지목하는지 명백했다. 직접 차별을 경험한 적이 없던 나는 충격을 받았다. 내 존재 자체가 부정당하는 느낌이었다. 그때의 기분이 아직도 생생하다.

그 무렵부터 투쟁에 몰두했다. 가족을 돌아보지 않은 채 30대까지 투쟁에만 매달렸다. 그 사이 가족과 내 주변에서 병환, 요양, 빚, 의존증, 성폭력, 가정폭력 등 이런저런 문제가 연이어 터졌다. 뇌경색으로 입원해 있던 아버지의 임종을 지키기 못했을 때에는 목 놓아 울었다. 그동안 나는 혁명이니 해방이니 외치며 마치 세상을 다 이해한 듯 행동했지만 아버지의 죽음 앞에서는 모든 것이 무력했다. 도움을 청해온 여동생과 이야기를 나누다보면 내 이해를 넘어선 일들에 더욱 좌절감이 들었다.

나라 부락해방운동에 관여하면서 나는 많은 사람의 도움을 받았다. 특히 나를 있는 그대로 받아들여주는 여성들과의 만남은 내

---

10   글자를 읽고 쓸 줄 모르는 사람들을 위해 글자를 가르쳐주는 활동이다. 피차별부락에서는 차별과 빈곤으로 학교 교육에서 배제되어온 사람이 많았는데 읽기, 쓰기 및 수학 계산 능력을 키우면서 인간의 자존감, 부락 해방의 동력을 회복하고자 했다.

삶에 큰 영향을 주었다. 내 무력감을 말할 수 있는, 나와 똑같은 문제를 떠안은 여성을 만나면서 내 가족의 문제가 우리 집만의 일이 아니며 문제가 없는 가족은 어디에도 없다는 사실을 깨달았다. 가족과 나의 관계는 '문제 많은 가족과 거기서 도망쳐 나온 무력한 자녀'에서 '곤경을 겪는 가족과 거리를 두면서도 할 수 있는 일을 해온 자녀'의 이야기로 바뀌어갔다. 그리고 내 마음과 몸을 소중히 여기는 관계에 대해 고민하게 됐고, 차별과 빈곤이 주는 심리적 영향을 고려하지 않고는 정치와 경제를 말할 수 없다는 생각에 도달했다.

아버지가 준 선물

울보였던 어린 시절, 아버지는 내가 울 때면 "뭐가 슬픈지 말해볼래?"라고 물었다. 그 질문을 받으면 울음이 그쳤다. 이런 일이 반복되면서 나는 울지 않는 아이가 됐다. 아버지를 삶의 모델로 삼아온 나는 그것이 남성 모델임을 알지 못했다. 페미니스트 상담가를 만나면서 젠더 개념과 그것의 심리적 영향을 알게 되었다. 나의 갈등의 뿌리에는 성역할 규범과 서열화, 이성애 강제라는 권력관계로 이루어진 사회가 투영되어 있었다. 눈이 번쩍 뜨였다. 아버지의 기대에 맞추며 살지 않아도 된다고 생각하니 마음이 편해졌다. 그럼에도 아버지에게 물려받은 '인간을 향한 신뢰'라는 감각은 내 인생 최고의 선물이다.

나는 가족이나 친구를 내 마음을 충전할 수 있는 장(관계성)으로 여기게 되었다. 내가 망망대해를 떠다니는 배라면 가족과 친구는 언제든 머물 수 있는 '기항지寄港地'이다. 지금 함께 살고 있는 파트너에게 "내 항구가 되어줘"라고 말한 적이 있다. 그는 "그런 말은 남자들이 하는 대사 같은데"라고 하면서도 승낙했다. 파트너뿐만이 아니다. 친구들과 이야기를 나누는 순간도 내게는 기항지이다.

　　글을 쓰다보니 이 사진을 보면 마음이 편안해지는 이유를 알 것 같다. 아버지와 여동생과 나, 사진을 찍는 어머니. 그때의 가족 풍경이 오랫동안 내 기항지였기 때문이리라. 분명 오랜 세월 나를 지탱해준 기항지였을 것이다.

부락 밖에
숨어 산 가족

미야마에 지카코
宮前千雅子

1965년 효고현에서 태어났다. 부모님은 효고의 피차별부락 출신이다. 1991~97년 오사카 인권박물관 학예원으로 일했다. 부락 밖에서 '부락 문제에 대해 이야기할 수 있는 관계' 만들기를 목표로 활동 중이다. 한센병 문제에도 참여하고 있다. 현재 대학 강사이며 간사이대학 인권문제연구실 위촉 연구원이다.

사진 ◆

1970년 무렵의 외할아버지와 외할머니.

◆

소 울음소리와 외양간 냄새

어린 시절 나는 여름 방학과 겨울 방학을 늘 외갓집에서 보냈다. 외동이었던 나는 길면 한 달, 짧으면 일주일간 부모님과 떨어져 외할아버지, 외할머니, 사촌들과 지내는 여름과 겨울을 손꼽아 기다렸다.

효고현 세이반 지방의 피차별부락에 사는 외할아버지는 도축일을 하셨다. 집 앞 외양간에는 소가 몇 마리 있었다. 지금도 소 울음소리와 외양간 냄새는 유년기를 떠올리게 한다. 부락의 도축장에서 가져온 으깬 소 내장을 집 앞에 있는 커다란 솥에 튀겨 만든 외할머니표 아부라카스[1] 맛은 정말 최고였다. 구수한 향에 이끌려 이웃집 아이들이 몰려오기도 했다. 오사카의 본가로 돌아갈 때면 오래 두고 먹을 수 있는 아부라카스를 커다란 비닐봉지에 흘러넘치도록 담아 가곤 했다. 할머니가 만들어주신 소고기 살코기를 햇빛에 말린 사이보시도, 고기나 내장을 조린 니코고리도 무척 좋아했다. 하지만 이 맛있는 음식들을 오사카에서는 몰래 먹어야 했다.

한번은 소의 고삐를 잡고 집을 나서는 외할아버지에게 "어디로 데려가는 거야?"라고 물은 적이 있다. 할아버지는 말을 얼버무리며 대답을 피했다. 사진 속 외할아버지가 향하던 곳은 아마도 부락의 도축장이었을 것이다. 부락 밖에 사는 손주에게는 도축장 얘기를 들려주고 싶지 않았던 것일까. 엄마의 말을 들어보면 주위 사람들로부

1 　소나 말의 내장을 기름에 튀긴 음식이다.

터 백정이라고 멸시받고 차별받는 일이 다반사였다고 한다. 도축업이라는 가업과 부락 차별은 동전의 앞뒷면과 같았다. 그러나 외할아버지가 돌아가신 뒤 유품으로 받은 칼을 보면서 문득 그게 전부는 아니라는 생각이 들었다. 오랜 세월을 거치며 날이 다 닳은 칼의 손잡이에는 마사카즈政一라는 이름이 새겨져 있었다. 매일 반복되는 일 속에서 당신 나름의 기술을 연마하고자 노력한 외할아버지의 마음을 엿본 기분이 들었다.

외할아버지는 혼외 자식이었다. 할아버지의 아버지는 부락 밖에 있던 절의 주지스님이었다. 엄마는 종종 "사실 할아버지는 그 절을 물려받을 아이였지"라는 말을 했다. 하지만 부락 차별로 외할아버지의 어머니는 결혼을 하지 못하고 외할아버지를 낳았다. 엄마가 돌아가신 뒤 상속 문제 때문에 호적을 찾아본 적이 있는데 외할아버지의 아버지난은 비어 있었다.

할아버지는 어떤 경위인지는 모르지만 도축업을 하게 되었다. 자세히 말하면 다 자란 소를 부락 변두리에 있는 도축장에서 직접 잡아 소매상에 파는 일이었다. 소를 잡아 해체하는 일은 물론 날마다 먹이를 주고 외양간을 청소하고, 주문받은 고기를 손수레나 자전거에 싣고 배달했다. 아이들도 총동원되어 일을 거들었다고 한다. 할머니는 몸이 약해서, 도축 작업은 삼촌들이 도왔고 집안일과 동생들을 돌보는 일은 자연히 장녀인 엄마 몫이 되었다. 태평양전쟁이 한창이던 때였고, 하루 종일 집안일을 거들어야 했기 때문에 엄마는 심상소학교(국민학교 초등과)밖에 나오지 못했다. 삼촌들도 고등소학교

(국민학교 고등과)에서 배움을 멈춰야 했다. 지기 싫어하고 똑똑했던 엄마는 공부를 더 하고 싶었노라고 종종 신세한탄을 했다.

부락 밖에서 살다

아빠 쪽 가족은 할아버지 때 아와지섬의 피차별부락에서 오사카의 나니와구로 이사를 와 부락 안에서 피혁업을 생업으로 삼았다고 한다. 태평양전쟁이 격화되면서 오사카 중심부를 미군이 공습할 가능성이 커지자 가게는 그대로 두고 집만 나카가와치군 다쓰미손(현재의 이쿠노구)으로 옮겼다. 패전 이후 가족은 불에 타 허허벌판이 된 나니와로 돌아왔고 삼촌이 가업을 이어나갔다.

1955년 맞선을 보고 결혼한 부모님은 다쓰미초(1948년에 다쓰미손에서 다쓰미초로 승격됐다)에 남겨진 집에서 살았다. 두 사람은 부락 밖에서 살게 된 것이다. 자본이 전혀 없던 부모님은 닥치는 대로 장사를 이어갔다. 내가 들은 장사만 해도 싸구려 과자 가게, 반찬 가게, 꽃집 등 다양하다. 결국에는 과일 도매상을 하며 정착했다. 결혼한 지 10년째, 내가 태어날 무렵의 일이다.

공습을 면한 나가야에 세들어 살았는데 집에는 나니와에서 가져온 친척 사진과 오래된 엽서가 많았다. 그중에는 황족이 나오는 사진엽서도 있었는데 쇼와천황과 황후의 사진엽서가 특히 눈에 띄었다. 다른 엽서들은 낡은 상자 안에 아무렇게나 처박혀 있었지만 이 엽서만은 액자에 담겨 벽에 소중히 걸려 있었다. 그러고 보니 엄마의 이름을 짓게 된 유래도 재미있다. 엄마의 생일은 1933년 12월 23

미야마에 지카코

일로 쇼와천황 히로히토와 똑같은 날이다. '황자 탄생'을 축하하는 사이렌이 울리던 날 태어난 엄마는 다음 대를 이을 황자에서 연유해 다이코代子라는 이름을 얻었다. 천황을 향한 동경이 잘 드러나는 에피소드다.

　한편 우리 가족은 부락 바깥에 살면서 부락을 연상시키는 것들을 철저히 숨겼다. 이를테면 조부모의 주소, 직업은 물론 집에서 먹는 야키니쿠의 주재료가 곱창이라는 사실도 입 밖에 내서는 안 됐다. 할머니가 만들어준 아부라카스, 사이보시도 결코 친구에게 말해선 안 되는 음식이었다. 내게 소중한 것들을 숨기고 감추는 행위가 사랑하는 할머니, 할아버지의 존재를 부정하는 것만 같아 어린 마음에도 우울해지곤 했다.

　초등학교 때는 『닌겐人間』[2] 등의 부교재를 사용해 부락 문제를 배우는 시간이 있었다. 중학생이 되자 부모나 친척 등 나와 가까운 어른들이 나누는 대화나 학교에서 들은 수업을 통해 '어쩌면 나도 부락민일까'라는 생각이 들기도 했지만, 곧바로 그런 의문을 부정하며 더 이상 생각하지 않으려 했다. 조부모의 존재를 숨기는 일에 대한 거부감도 애써 억눌렀다. 숨기고 생각하지 않는 것이 부락 밖에서 부락과 거리를 두고 살아가는 우리 가족의 방식이었다.

　하지만 애써 멀리하려 해도 주위에서 부락에 관한 말을 들을

2　1970년 오사카부에서 작성한 동화교육 독본. 초·중학생에게 무상으로 배포되었다. 1960년에 나라현에서 발행한 『나카마仲間(친구)』를 시작으로 1970년대 이후 각지에서 인권 문제를 다루는 부교재가 간행되었다.

때가 있다. 부모님의 과일 도매상은 쓰루하시의 상점가에 있었는데 옆 가게 주인은 남을 비방할 때마다 "저 사람, 분명 에타일 거야"라고 말했다. 그 말을 들은 날이면 엄마는 집에 돌아와 복잡한 표정으로 낮에 있었던 일을 전했다. 부락 출신을 숨기며 살아온 엄마는 이런 말을 들을 때마다 삶의 의욕과 용기가 꺾였을 것이다. 학교를 제대로 다니지 못한 엄마는 자식 교육에 무척 열심이었다. 단순히 당신이 못 배운 데에서 오는 교육열이었는지, 부락 차별을 실감하다보니 부락 출신자가 바깥 세상에서 살아남는 방법은 학력밖에 없다고 여기게 된 것인지는 모르겠다. "여자는 전문대에 가면 되지"라는 아빠의 말에도 완강히 반대하며 엄마는 내가 초등학교에 입학한 날부터 지역 명문 고등학교에 들어가 이과로 길을 잡고 4년제 대학에 진학해 의사가 되는 미래상을 그려놓았다. 엄마가 그린 인생 지도를 따라 대학에 진학할 무렵 엄마는 "우리는 핏줄이 달라. 밖에 나가면 부락 산업에 종사하는 친척들의 직업은 숨겨라"라는 말과 함께 부락 출신임을 처음으로 분명히 알려주었다. 나는 이 말에 거부감을 느꼈다. 본래 핏줄이라는 개념 자체가 환상일 뿐인데, 그것을 감추어야 한다는 데 동의할 수 없었다. 이 일로 그리 좋지 않던 모녀 사이가 더욱 멀어졌다.

부락과의 재회

엄마의 말을 계기로 나는 부락 문제를 다시 바라보게 됐다. 처음으로 내 출신을 고백했을 때 친구는 "함께 부락 문제를 고민해보

미야마에 지카코

자"라고 답해주었다. 이 경험을 버팀목으로 삼고 나는 부락 문제에 더욱 가까이 다가갔다. 더 이상 숨기지도, 생각 저편으로 밀어두지도 않았다.

하지만 엄마는 달랐다. 내가 부락 문제에 관여하는 것을 싫어했다. 졸업논문 주제를 부락의 역사로 잡고, 지역 조사를 위해 효고현 피차별부락을 방문할 때에도 엄마의 반응은 냉담했다. 졸업 후 피차별부락에 세워진 '리버티 오사카Liberty Osaka'[3](오사카 인권박물관)에 취직했다. 취직이 결정됐을 때에도 엄마는 "제발 부락과 관련된 일만은 하지 마"라고 애원했지만 나는 단호히 뿌리쳤다. 결국 모녀 관계는 극단으로 치달았다.

그 무렵 대학 졸업논문이 학술지에 실렸다. 분명 관심도 없을 것이고 안 좋은 말만 들을 거라 여기면서도 엄마에게 잡지를 건넸다. 심상소학교밖에 나오지 못한 엄마는 난해한 용어가 튀어나오는 논문을 며칠에 걸쳐 꼼꼼히 읽었다. 노안용 안경을 낀 채 오랫동안 잡지에서 눈을 떼지 않던 엄마가 떠오른다. 얼마나 이해했는지는 모르지만 며칠 뒤 엄마는 "지카짱, 장하다"라고 말했다. 이 일로 엄마와의 관계가 완전히 회복된 것은 아니지만 그때 엄마의 표정과 목소리를 떠올리면 지금도 가슴이 뭉클하다. 그 뒤로 엄마는 내가 하는 일을 더 이상 말리지 않았다.

---

3   1985년 오사카시 나니와구에 설립된 일본 최초의 인권에 관한 종합 박물관. 오사카부와 오사카시 등의 보조를 받아 운영되다가 2013년 이후 재정 자립을 강요받고 있다.

리버티 오사카 근처에는 사이보시와 아부라카스를 파는 곳이 있다. 부락과 거리를 두려 했던 엄마가 사이보시와 아부라카스를 사다 달라라고 주문했을 때는 웃음이 나왔다. 사이보시와 아부라카스는 엄마의 소울 푸드였을지도 모르겠다.

리버티 오사카에서는 부락 출신자, 재일조선인, 오키나와 출신자들이 함께 일했다. 전시회, 강연회 등을 통해 장애인과 한센병 환자, 성소수자 등 다양한 마이너리티를 만났다. 이는 어떤 면에서는 머저리티majority이기도 한 내 자신과 마주하는 경험이기도 했다. 머저리티가 씌워놓은 차별의 덫을 떨쳐버리고 마이너리티가 스스로 자신들을 정의하는 새로운 언어를 획득하기란 어렵다는 사실을 깨달았다. 그러면서 차츰 엄마가 말한 "핏줄이 다르다"라는 말이 엄마 자신의 말이 아님을 이해하게 됐다. 엄마는 그렇게밖에 스스로를 규정할 수 없었다. 부락 차별이 만연한 사회에서 살아가는 일이 엄마에겐 자기 부정과 혐오의 연속이었을 것이다. 출신을 숨기고 부락 밖에서 살아온 엄마는 무슨 이유로 내게 그 사실을 밝혔을까.

내가 엄마 나이가 되어 자식에게 부락 출신임을 알려주던 날 엄마의 마음을 상상하게 되었다. 부락해방운동을 접하지 못했고 해방어린이회도 없는 부락 밖에서 살아가면서, 일상에서 매일같이 부락 차별의 현실을 생생하게 실감했던 엄마. 그 무렵은 지명총람 사건이 일어난 지 10년도 채 지나지 않았을 때였다. 엄마는 출신을 숨기는 일이야말로 차별로부터 자신을 지키는 유일한 방법이라고 믿어 의심치 않았다. 그리고 부락 출신임을 숨기며 살아야 한다고 가

미야마에 지카코

지치부노미야秩父宮(쇼와천황의 동생) 부부의 사진엽서. 1928년 결혼을 기념해 발매된 엽서인 것 같다.

르쳐야만 아이를 차별로부터 지킬 수 있다고 믿었던 듯하다. 나에게 그 말을 하면서 엄마는 또다시 가슴이 찢기는 차별의 고통을 느꼈을 터이다. 그때 엄마의 표정이 아무리 애를 써도 떠오르지 않아 화가 난다.

엄마와 나의 관계

엄마와의 관계를 떠올리면 부락민의 삶과 부락 차별의 실상이 따라온다. 그리고 비록 차별을 극복해낼 힘을 길러주고 싶었다고는 하지만 엄마가 그려놓은 나의 인생 지도에 숨이 막히던 기억이 되살아난다. 내게는 억압 그 자체였다. 내 인생을 억압해온 요소를 부락 차별만으로 설명하기는 어렵다. 엄마와의 미묘한 관계도 커다란 영향을 미쳤다.

부락 밖에서 살아가는 부락 출신자, 그리고 여성. 나는 이 두 단어로 사회와 이어져 있다. 이를 깨닫게 해준 엄마를 '좋아한다'고 말할 수는 없지만 좀 더 이해하고 싶고 좀 더 이야기 나누고 싶다. 그리고 할 수만 있다면 타인이 부여한 "핏줄이 다르다"라는 주문을 풀고 우리를 표현하는 새 언어들을 함께 만들어나가고 싶다. 새삼 그 마음이 더욱 간절해진다.

미야마에 지카코

나의 엄마

야마자키 마유코

山崎眞由子

1961년 시가현의 피차별부락에서 태어났다. 고등학생 때 장학생 동호회 활동에 참여했다. 졸업 후 시가현 지역종합센터에서 청소년 지도원으로 20년간 근무했다. 2012년 'NPO법인 휴먼넷 시가'를 설립해 활동 중이다.

사진 ◆

1980년 가을 무렵에 여행가서 찍은 사진이다. 아버지와 엄마가 환하게 웃고 있다.

◆

야마자키 마유코

2월 19일은 엄마의 기일이다. 엄마는 1999년 2월 19일 돌아가셨다. 엄마의 죽음이 내게 큰 영향을 끼쳤다는 사실을, 엄마가 내 삶을 이렇게까지 뒤흔드는 존재였다는 사실을 돌아가시고 난 후에야 깨달았다.

엄마와 아버지

나는 피차별부락에서 태어났고 내내 이곳에서 살고 있다. 엄마와 아버지도 모두 부락 출신이다. 9남매 중 막내인 아버지는 잘생긴 외모 탓에 젊은 시절부터 인기가 많았다고 한다. 엄마는 3남매 중 막내로 천진난만한 성격이었다. 그래서였는지 엄마 주위엔 늘 사람들이 모여들었다. 엄마의 언니, 즉 나에게는 이모가 엄마는 아버지와 결혼하게 되어 무척이나 기뻐했다고 말해준 적이 있다. 외출할 때면 늘 둘이 꼭 붙어다녀서 주위에선 잉꼬부부라 불렀다고 한다. 하지만 결혼생활은 엄마의 하염없는 짝사랑의 지속일 뿐이었다.

나는 맞벌이하는 부모님을 대신해 5살 어린 여동생을 돌보고 집안일을 도우며 초등학교 시절을 보냈다. 늘 일이 우선이었던 우리 집은 남들이 흔히 하는 가족여행 한 번 가본 적이 없다. 네 식구가 같이 찍은 사진도 없다. 엄마와 아버지, 두 분이 함께 찍은 사진이 몇 장 남아 있을 뿐인데, 사진 속 엄마는 아버지 옆에 딱 붙어서 환하게 웃고 있다.

2장 피차별부락 여성

"세상에, 그랬구나."

아주 오랜 뒤에야 알게 된 사실이지만 엄마의 할머니는 조선인이었다. 증조부와 조선에서 결혼하고 일본에 왔다고 한다. 엄마의 제삿날, 친척이 모였을 때 내가 재일조선인 친구 이야기를 꺼냈더니 친척 아주머니가 "유유상종이라더니"라고 말했다. "무슨 말이에요?"라고 놀라서 물었더니 충격적인 말을 해주었다.

"몰랐나보네. 마유코의 증조모가 조선에서 왔잖아."

엄마에게는 듣지 못한 이야기였다. 심장이 쿵쾅거리더니 머릿속에서 과거의 한 장면이 되살아났다. 4~5살 무렵이었다. 증조할머니 댁에 놀러갔는데 현관 신발장 위에 저고리를 입은 인형 2개가 놓여 있었다. 그 집에 갈 때마다 왠지 모르게 인형에 시선이 갔다. 현관에서 한참이나 인형을 들여다보고 나서야 미닫이를 열고 안으로 들어갔다.

"세상에, 그랬구나." 왠지 기뻤다. 내 주위에는 알게 되어 기쁘고 다행스런 재일조선인들이 여럿 있다. 시가조선초급학교에서 '우리 학교 마당'과 '재일외국인의 교육을 생각하는 모임·시가' 활동을 하며 재일조선인들의 현실을 접할 수 있었다. 그들의 이야기를 들으면서 그동안 몰랐던 사실을 깨닫기도 했다. 엄마의 할머니는 어떤 분이었는지 엄마에게 직접 듣고 싶다.

엄마의 일과 병

뒤돌아보면 엄마의 인생은 일이 전부였던 듯싶다. 나와 여동

야마자키 마유코

생을 위해, 아버지와의 생활을 잘 이어가기 위해 그야말로 아등바등 평생 일만 했다. 아버지의 그림자가 되어 늘 함께 일했다. 일은 버거 웠지만 아버지와 현장에서 일한다는 사실에 엄마는 늘 의욕이 넘쳤 다. 엄마는 아버지와 자식을 위해서, 가족을 위해서 살았다. 성격 좋 았던 엄마는 누군가가 기뻐해주는 일이 곧 자신의 기쁨인 사람이었 다. 지인이 돈을 꿔달라고 오면 아버지 몰래 돈을 빌려주었다가 결 국 돌려받지 못해서 아버지에게 호되게 야단맞은 적이 한두 번이 아 니다.

당시 고향에선 토목 사업이 한창이었다. 동화대책특별조치법 이후 시행된 환경개선사업으로 고향은 몰라보게 바뀌었다. 굴착기 와 트럭 엔진 소리, 집을 해체하는 소리가 고향의 변신을 알리는 효 과음처럼 온 동네에 울려 퍼졌다. 아버지는 건설 노동자, 엄마는 잔 심부름꾼으로 일하며 새벽같이 나가 컴컴해질 때까지 공사장을 누 볐다. 바야흐로 동화대책사업으로 생활이 윤택해지던 시기였다.

엄마에게 일은 곧 자기 자신이었다. 내가 아는 한 몸을 다쳐 쉰 적도 없다. 분명 몸이 안 좋아도 일을 하러 나갔을 것이다. 건설 현 장 일이 고된 것은 두말할 나위도 없다. 위생적이지도 않았을 것이고 흙먼지, 모래먼지에 둘러싸여 숨쉬기도 힘들었을 것이다. 그런 곳에 서 엄마는 철골을 검붉은 색으로 칠하는 작업을 되풀이했다. 날로 기 침이 심해졌지만 그럼에도 매일 일하러 나갔다. 나중에 병원을 찾았 을 때는 이미 오른쪽 폐가 시멘트처럼 굳어져 제 기능을 전혀 못하 고 있었다. 의사는 손쓰기엔 너무 늦었다고 말했다. "이렇게 될 때까

2장 피차별부락 여성

지 어떻게 참았느냐"며 어이없어하는 의사에게 엄마는 "일은 할 수 있겠죠?"라고 물었다. "무슨 소리예요. 당장 입원하세요"라며 의사는 화를 냈다. 엄마는 그 자리에서 울음을 터트렸다. 몸이 아픈 것보다 일을 할 수 없다는 사실이 더 고통스러웠던 것이다.

엄마의 삶 속에 '젠더적 관점'은 손톱만큼도 없었다. 엄마에게 일이란 '성역할의 분담' 같은 단어 너머에 있었다. 엄마는 일터에서 접하는 부당한 대우, 이를테면 '남자 일을 하는 여자', '여자 주제에' 같은 멸시의 시선을 어떻게 느꼈을까. 나는 잘 모르겠다. 엄마는 딸인 나와 여동생을 정말 아끼고 사랑했지만 어른이 된 뒤 엄마와 여자로서 마주앉아 이야기를 나눠본 적은 없다. 분명 엄마도 나와 여동생에게 이런저런 이야기를 들려주고 싶지 않았을까. 뒤돌아보니 자꾸 마음에 걸린다.

늘 싱글싱글 웃으면서 땀을 훔치던 엄마는 딸과 속마음 한 번 나누어보지 못한 채 1999년 2월 19일 고통 속에서 생을 마감했다. 향년 62세였다.

잊을 수 없는 수업 참관일

초등학교 4학년 가을이었다. 우리 가족은 평소처럼 무와 배추를 가득 넣고 끓인 나베를 두고 빙 둘러앉아 저녁을 먹고 있었다. 여담이지만 우리 집 기본 반찬은 무나 배추 등 제철 채소를 끓인 것이었다. 엄마는 일하고 돌아오면 바깥 수돗가에서 반찬 준비를 했다. 커다란 냄비가 미어지도록 무와 배추를 집어넣고 소량의 소고기와

야마자키 마유코

함께 끓였다. 먼지투성이인 채로 한 손엔 칼을 다른 손엔 한됫병의 간장을 들고 냄비에 붓는 모습은 마치 원시적인 요리의 원형을 보는 듯했다. 가끔 비가 와서 일을 쉬는 날이면 카레를 만들어주었다. 한 솥 가득 만들지 않으면 성에 안 차는지 엄마가 만든 카레는 늘 묽었다. "카레는 좀 더 걸쭉해야지"라며 투덜댔지만 사실은 엄마가 차려주는 밥이 좋았다.

어쨌든 그날 저녁 나는 수업 참관 안내문을 엄마에게 건넸다. 엄마는 안내장은 쳐다보지도 않고 "언제인데?"라고 물었다. 내가 읽어주자, "바빠서 갈 수 없다고 했잖아"라고 말했다. 엄마의 대답은 늘 정해져 있었다. 수업 참관일 말고도 학교나 지역에서 여는 학부모 행사에 '단 한 번도' 참여한 적이 없었다. 어렸을 때부터 쉬지 않고 열심히 일하는 부모의 모습을 봐온 나는 어쩔 수 없다고, 올 수 없는 게 당연하다고 여겼기에 늘 "그래, 알았어" 하고 수긍했다. 하지만 이번 수업 참관일에는 내가 발표를 맡게 됐다. 초등학교 입학 후 처음이었다. 내게는 일생일대의 대사건이었다. 나는 엄마가 그 모습을 보러 와주길 바랐다. 엄마의 무뚝뚝한 반응에 화가 난 나는 "한 번도 안 왔잖아! 한 번쯤은 와주면 안 돼? 일, 일, 엄마는 나보다 일이 더 좋지?"라고 소리 지르며 울고 말았다. 이를 본 아버지가 "갔다 오는 게 어때"라고 상황을 정리했다. 엄마는 아버지의 뜻을 거스른 적이 없었다.

평소처럼 둘이서 저녁식사 뒷정리를 하는데 엄마가 괴로운 표정으로 비밀을 얘기하듯이 조그만 목소리로 말했다.

2장 피차별부락 여성

"참관일에 갈 테니까, 미리 참석자 확인 명단에 엄마 이름을 한자로 써놔. 꼭 적어놓아야 해."

그때 엄마가 지은 표정이 지금도 뇌리에 또렷하다. 아니 잊어서는 안 되는 기억으로 내 마음속에 새겨졌다. 뭐라고 표현하면 좋을까. 쓸쓸해 보이기도 했고, 부끄러운 듯도 했다. 지금 생각해보면 10살 남짓한 딸에게 지어 보일 표정은 아니었다. 그 말을 들은 순간, 그 표정을 본 순간, 엄마가 참관일에 오지 않았던 진짜 이유를 비로소 깨달았다. 딸에게조차, 아니 딸이기 때문에 더욱 말할 수 없는 절박한 이유. 엄마는 글을 쓸 줄 몰랐던 것이다. 아마 나도 어렴풋이 알고 있었을 것이다. 하지만 내 생각만 하다보니 엄마의 사정 따위는 전혀 신경 쓸 겨를이 없었다. 그렇게 사람은 누군가에게 쉽게 상처를 준다. 10살인 내 안에도 남을 차별하는 사람들의 자기중심적인 변명이 들어 있었다. 어린애가 뭘 아느냐고 말하는 사람도 있을지 모르겠다. 하지만 그 상황을 이해하게 되었을 때 나는 정말 엄마에게 미안했다. 자식에게 이런 부탁을 해야만 했던 엄마를 떠올리면 지금도 가슴이 쓰리다.

엄마는 초등학교에도 거의 다니지 못했다. 어린 시절에는 할머니와 함께 손수레를 끌고 쌀이며 쌀겨를 팔러 돌아다녔다. 그래서 당신 이름도 가타카나로밖에 쓸 줄 몰랐다. '千(천), 鶴(학), 子(자)'를 써서 '지즈코'. 엄마 이름이다. '千'은 가타카나의 'チ(치)'와 비슷하다. 하지만 '鶴'은 획수가 많아 어렵다. 그래서 늘 엄마는 'チズコ(지즈코)'라고 가타카나로 이름을 썼다. 어쩌면 엄마는 글을 쓸 줄 모

야마자키 마유코

르는 자신이 부끄러워서가 아니라 자식인 나를 생각해서 그랬는지도 모른다. 글을 쓸 줄 모르는, 비뚤배뚤한 가타카나로 이름을 겨우 쓰는 엄마를 자식이 어떻게 생각할지, 또 선생님과 다른 학부모들이 어떻게 볼지 엄마는 고민했을 것이다. 이 일을 겪으며 부모님의 일과 삶을 곰곰이 생각해보게 됐다. 엄마가 지어 보인 표정은 내 인권 의식의 밑바탕이 되었다.

　　참관일 아침, 나는 일찌감치 혼자 학교로 향했다. 교실 밖에 책상이 하나 있었고 위에는 종이와 연필이 놓여 있었다. 종이에는 선생님의 손글씨로 "오시는 순서대로 이름을 적어주세요"라고 쓰여 있었다. 나는 엄마의 이름을 정성스레 적었다. 그렇게 정성스레 글씨를 쓴 적은 그 전에도 그 후에도 없다. 조금이라도 바르게, 천천히, 신중하게 엄마의 이름을 한자로 적었다. 그리고 참관 시간이 되었다. 교실 뒤 한켠에 이제껏 본 적 없는 엄마가 있었다. "안으로 들어오세요"라는 선생님의 말과 함께 엄마가 교실에 들어선 순간 여기저기서 웅성대는 소리가 났다. 다른 엄마들과는 다른 분위기를 풍기는 엄마에게 모두의 시선이 꽂혔다. 까맣게 탄 얼굴에 어색한 화장을 하고 이상한 모양의 상의와 스커트를 입은 엄마는 교실 분위기와 어울리지 않았다. 친구들도 처음으로 수업 참관을 온 엄마에게 흥미를 보였지만 어떤 흥미였는지는 분명치 않았고 일부러 묻지도 않았다. 하지만 나는 진심으로 기뻤다. 허세를 부리려는 것도 아니고 상황을 좋게 미화하려는 것도 아니다. 그냥 정말로 엄마가 사랑스러웠다.

　　내 고집 때문에 엄마에게 여러 고생을 시키고 말았다. 하지만 어떤 순간에도 엄마는 싫은 내색을 하지 않았다. 엄마와 있으면 내가 소중한 사람이라는 느낌을 받을 수 있어서 마음이 편했다.

엄마에게
엄마, 엄마가 하늘로 간 지 벌써 16년이 지났네. 그곳에서 매일 뭐 하면서 지내? 그곳에선 우리가 보여?
엄마, 여기에서는 많이 아팠는데, 이젠 괜찮아? 엄마의 장례식 때 사람들이 무척 많이 왔었어. 엄마는 모르겠지만 그날 아침부터 눈이 내렸어. 그런데도 엄마를 보내는 시간이 되자 태양이 구름 사이로 얼굴을 내미는 거야. "해님도 지즈코를 보내기 위해 나왔구나"라고 모두 말했어. 평소라면 바보 같은 소리 한다고 비웃었겠지만 그때는 진짜 그런 것 같아서 기뻤어. 그러고 보니 사람들이 엄마를 참 좋아했지. 엄마가 돌아가신 뒤에야 비로소 깨닫다니 딸로서 참 부끄럽다.
엄마, 나는 엄마처럼 살기는 싫지만, 분명 엄마가 옆에 있었기 때문에 지금의 내가 될 수 있었다고 늘 생각해. 앞으로도 쭉 언제까지나 엄마를 사랑할 거야. 엄마가 그곳에서 뭘 하며 지내는지 모르겠지만 가끔은 꿈에서라도 얼굴을 보여줘!
아, 아버지는 여전히 건강해. 엄마에게 가는 건 한참 더 걸릴 것 같아.

야마자키 마유코

3장

아이누·오키나와
필리핀·베트남 여성

하라다 기쿠에

아라가키 야쓰코

오오시로 쇼코

나카마 게이코

다마시로 후쿠코

구 티 고쿠 트린

엄마 아빠 이야기

하라다 기쿠에

原田公久技

1967년 홋카이도 가사이군 메무로초에서 태어났다.
슈퍼에서 파트타임 캐셔로 일하는 주부이다. 18살
연상의 남편과 삿포로에 살고 있다. 아이누 노래와
춤을 선보이는 자매 그룹 훈페 시스터즈Hunpe
Sisters의 멤버다. 삿포로도쇼텐サッポロ堂書店에서
해마다 간행하는『환오호츠크의 환경과
역사環オホーツクの環境と歴史』에 에세이를 연재하고 있다.

사진 ◆

절친한 친구 룻코와 나. 초등학교 2학년 무렵이다.

하라다 기쿠에

아이누가 뭐야?

초등학교에 입학하고 얼마 지나지 않았을 때 감기에 걸려 학교를 하루 쉬었다. 다음 날 학교에 갔더니 교실 분위기가 이상했다. 한 남자애가 나를 "아이누!"[1]라고 불렀다. 내가 아이누라는 걸 그때 처음 알았다. 그날부터 매일 아이들의 괴롭힘이 이어졌는데, 사실 나는 아이누가 뭔지 몰랐다. 그저 같은 반 친구들의 태도에서 아이누란 뭔가 더럽고 냄새나고 기분 나쁜 것이구나, 하고 짐작해볼 따름이었다. 왠지 창피한 느낌이 들어 부모님이나 언니에게 묻지도 못했다. 사전을 찾아봐도 "홋카이도, 가라후토(러시아어로 사할린-옮긴이) 등에 사는 종족"이라고밖에 쓰여 있지 않았다. 매일매일 친구들로부터 괴롭힘을 당하면서 '아이누인 게 정말 싫어'라고 생각하게 됐다.[2]

언니는 중학교 1학년 때, 남동생은 초등학교 3학년 때 등교를 거부했다. 원인은 아이누라는 이유로 괴롭힘을 당했기 때문이다. 그렇다면 나도 학교를 안 가도 됐을 것 같은데 그런 면에서는 성실했는지 '학교에 안 가겠어'라는 생각은 들지 않았다. 언니와 남동생을 보며 집에만 있으면 할 일이 없어 심심할 거야, 매일 괴롭힘을 당하

---

1   인간 또는 남성이라는 의미의 아이누어(일본 홋카이도와 사할린 일대에 살던 종족으로, 근대 이후 일본에 강제 편입되었다-옮긴이).

2   이런 의문을 중학교 1학년 때 「차별」이라는 제목의 글로 썼다(당시 내 이름은 다케우치 기쿠에). 이 글로 인권옹호위원회 작문대회 최우수상, 제1회 메무로초 소년문화상을 수상했다. 중학교 3학년 사회과 교과서, 공민 교과서에 일부가 게재되었다. 이노우에 쓰카사井上司 편, 『교육 속의 아이누민족: 현상과 교육실천教育のなかのアイヌ民族―その現狀と教育實踐』(아유미출판)과 다카하시 미에코高橋三枝子, 『속·홋카이도의 여성들 우타리 편續·北海道の女たち ウタリ編』(홋카이도여성사연구회)에도 수록되었다.

다보면 언젠가 익숙해질 텐데라고 생각했다.

집과 학교는 4킬로미터 이상 떨어져 있었다. 걷는 걸 좋아했던 나는 등교할 때는 버스를 탔지만 집으로 올 때에는 걸어서 왔다. 늘 만나는 개와 인사를 나누고, 공원에 들러 낙엽을 밟았다. 돌멩이를 얼마나 오래 차면서 갈 수 있는지 도전해보고, 땅에 뒹구는 감자나 비트를 짓밟은 뒤 거기서 나온 즙으로 땅바닥에 긴 선을 그리기도 했다. '쇼에이祥榮 다리' 한가운데에 난 난간 밑에 집을 지은 비둘기를 구경하고, 구스베리와 주목 열매를 따 먹기도 하는 등 혼자만의 시간을 실컷 즐긴 뒤 집으로 돌아왔다. 그러면 룻코가 기다렸다는 듯이 내 품에 뛰어들었다. 룻코는 내가 아주 어렸을 때부터 집에서 기르던 개로, 나의 절친한 친구이다. 3살 위인 언니 말로는 그 전에는 스피츠 종을 길렀다고 하는데 나는 룻코밖에 기억하지 못한다. 나를 태우고 걸을 수 있을 정도로 덩치가 큰 잡종인데 나를 잘 따랐다. 책가방을 집에 두고 남동생과 룻코를 데리고 나와서 밀밭을 뛰어다니고, 앞집 정원이나 창고에 들어가 놀기도 했다. 어떤 날에는 나무나 바위를 타기도 하고, 냇가 근처 풀숲에서 달팽이를 구경하다가 목이 마르면 근처의 아저씨나 아주머니 집에 들어가 탄산음료를 얻어 마시기도 하는 등 매일 흙투성이가 되도록 놀았다. 초등학교 5학년까지 살았던 집에는 현관 대신 토방이 있었고 밖에 물을 긷는 펌프가 있었다. 수돗가에는 커다란 고에몬부로五右衛門風呂(장작으로 불을 때서 철제 목욕통을 직접 데우는 방식의 일본식 목욕법-옮긴이) 항아리가 있었다. 목욕물을 데우는 일은 아이들의 몫이었다. 나는 초등학교 1학년 때부터 장작을 넣고 간비[3]와 신문지에 성냥으로 불을 붙였다. 가끔은 앞집 목욕탕을 빌려 쓰기도 했는데, 바닥에 타일을 붙이고 스테인리스로 만든 욕조가 놓인 목욕탕이 무척 근사해 보였다.

아빠의 삶

아빠는 평생 건축 현장에서 일했다. 머리가 좋아 고등학교에 갈 수 있었지만 집이 가난해 중학교를 졸업하자마자 일을 시작했다고 한다. 아빠는 8남매의 장남으로 살림을 도맡았다. 가난에 얽힌 에피소드가 있다. 아빠가 어렸을 때, 밖에서 놀던 동생들에게 "죽 다 됐으니까 얼른 집에 들어와"라고 말해서 할머니에게 혼이 났다고 했다. "밥이 아니고 죽이니까, 솔직하게 죽이라고 말한 거였는데 엄마는 화를 내더라고." 아빠는 웃으며 말했지만, 한창 자랄 나이에 제대로 먹지 못했던 게 정말로 한이 되었는지 자식들에게는 늘 배가 터지도록 밥을 먹였다. 찬장에는 간식거리가 가득했으며 리본 시트론과 나포린[4]을 박스째 두고 먹었다. 아이누는 행복함을 표현할 때 "뭘 가지고 싶다는, 뭘 먹고 싶다는 생각도 안 든다"라고 말하는데, 우리 집에서는 정말로 그런 생활을 했다.

---

3   자작나무 껍질을 일컫는 홋카이도 방언.
4   리본 시트론과 리본 나포린은 홋카이도에서만 생산, 판매하는 탄산음료이다.

엄마의 삶

엄마는 초등학교도 다니지 못하고 동생들을 돌보는 일을 비롯해 이런저런 집안일을 도맡아서 어렸을 때부터 '야마카와 집안의 쌀통'⁵이라고 불렸다. 외할아버지는 결혼을 3번이나 했는데 두 번째 계모가 엄마보다 나이 많은 자식을 넷이나 데리고 오는 바람에 신데렐라처럼 괴롭힘을 당했다고 한다. 나중에 엄마보다 9살 위였던 세 번째 계모는 엄마를 여동생처럼 살갑게 대해주었다. 하지만 그때 이미 결혼해 출가했던 엄마는 시어머니에게 혹독한 시달림을 당하고 있었다. 이웃에 사는 할머니가 "새댁, 이리 좀 와봐"라고 불러서는 설탕물을 주었는데, 먹을 게 변변치 않던 시절에 그 설탕물이 얼마나 든든했는지 모른다며 눈물을 글썽이며 말하던 엄마의 모습이 떠오른다. 그렇게 힘들었는데 왜 헤어지지 않았느냐고 물었더니 아빠는 젊었을 때 꽤나 미남이었다고 했다. 한번은 가족사진을 넣어둔 상자에 영화배우 브로마이드가 섞여 있는 것 같아서 엄마에게 누구냐고 물었더니 "아빠잖아!"라고 해서 웃음을 터트린 적이 있을 정도이다.

아빠는 건축 현장에서 일하는 데 필요한 면허를 20가지나 가지고 있었다. 글자를 읽을 줄 몰랐던 엄마는 37살 때 운전면허를 따기 위해 무척 고생을 했다. 당시 초등학교 5학년이던 언니가 운전면허 교본을 함께 보며 "'차간 거리'는 자동차와 자동차 사이를 말해"라고 엄마에게 하나하나 가르쳐주었다. 그전부터 무면허로 운전을

---

5 생활비를 벌어오는 사람을 비유적으로 일컫는 말.

하고 다녀서 실기시험은 걱정 없었지만 필기시험은 어지간한 노력으로는 합격하지 못했을 것이다.

엄마도 건축현장에서 일했는데 '돌망태 넣기'가 가장 힘들었다고 한다. 강기슭 보호 공사를 하는데 몸을 반쯤 물에 담근 채로 돌망태라 불리는 철망으로 엮은 상자 안에 20~30킬로그램은 됨직한 돌을 집어넣어야 했다. 새벽 5시에 집을 나가 저녁 7시가 넘어서야 돌아왔던 부모님. 건축 현장에서의 육체노동이 얼마나 힘들었을까.

엄마는 40세 무렵에 분뇨 수거차를 타고 다니며 재래식 화장실의 분뇨를 수거하는 일을 했다. 보통면허로 운전할 수 있는 4톤 트럭을 몰고 마을을 돌아다녔다. 이번에는 "너네 엄마 똥 푸러 다닌다며!"라고 놀림을 당했지만 '아이누'라고 놀림을 당하는 데 익숙해서 그런지 아무렇지 않았다. 누군가는 해야 할 일이기에, 또 아무나 할 수 있는 일도 아니기에 나는 엄마가 무척 존경스러웠다. 내가 운전면허를 딴 19살 때 엄마가 손가락을 다쳐서 잠시 운전을 못하게 된 적이 있었다. 어떻게 해야 하나 고민하기에, 내가 대신 분뇨 수거차를 운전하겠다고 나섰다. 4톤 트럭이 얼마나 큰지 감을 잡을 수 없었고, 좁은 길도 많아 운전이 만만치 않았다. 재래식 화장실 앞까지 무거운 호스를 들고 달려가는 것도 힘들었다. 분뇨가 가득 차면 처리장으로 가서 차를 정해진 장소에 세우고 담당자와 서류 처리도 해야 했다. 엄마가 매일 하는 일을 겨우 며칠 도왔을 뿐이지만 "역시 엄마는 굉장해"라고 감동했던 기억이 난다.

히라가나를 힘겹게 익힌 엄마는 한자도 읽고 싶다며 60세

무렵부터 매일 신문을 보면서 모르는 한자를 언니에게 물어 배웠다. 5년 후에는 언니에게 한자를 물어보는 일이 거의 없게 되었다고 한다.

아빠는 65살 무렵부터 치매 기미가 있어서 화장실을 더럽히곤 했다. 가끔 내가 본가에 들르면 "베란다에 죽은 사람들이 걸어 다녀서 무서워"라며 벌벌 떨기도 했고 밥을 다 먹고 나서 먹지 않았다고 떼를 쓰기도 했다. 입원해 치료를 받다가 2009년 8월 4일, 71살의 나이로 세상을 떠났다.

건강한 엄마를 마지막으로 본 것은 2008년 9월 15일이다. 오랜만에 본가에 간 날, 언니와 파친코에 갔다가 돈을 좀 따서 엄마에게 1만 엔을 드렸다. 기차에 타다가 돌아봤더니 엄마가 손을 모으고 머리를 숙인 채 서 있었다. 15일 뒤 엄마가 쓰러졌다. 화장실에 간 엄마가 나오지 않아서 언니가 보러 갔더니 한쪽 손, 한쪽 발을 버둥거리면서 아무 말도 못 하고 쓰러져 있었다고 했다. 연락을 받자마자 기차를 타고 출발했는데 집으로 가는 차 안에서 문자를 받았다. "뇌에 피가 너무 고여 있어 두개골을 일부 떼어냈어. 두개골을 복부 안에 넣어두는 수술을 한대." 병원에 도착했을 때 수술은 이미 끝나 있었다. 엄마는 몸이 퉁퉁 부어 못 알아볼 정도였다. 결국 의식을 회복하지 못한 채 2012년 9월 11일 돌아가셨다.

4년을 병상에 누워서 보낸 엄마가 불쌍했지만 언니나 남동생에게는 꼭 필요한 4년이었을지도 모르겠다. 특히 은둔형 외톨이였던 남동생이 지금은 농가에서 날품팔이로 일한다는 사실을 부모님이

하라다 기쿠에

와라비자(일본 아키타현에 거점을 둔 일본 전통 예능을 토대로 한 극단-옮긴이)와의 교류 모임에서 찍은
사진. 왼쪽부터 언니, 나, 엄마.

들으셨다면 얼마나 기뻐하셨을까. 부모님이 살아 계셨다면 지금도
집구석에 콕 박혀 있었을지도 모른다. 인생만사 새옹지마라 했던가.

　내 인생을 이야기해달라는 의뢰를 받았는데 쓰다보니 부모
님 얘기만 늘어놓게 됐다. 아마 두 분이 없었다면 나도 없기 때문일
것이다. 그리고 두 분의 삶을 쓸 수 있는 사람은 나밖에 없다. 아이누
여성으로서 내가 남기고 싶었던 이야기를 여기에 적는다.

필리핀에서 일본으로

: 전쟁으로 고국을 떠난 엄마

아라가키 야쓰코

新垣安子

1946년 오키나와 헨자지마에서 태어났다. 오키나와 우라소에시의 역사와 사시키초의 역사 등 지역사를 편집하고, 이민과 전쟁에 관한 글을 쓰고 있다. 필리핀 잔류 고아 문제의 해결을 위한 활동도 하고 있다. '신오키나와현사' 편집위원이며 제주·오키나와 연대 모임을 주재하고 있다.

사진 ◆

1941년 필리핀 일로일로시에서 찍은 가족사진. 당시 어머니는 24살이었다.

필리핀인 엄마

2004년 3월 7일, 오키나와 기노완 시내의 병원에서 한 필리핀 여성이 영면에 들었다. 프란시스카 세나 아라가키 후미에, 향년 87세. 내 어머니이다.

5개월 뒤인 2004년 8월, 어머니의 자식 5남매와 각자의 배우자, 손주, 증손주, 오랜 친구까지 총 15명이 필리핀으로 향했다. 어머니의 유골을 고향 바다에 뿌리고 가족의 발자취를 더듬어보기 위한 여행이었다. 우리는 먼저 아버지와 어머니가 만난 네그로스섬의 작은 해변 마을을 찾았다. 8월 15일에는 네그로스섬을 출발해 파나이섬으로 향하는 정기선 갑판에서 재를 바다에 뿌렸다. 오블라토oblato(녹말질로 만든 얇고 투명한 포장지-옮긴이)에 나누어 싸두었던 재는 잠시 바람에 날리다 바다 속으로 사라졌다. 우리는 네그로스섬에 전해오는 자장가를 불렀다. 어머니가 자주 흥얼거리던 노래였다.

어머니는 1916년 10월 10일, 네그로스섬 산카를로스에서 태어났다. 4남 4녀 중 일곱째였다. 1살 때 아버지(나의 할아버지)가 돌아가시자 어머니(나의 할머니)는 아이들을 데리고 카디즈라는 마을로 이사해 옷 재봉 등으로 생계를 이어갔다. 어머니의 어린 시절 꿈은 음악 선생님이 되는 것이었다고 한다.

한편 아버지는 1917년 마 재배 농장에서 일하기 위해 마닐라에서 필리핀 다바오로 도항했다. 그때 다바오는 1차 세계대전으로 인해 경제가 호황을 맞으면서 일본인 이민자가 많았다. 아버지는 3년 뒤 파나이섬 일로일로로 건너가 어업에 종사했다. 필리핀 어업은

225

마닐라와 파나이섬을 중심으로 이루어졌는데, 그 이권을 일본인이 독점하고 있었다. 일본인 어업조합의 중계지가 이웃한 일로일로와 가까운 네그로스섬에 있었다.

어머니 말로는 아버지가 무척 멋쟁이였다고 한다. 아버지는 할머니가 재봉일을 하던 옷집에 손님으로 드나들다가 어머니에게 흠뻑 빠졌고 "프란시스카와 결혼하게 해주시면 가족을 다 책임지겠습니다"라고 할머니에게 애원했다. 어머니는 결혼하기 싫어서 도망쳤다고 한다. 할머니도 난처했을 것이다. 상대는 딸보다 18살이나 많은 일본인이었다. 하지만 주변의 성화에 못 이겨 1930년 11월에 어머니는 결국 일본인 아라가키 준슈新垣壬秀와 결혼했다. 아버지는 32살, 어머니는 14살이었다. 이 말을 들을 때마다 나는 "이건 원조결혼이야. 지금 같으면 범죄라고"라며 어머니를 놀리곤 했다.

전쟁-집단 자결을 면하다

1941년 12월 8일, 미국과 일본의 전쟁이 시작됐다. 그날 아침 일본인은 필리핀 관헌으로 연행되어 수용소로 보내졌다. 이듬해 4월 일본군이 파나이섬에 상륙해 억류된 일본인을 구출했다.

당시 미국령이었던 필리핀에는 1935년에 발족한 독립준비정부가 10년 후 독립을 약속받고 활동하고 있었다. 필리핀에 상륙한 일본군은 1942년 1월 마닐라를 점령했고, 이후 필리핀 전토를 일본군정하에 두었다. 일본군은 민간인들을 가혹하게 탄압했고 필리핀 각지에서 항일 게릴라가 조직되었다.

파나이섬에 살던 일본인의 생활도 크게 바뀌었다. 아버지가 일하던 어업조합은 일본군의 어용조합으로 재편되었고 일부는 게릴라 토벌을 위한 길 안내와 통역에 징용되었다. 그사이 전황은 악화일로로 치달아 1944년 7월 사이판 전투에서 일본이 패배[1]했다. 이후 필리핀에 있던 일본인도 군에 소집되었다. 1944년 10월 미군이 레이테섬에 상륙했고 1945년 2월에는 마닐라에서 시가전이 벌어졌다. 일본군은 미군의 공세에 밀려 루손섬 북부의 산속으로 후퇴했다.

1945년 3월 18일 미군이 파나이섬에 상륙했다. 일본군 수비대는 산속으로 퇴각해 지구전에 들어갔다. 그날 밤 약 250명의 일본인 이민자도 군대를 따라 산으로 올라갔다.

도피 사흘째인 3월 21일 심야, 정글에 있는 스야크라는 마을에서 노인, 부녀자, 어린이가 함께 자결하는 이른바 '집단 자결 사건'[2]이 일어났다. '군의 발목을 잡지 않기 위해서'였다. 일본인회 간부가 결정했고 일본인회 회장과 일본인학교 교장은 권총으로 자살했다. 진상은 아직 밝혀지지 않았지만 적어도 40명 이상의 민간인이

---

1 지금의 미크로네시아의 섬들은 과거 일본이 통치했으며 남양군도라 불렸다. 그때 일본에서 많은 사람이 돈을 벌러 이민을 왔고 수산업, 사탕수수 재배 등에 종사했다. 이민 중심지인 사이판에는 약 2만 명의 일본인이 거주했다는 기록이 있다. 1944년 6월 15일에 미군이 사이판에 상륙을 개시했다. 4만 명의 일본 수비군은 섬 북부로 쫓겨 갔고 결국 7월 7일 전멸했다. 민간인의 희생 또한 컸다.

2 아시아태평양전쟁 전에 발표된 전진戰陣훈령에 "살아서 포로가 되어 욕 당하지 말고"라는 구절이 있다. 군인은 포로가 되지 말라는 것이었다. 전쟁 말기의 전장에서는 비전투원인 민간인에게도 포로가 되지 말라고 가르쳤다. 그 결과 곳곳에서 적에게 붙잡힐지 모른다는 공포심에 휩싸인 채 가족과 친족이 한곳에서 자결하는 사건이 벌어졌다. 최근에는 이를 '강제집단사强制集團死'라고 부르는 연구자도 있다.

아라가키 야쓰코

희생되었다.

우리 가족은 가까스로 참극의 현장에서 도망쳤다. 어머니는 잠깐이라도 쉬고 싶었지만, 누워 있으면 아버지가 "일어나, 일어나!"라고 소리를 질렀다고 한다. 도중에 만난 일본인학교 교장은 아버지에게, 자신의 딸은 걸을 수 있으니 함께 데리고 도망가달라고 부탁했다.

생존자의 증언에 따르면 현장에 남았던 부상병이 수류탄을 던졌고 죽지 않고 버둥거리는 사람들을 차례차례 총검으로 찔렀다고 한다. 현장에서 10여 명의 아이가 구출되었다. 그 가운데 3명은 수용소로 돌아갔지만 나머지는 마을 주민이 데려갔다고 들었다.

패전 후 일본인은 본국으로 강제 송환되었다. 어머니도 아버지를 따라 일본으로 향했다. 필리핀에 남지 않은 이유를 물었을 때 어머니는 "왜냐고? 쓰키코가 일본에 있었으니까"라고 대답했다. 장녀인 쓰키코 언니는 전쟁 중에 일로일로의 일본인 초등학교를 나온 뒤 가족과 헤어져 오키나와현립 제1고등여학교에 입학했다.

어머니의 전후와 나

나는 1946년 11월 아버지의 고향인 오키나와 헨자지마에서 태어났다. 고향으로 돌아온 아버지는 다시 어업을 시작했지만 태풍으로 어선을 잃고 빚만 떠안게 됐다. 내 뒤로 4명의 동생이 더 태어났다. 가뜩이나 가난한 집에 애들만 바글바글했다. 어렸을 적 나는 어머니 뒤를 졸졸 따라다니는 응석받이였다고 하는데 중학생이 되자 일본어를 모르는 어머니에게 반항하기 시작했다. 고등학교를 졸업한 뒤에는 도쿄로 갔다. 내가 오키나와 출신이라고 하면 사람들은 "아, 그래서 얼굴이 검구나. 그래도 일본어는 잘하네"라고 말하며 신기한 듯 쳐다봤다.

고향에 돌아오니 아버지는 고혈압을 앓고 계셨다. 부모님은 1973년에 전쟁이 끝난 후 처음으로 파나이섬을 찾았다. 그 여행에서 전쟁 중 집단 자결 현장에서 구출된 일본인 '잔류 고아'의 소식을 들었다며 아버지는 불편한 몸을 이끌고 그들의 육친 찾기에 분주했다. 어머니는 필리핀에서 보내온 편지를 번역했다. 가끔씩 바지가 젖은 채 귀가하는 아버지에게 나는 "이건 국가가 할 일이야. 왜 그런 몸으로 돌아다녀"라고 화를 냈다.

1980년 9월 아버지가 82살의 나이로 타계했을 때 어머니는 필리핀에서 걸려온 친구의 전화를 받고 고향 말로 울면서 뭔가 호소하듯이 말했다. 내가 알지 못하는 필리핀어가 귀를 울렸다.

아버지의 1주기를 마치고 나는 어머니와 함께 필리핀으로 향했다. 비행기 안에서 어머니는 "그곳 사람들은 모두가 가난해. 네가 실망하지 않을까 모르겠다"라며 내내 침울한 표정을 지어 보였다. 도착한 직후엔 환한 미소로 맞아 주는 큰이모, 작은이모, 사촌들에 둘러싸여 "얘가 파우라야"라고 기쁨에 들뜬 목소리로 나를 소개했다.

그 뒤로도 어머니의 고향 방문에 5번 정도 더 따라갔다. 더 정확하게는 나의 조사 여행을 어머니가 도와준 셈이다. 나는 이민자의 발자취를 더듬으며 일본인과 관련된 사람들로부터 당시의 체험을

아라가키 야쓰코

채록했다. 아버지가 남겨놓은 일이었다.

1996년의 필리핀행이 어머니와의 마지막 여행이 됐다. 이번에는 큰이모의 부고를 듣고 장례에 참석하는 어머니를 내가 따라갔다. 사람은 언젠가 생을 마감한다. 눈물을 쏟아내는 어머니를 보면서 '그때가 오면 어머니의 유골을 고향 바다로 돌려보내자'라고 생각했다.

어머니가 필리핀인이 아니었다면 나는 아시아의 다른 나라에 관심을 가지지 않았을 것이다. 필리핀·제주도·오키나와 등 아직도 공부해야 할 곳이 참 많다. 가끔씩 천국에서 "너도 많이 변했구나"라고 말하는 어머니의 목소리가 들리는 듯싶다.

* 이 글은 계간지 『주팡스je pense』 2005년 가을호(고분켄高文研 발행)에 게재한 졸고 「말로 전해지는 전쟁의 참화語り繼ぐ戰爭の慘禍」를 수정한 것이다.

내 안의 오키나와

: 할아버지의 죽음을 맞으며

오오시로 쇼코

大城尚子

1980년 오키나와에서 태어났다. 오사카대학 대학원 국제공공정책연구과 박사후기 과정을 밟고 있으며, 오키나와국제대학의 강사로 일한다. 2018년 4월부터 오키나와국제대학 오키나와경제환경연구소 연구지원 조수로 일하고 있다. 연구 주제는 현대 식민지주의 정책, 대상 지역은 오키나와, 디에고 가르시아, 하와이다.

사진 ◆

2015년 1월, 가장 나이 어린 사촌동생의 성인식(1948년에 제정된 일본의 경축일로 매년 1월 15일에 그해에 20살이 된 청년을 축하하고 격려했다. 2000년부터 1월 두 번째 월요일로 변경되었다-옮긴이)을 맞아 사촌동생 가족과 함께 사진을 찍었다. 그날 할머니와 할아버지는 사진처럼 손을 살포시 마주잡으셨다. 막내 손자가 성인이 되는 모습을 지켜보고 안심한 할아버지는 며칠 뒤인 1월 18일 아침에 돌아가셨다.

◆

3장 아이누·오키나와·필리핀·베트남 여성

나의 뿌리를 찾다

나는 오키나와[1]의 미군기지 문제로 얽혀 있는 일본, 미국, 오키나와의 관계를 식민지주의라는 분석틀로 연구하고 있다. 2000년, 유엔 산하의 '원주민에 관한 워킹그룹WGIP(Working Group on Indigenous Populations)'[2]에 참가하면서 이 연구를 시작했다. 나는 그 회의에서 우치난추(오키나와인을 일컫는 오키나와의 말-옮긴이)가 일본의 원주민이라는 주장과 오키나와가 직면한 차별 문제, 특히 미군기지 문제를 다룬 성명서를 발표했다. WGIP에 참가하면서 국제법의 정의에 따르면 오키나와인이 원주민에 속한다는 것은 이해했지만, 일본과 미국 문화에 더 친숙하고 오키나와의 전통문화는 잘 알지 못하는 나를 원주민이라고 부를 수 있을까라는 의문이 들었다. 이를 계기로 나의 뿌리인 오키나와를 찾는 일에 착수했다. 물론 나는 오키나와에서 태어나 자랐고 교육을 받았으므로 오키나와의 문화를 배울 기회는 많았다. 하지만 그런 교육을 받았다 하더라도 오키나와를 진지하게 마주한 적은 없었다. 중학교 국어 수업 때 류카琉歌(오키나와 등지에

1　이 글에서는 오키나와를 오키나와의 옛 명칭인 '류큐琉球'로 쓰거나 한자로 오키나와沖繩, 가타카나로 오키나와オキナワ로 쓰는 등 세 가지로 구분해 표기했다. 옛 독립 국가 류큐의 문화와 사람들을 가리킬 때는 '류큐'로 썼고, 현재의 오키나와를 설명할 때는 한자로, 내 안의 불확실한 아이덴티티를 말할 때는 가타카나로 표기했다. 그런 점에서 오키나와オキナワ는 류큐(과거)와 오키나와沖繩(현재)를 이어준다(한국어 번역에서는 '오키나와'로 표기하고, 설명이 필요한 경우 원어를 병기하거나 옮긴이 주를 추가했다-옮긴이).

2　1982년 설립, 2006년 종료. 원주민의 인권을 수호하고 촉진하기 위해 각국 정부가 취한 정책을 검증했다.

전해 내려오는 단시 형태의 노래-옮긴이)를 배운 적이 있다. 일본의 교육 제도 안에서 성장한 나는 류카를 접하며, 류큐 문화는 과거의 것이라고 인식하면서도 한편으로는 오키나와에도 일본의 단가短歌 같은 문화가 있었다는 사실에 뿌듯해 했다.

2004년 10월부터 2005년 6월까지 나는 인도 북동부 출신이 조직한 비정부기구NGO에서 인턴으로 일했다. 그곳에서 자신이 나고 자란 땅, 자신의 뿌리를 아는 일이 얼마나 중요한지 배웠다. 그것을 깨달았을 때 나는 조부모가 말하는 이에지마(오키나와 본섬 서쪽에 위치한 섬-옮긴이)의 말을 이해할 수 없다는 사실이 부끄럽게 느껴졌다. 나는 우치나야마토구치(오키나와어와 일본어가 섞인 말)는 조금 할 수 있지만 오키나와沖縄섬의 그 어떤 우치나구치(오키나와어)도 할 줄 몰랐기 때문에 조부모와 우치나구치로 대화할 수는 없었다.

인도에서 돌아온 뒤로 할아버지, 할머니와 함께 시간을 보내려 애썼다. 나는 오키나와에서 즉흥적으로 류카를 흥얼거리는 할머니의 목소리를 들으며, 할아버지와 함께 텔레비전으로 스포츠 중계를 보며 시간을 보냈다.

언제였을까, 나는 두 사람의 전쟁 체험을 인터뷰한 적이 있다. 할아버지는 일본군으로 징집되어 약 10년 동안 중국 대륙에 있었다고 한다. 내 기억이 맞다면 할아버지가 있던 장소는 만주 일대였다. 할아버지는 그곳에서 오키나와 출신자들에게 도움을 많이 받았다고 했다. 소련군에게 잡혀 끌려가던 중에 트럭에서 뛰어내려 도망친 뒤 중국에서 일하며 지냈다고 했다. 할아버지가 전투에 관한 이야기를 전혀 하지 않는 게 이상해서 나는 사람을 죽인 적이 있느냐고 물었다. 그러자 할아버지는 눈을 크게 뜨고 나를 뚫어져라 쳐다봤다. 오키나와 출신 군인의 연금 지급을 담당하는 현청 부서에 할아버지가 속했던 부대에 관해 문의했는데 전쟁 때 서류가 불에 타 기록이 남아 있지 않다는 답신을 받았다. 할아버지가 어느 부대 소속인지는 분명치 않았다. 나중에 엄마에게 듣기로, 엄마가 어렸을 때 집에서는 전쟁 이야기가 터부시됐다고 한다. 그것도 모른 채 궁금증을 채우려고 충동적으로 질문을 던진 내 태도가 얼마나 오만했는지 반성했다.

한편 이에지마에 있던 할머니는 오키나와 전투가 치열해지자 장녀(나의 큰 고모)와 엄마(내게는 증조모)를 끌고 미군의 배를 타고 게마제도로 소개되었다. 그 뒤 어떻게 오키나와로 돌아왔는지는 정확하지 않지만 할머니는 전쟁이 끝날 때까지 오키나와 본섬 북부의 헤노코 마을에서 생활했다. 소개지에서 많은 사람들의 도움을 받으며 살아남을 수 있었다고 했다.

전쟁이 끝나자 할머니와 큰 고모는 이에지마로 왔다. 할아버지도 일본 귀환이 결정되어 이에지마로 돌아왔다. 그리고 할머니와 재회했다. 만약 그때 두 분이 재회하지 못했다면 나는 이 세상에 존재하지 않았을 것이다.

나의 오키나와를 확인하다

나의 뿌리를 찾다보니 미군기지 문제의 구조를 전문적으로 연구하고 싶어졌다. 2009년에 다니던 회사를 그만두고 오사카에 있는 대학원에 진학했다. 도쿄가 아니라 오사카의 대학원으로 진학한 이유는 오사카시 다이쇼구 인구의 4분의 1이 오키나와 출신이었고, 뭔가 내게 힘든 일이 생겼을 때 오키나와라는 연고가 필요할 거라고 느꼈기 때문이다. 또한 그러한 복합적인 환경에서 나의 오키나와를 확인해보고 싶었다.

나는 다이쇼구에 사는 오키나와인들에게 많은 것을 배웠다. 오키나와와 멀리 떨어진 곳에서 에이사[3]를 비롯한 오키나와 문화를 계승하는 사람들, 일본인의 오키나와인 차별을 알리고 일본인과 대등한 관계를 구축하기 위해 활동하는 사람들을 만났다. 이들이 지닌 공통점은 오키나와인으로서의 굳건한 정체성과 자부심이었다.

오사카에서 지내는 동안 연구차 하와이에 갈 기회가 있었다. 2015년 1월 말 하와이에 갔을 때 그곳에서 우연히 하와이오키나와현인연합회 사람들의 모임에 참석했다. 그들은 오키나와 문화를 계승하기 위해 여러 활동과 노력을 다하고 있었다. 자신의 뿌리인 부락과 옥호명屋號名(술집이나 음식점 따위의 이름-옮긴이)을 조사하는 활동도 하고 있었다. 그들은 오키나와 출신 이민 1세대[4]로부터 전해 내려온 오키나와인과 땅의 관계를 들려주었다. 오키나와인이 어떻게 조상 대대로 내려온 땅과 관계 맺고 있는지 들으면서 비로소 내 안에서 오키나와 원주민과 오키나와인이 하나로 이어졌다.

---

3 우란분 때 조상의 영을 맞이하고 보내는 전통 춤과 노래.
4 1899년 계약 이민자 2명으로 시작해 2차 세계대전 때인 1938년까지 약 2만 명이 하와이로 이주했다.

3장 아이누·오키나와·필리핀·베트남 여성

하와이에 머무는 동안 최근에 내게 일어난 일들이 주마등처럼 머릿속을 스쳐지나갔다. 2015년 1월 18일 이른 아침, 할아버지가 타계했다. 나는 다행히 할아버지의 임종을 지킬 수 있었고 할아버지의 장례식을 위해 엄마와 할머니가 사는 이에지마로 건너갔다. 친척들이 장례 준비로 바쁜 가운데 나는 치매 증세를 보이는 할머니를 돌보는 역할을 맡았다.

쓰야通夜(발인 전날 밤에 고인의 가족, 친척, 지인이 모여 고인의 곁에서 식사를 하며 밤을 지새우는 일-옮긴이) 날, 나는 할아버지의 죽음을 할머니에게 전하는 역할을 맡게 되었다. 할아버지의 죽음을 어떻게 설명해야 좋을지 몰라 애가 탔다. 이에지마의 말을 비롯해 우치나구치를 할 줄 모르는 내가 할머니에게 처음 던진 말은 "할아버지 왔어?"였다. 그 말에 할머니는 눈물을 글썽거리며 "불쌍한 할매"라고 말하며 류카를 불렀다. 물론 나는 할머니가 이에지마의 말로 당신의 마음을 담아 부르는 류카를 이해할 수 없었다. 하지만 할머니가 할아버지에게 전하고 싶은 마음이 류카에 담겨 있다고 느꼈다. 할머니는 자신도 할아버지와 함께 가고 싶다고 노래했다. 때로는 그 반대의 뜻을 담은 노래를 부르는 것 같기도 했다.

그 광경을 떠올리면 류카가 현재도 살아 있는 문화라는 사실과 즉흥으로 자신의 생각과 감정을 자신의 말로 자아내는 할머니의 의연함이 느껴진다. 본토와 오키나와 양쪽에서 오키나와인은 일본어를 못한다는 말을 들었다. 분명 그렇다. 왜냐하면 오키나와인에게 일본어는 외국어나 마찬가지이기 때문이다. 오키나와가 일본에 병

오오시로 쇼코

합된 지 약 130년이 지났고 교육도 일본어로 이루어지고 있기[5] 때문에 오키나와인의 일본어가 서툴다는 것이 이상하게 여겨질지도 모르겠다. 하지만 자세히 들여다보면 70년 전 오키나와에서 미군과 일본군이 전투를 벌일 때도 오키나와인은 우치나구치를 썼다. 일본어가 오키나와인의 일상에 스며든 것은 전쟁이 끝난 후의 일이다. 역사 연표의 숫자만 보면 놓치기 쉬운 사실이다. 내 할아버지, 할머니와 고모, 삼촌들은 지금도 모이면 이에지마의 언어로 대화한다. 그들에게 모어는 이에지마 말인 셈이다. 나의 일본어가 서툰 이유를 변명하기 위해서 꺼낸 이야기가 아니다. 내 안의 오키나와를 멸시하는 잠재의식을 냉철하게 직시하기 위해서다. 본래 이곳에는 일본 문화가 존재하지 않았다. 그럼에도 나는 일본 문화 속에서 살아왔다고, 그 문화를 다 알고 있다고 여기며 자랐다. 그러는 사이에 마음 한편에 오키나와는 뒤처진 곳, 열등한 곳이라는 인식이 자리잡았다. 이것이야말로 식민지주의의 구현이며 내 안에 식민지주의가 존재하고 있다는 증거이다.

하와이에서 이런 생각을 하며 지내던 어느 날 밤, 꿈을 꾸었

---

5 운동회나 학예회 때 오키나와 문화를 배울 기회가 있었지만 우치나구치를 배울 기회는 없었다. 중학교 국어 수업 시간에 일본어 단가와 함께 류카 한 수를 배운 게 유일하다. 그때 내 개인적인 인상으로는 우치나구치를 사용했을 때 말투가 곱지 않은 것 같았다. 그 이유는 류큐 병합 이후에 류큐어가 공교육의 장에서 금지되었기 때문이다. 일본은 류큐어를 사용하는 사람의 목에 방언찰方言札을 걸게 했고 하루 종일 방언찰을 걸고 있던 사람에게는 벌칙이 주어졌다. 방언찰은 1960년대 무렵까지 존재했다.

　　　3장 아이누·오키나와·필리핀·베트남 여성

다. 꿈속에 검은 옷을 입은 할아버지가 나타나 나를 보며 미소를 짓더니 차를 타고 어디론가 떠났다. 할아버지는 내 변화를 알아채고 그 깨달음을 소중하게 여기면서 앞으로도 연구를 계속하기를 바라고 있구나라고 내 나름대로 해몽을 해봤다. 할아버지는 많은 것을 이에지마에 남겼다. 이제 할아버지에게서 이런저런 얘기를 직접 들을 수는 없지만 앞으로 할아버지의 유산을 끊임없이 재인식하는 작업을 통해 대화를 이어나가려 한다. 그리고 류카를 부르는 할머니와 소통하며 나의 오키나와를 찾아나가려 한다.

오오시로 쇼코

오키나와를 떠나
아주 멀리

나카마 게이코

仲間惠子

1965년 홋카이도 치토세시에서 태어났다.
1991년부터 2003년까지 오사카 인권박물관에서
학예원으로 근무했다. 현재 대학 강사이다.

사진 ◆

1966년 여름, 홋카이도 어딘가에서 찍은 가족사진.

나카마 게이코

북쪽 기지촌에서 태어나다

오키나와인 2세인 나는 1965년 12월 8일 오키나와로부터 아주 멀리 떨어진 일본의 북쪽 끝 홋카이도 치토세시에서 첫울음을 터트렸다. 당시 아빠는 30살, 엄마는 22살이었다. 나를 받아준 의사가 "태평양전쟁이 시작된 날에 태어났네"라고 해서 엄마는 '재수 없게 그런 말을 왜 하지'라고 속으로 툴툴댔다고 한다.

오키나와 출신인 아빠는 치토세 미군기지에서 일하고 있었다. 미국이 오키나와를 점령하고 있던 시기, 아빠는 고등학교를 졸업한 후 사립 나고영어학원에서 영어를 배웠고 대용교원代用教員(전전 소학교 등에서 정식 교원 자격을 갖추지 않고 근무하던 임시 교원-옮긴이)으로 일했다. 그러다 여권(도항 증명서)[1]을 가지고 본토로 건너와서 야마구치현 이와쿠니에 위치한 미군기지에서 일했다고 한다. 엄마와는 도쿄에서 만났다.

사진은 내가 태어난 이듬해에 찍은 것이다. "우와!"라는 감탄사가 절로 나오는, 환하게 웃고 있는 젊은 날의 아빠와 엄마. 아빠에게 안겨 있는 나는 선천성 고관절 탈구를 앓았다. 항상 깁스를 한 채로 하반신을 담요로 감싸고 있었다고 한다. 어린 나를 데리고 삿포로

---

[1] 미국의 통치하에 있던 오키나와에서 본토로 가기 위해서는 일본 도항용 증명서가 필요했다. 미국의 출장 기관이었던 류큐열도 미국민정부(United States Civil Administration of the Ryukyu Islands, 1950년 12월 15일 수립되어 1972년 5월 15일 류큐의 시정권이 일본에 반환되기 전까지 존속했던 미국의 류큐 통치기관-옮긴이)에 신청하고 미고등변무관(고등변무관은 주권국이 피보호국, 종속국, 피점령국에 파견하는 상임 사절로 조약의 체결이나 외교 교섭 등 외교 사절의 직무를 수행한다-옮긴이)이 발급했다.

의 병원으로 오가는 일이 무척 힘들었을 것 같다. 3년 뒤에는 여동생이 태어났다.

오늘날 홋카이도 하늘의 관문인 치토세는 1937년 일본 해군이 비행장을 건설하고 항공대를 배치한 곳이다. 1946년 이후 오클라호마주 군단 소속의 약 1만 5,000명의 미군이 주둔하면서 거리의 양상이 완전히 바뀌었다. 1950년에는 한국전쟁의 후방 기지가 되었고 미소 냉전 시기에는 거대한 파라볼라 안테나와 250개의 무선탑이 즐비한 통신 기지가 되었다. 아빠는 그 통신 기지에서 일했다.

치토세에 아무 연고도 없던 우리 가족은 집주인을 비롯해 주변 사람들에게 많은 도움을 받으며 생활했다. 엄마는 어릴 적에 할아버지를 여의고 홋카이도 에베쓰시의 친척 아주머니 집에서 자랐기 때문에, 내게는 외할머니가 두 분 있다. 아빠의 영향인지 두 외할머니는 여름 고교 야구 시즌이 되면 홋카이도와 오키나와의 학교를 각각 응원했다.

1970년 무렵 기지촌에서 함께 놀던 아이들 가운데에는 머리카락이 밤색인 아이도 있고, 눈동자가 파란 아이도 있었다. 오키나와가 일본에 반환[2]된 이듬해인 1973년 여름, 유치원과 초등학교를 함

---

2   미국은 1952년 4월 28일에 발효된 샌프란시스코 강화조약에 의거 오키나와제도 등 북위 29도 이남의 남서제도를 미군 시정권에 두었다. 오키나와의 입법, 사법, 행정 3권을 행사하는 권한은 미군에 있었다. 이후 1971년에 미국과 일본이 체결한 오키나와 반환협정에 의거 1972년 5월 15일 오키나와는 일본에 반환된다. 주민은 '즉시, 무조건, 전면 반환'을 내걸고 기지가 철폐되기를 바랐지만 미일 정부는 기지의 존속을 전제로 오키나와를 반환했다.

께 다닌 소꿉친구들이 살던 거리를 떠나야 했다. 미군기지가 폐쇄되면서 가나가와현 가와사키시로 이사를 가게 되었기 때문이다. 오키나와 반환이 이루어진 1972년 5월 15일 아빠는 "드디어 일본인이 되었구나" 싶었다고 한다.

치토세 미군기지 사령부는 1970년에 기지를 철수하겠다고 발표했다. 그해 11월에 절반이 넘는 미군과 그 가족 약 1,000명이 치토세를 떠나면서 그들을 상대로 장사를 하던 술집 등은 문을 닫거나 업종을 바꿨다. 기지에서 일하던 아빠도 다른 곳으로 떠나야 했다.

오키나와를 의식하다

가와사키는 공장이 많은 난부선南武線(가와사키와 도쿄를 잇는 동일본 여객 철도의 노선이다-옮긴이) 부근의 마을로, 우리 집은 부엌이 딸린 다다미 6장(약 3평-옮긴이)의 다세대주택이었다. 4살 난 여동생은 천식을 앓았다. 엄마는 보리차 포장, 크리스마스트리 장식용 전구 조립 등을 부업으로 했다. 전학생인 나는 '나카마仲間'라는 성姓과 홋카이도 사투리 때문에 놀림감이 됐다. 울상을 짓고 있는 내게 엄마는 "나카마는 오키나와의 성이야. 부끄러워할 거 없어"라고 말했다. 엄마가 말한 대로 "오카나와 성이야"라고 친구들에게 되받아쳤더니 "그럼 너네 아빠는 영어로 말해?", "쌀 먹어?" 등의 질문이 쏟아졌다. 당시 아이들은 오키나와를 얼마 전까지만 해도 미국 땅이던 남쪽의 섬 정도로 알고 있었다. 초등학교 6학년 때 요코하마로 이사를 가면서 다시 전학생이 되었는데 도덕 시간에 본 〈아카루이 나카마(명랑한 친구라는 뜻-옮긴이))라는 교육 프로그램에 "나카마, 나카마, 나-카마"
라는 구절이 반복되는 주제가가 나와서 또 놀림을 받았다.

1974년 할머니의 도시비[3] 때 처음으로 아빠의 고향, 오키나와
본섬의 긴쵸에 갔다. 조부모님의 댁은 바깥에 계단이 있는 2층 건물
로, 뜰에서 닭을 키우고 있었다. 파란 바다, 파파야, 바나나, 음식, 언
어, 우타산신唄三線(오키나와의 전통 예술. 우타는 노래를 뜻하며, 산신은 오
키나와의 민속 현악기의 하나이다. 노래가 중심을 이루며 산신으로 곡을 연주한
다-옮긴이), 가차시[4]로 끝나는 축하연 등 내게는 모든 게 처음 접하는
낯선 것들뿐이었지만 오키나와에는 정말로 '나카마'가 많았다. 영어
간판, 군복 차림으로 거리를 활보하는 미군, 펜스 저편에서 달려가는
차량, 아침이면 들리던 나팔 소리, 가끔씩 울리던 총성. 이런 풍경과
소리가 오키나와 거리를 채우고 있었다. 심야에 할아버지 집에 미군
이 숨어든 것을 큰아버지가 발견해 소동이 벌어졌던 적도 있다. 여러
모로 치토세와는 분위기가 달랐다. 오키나와는 그야말로 미군이 중
심인 곳이었다.

이듬해 가을에는 할아버지와 고모가 가와사키에 들렀다. 할
아버지는 비좁은 다세대주택 생활에 놀랐다고 한다. 할아버지가 가
와사키에 온 이유는 전사한 자식들이 잠들어 있는 야스쿠니 신사에

---

3 12년에 한 번씩 자기가 태어난 간지가 돌아왔을 때를 축하하는 행사. 본래는 '액막
이'였다고 한다.

4 휘저어 뒤섞다는 의미. 축제나 축하 행사의 마지막에 모두가 기쁨을 나누며 손으로
추는 춤이다.

가기 위해서였다.

아버지의 동향 친구가 집으로 찾아오기도 했다. 게이힌 공업 지대에 속한 가와사키에는 일터를 찾아 오키나와에서 올라온 사람이 많았다. 고향 말로 이야기를 하며 술을 마실 때면 아버지 얼굴엔 웃음이 가득했지만 어머니 얼굴은 점점 어두워졌다. 아버지가 파친코에 드나들고 술친구와 어울리기 시작하면서 부부싸움이 반복됐고, 그때마다 나는 여동생을 데리고 밖으로 나갔다. 엄마가 여동생만 데리고 집을 나간 적도 있다.

우치난추가 되기로 결심하다

그로부터 한참 뒤 오키나와를 마주할 계기가 찾아왔다. 아버지는 오키나와 얘기를 거의 하지 않았다. 나는 졸업 논문을 쓰기 위해 할아버지의 필리핀 다바오 이민 체험을 들으러 오키나와를 수차례 오갔고 이민의 배경을 살피기 위해 오키나와 근현대사를 파고들었다. 그러면서 학교에서는 배운 적 없는 역사를 만났고 그 역사가 나에게 이어지고 있다는 사실을 확인했다.

그 후 나는 오사카에서 혼자 살았다. 오키나와 음식점에서 아르바이트를 하고, 오사카 인권박물관에서 일하면서 다양한 사람을 만났다. 그러면서 인권의 관점에서 현대 사회의 문제를 바라볼 기회를 얻었다. 하지만 오늘날 오사카에는 그런 생각을 하는 사람이 점점 줄어들고 있다.

이제 나는 50살이 되었고 아이는 없다. 핏줄로 연결되지는 않았지만 무척 소중한 사람들이 내 주위를 채우고 있다. 혼자 늙어가겠지 싶었는데 2007년에 결혼을 했다. 남편은 오키나와 출신, 게다가 장남이다. 지금까지의 나의 삶을 180도 바꾸는 일이었지만 부딪쳐 보기로 했다. 결혼은 상대의 가족, 친척 모두와 인연을 맺는 일이기도 하다. 친척들은 "게이코가 결혼해도 괜찮을까?"라며 걱정한 듯한데 돌아보면 많은 사람들의 도움과 배려로 별다른 문제를 겪지 않았다. 소중한 사람이 늘어난다는 것은 오키나와 전투의 기억, 미군 점령하의 기억이 늘어난다는 뜻이기도 했다.

아버지는 퇴직 후 오키나와로 돌아가 혼자 살다가 어머니의 간병을 위해 요코하마로 돌아왔다. 이런저런 일이 있었지만 아버지에게는 어머니가, 어머니에게는 아버지가 필요했던 셈이다. 어머니의 투병을 묵묵히 돌보던 아버지가 어느 날 통증에 신음하는 어머니에게 "그 소릴 들으면 필리핀 전쟁, 일본으로 돌아오는 배에서 죽어간 사람들이 떠올라"라고 고통을 토로했다고 한다.

"가고 싶다. 돌아가고 싶어. 내가 태어난 고향 오키나와로"(후쿠하라 조키普久原朝喜 작사·작곡, '그리운 고향' 중에서). 돌아가고 싶은 곳이 있는 아버지가 부러웠다. 내가 태어난 치토세에는 이제 나를 아는 사람이 없다. 아버지가 일하던 미군기지는 일본 육상 자위대의 주둔지로 변했다. 1975년 6월 30일, 치토세 기지의 보조 시설이 폐쇄되면서 30년에 걸친 미군의 주둔이 종료됐다. 10년 전에 치토세를 찾아간 적이 있는데 내가 살던 집은 흔적도 없고 주변도 몰라보게 바뀌어 있었다.

나카마 게이코

50년 전에 오키나와 출신의 아버지와 후쿠시마·아오모리 출신의 어머니 사이에서 태어난 나는 20년 후 복합 아이덴티티[5] 속에서 우치난추가 되기로 결심했다. 굳이 하나를 고를 필요는 없는데도 오키나와인임을 선택한 것은 정처 없이 떠도는 나의 삶과 오키나와가 깊은 관련이 있어서인 듯싶다.

---

5 개인의 아이덴티티는 민족적 출신, 성별, 종교, 직업, 법·사회적 지위 등 다수의 요소에 의해 성립된다. 이는 동시에 사람을 분류하는 사회적 범주이기도 하며 그 대부분에 억압과 서열화의 역학 관계가 내재한다. 아이덴티티는 복합적이며 중층적으로 형성되어 있으며 때에 따라 그중 하나가 강하게 의식되기도 한다.

이별이 선물한 만남

다마시로 후쿠코

玉城福子

1985년 오키나와 나하시에서 태어났다. 오사카대학 대학원에서 2010년 석사학위를, 2016년 박사학위(인간과학)를 취득했다. 2012년 거점을 오키나와로 옮겨 일본군 위안부 문제와 성 소수자 관련 활동에 참여하고 있다. 현재 '아이들의 쉼터 학생 볼런티어센터'에서 코디네이터로 근무하고 있다. 오키나와대학, 오키나와국제대학의 강사이다.

사진 ◆

앞줄 왼쪽부터 여동생, 나, 엄마. 뒷줄 왼쪽부터 아빠, 언니, 오빠. 오키나와로 돌아온 후에 찍은 사진이다. 내가 초등학교 고학년이 됐을 때이다.

앨범 속 사진을 보면 우리 가족이 정말 이사를 많이 다녔다는 사실이 한눈에 들어온다. 이사를 하고 새로운 환경을 만날 때마다 내가 어떤 사람인지 자문하고 다른 사람과 관계를 맺는 과정에서 또 다른 내가 태어났다. 떠남이라는 체험은 때로는 상처를 주기도 하고 때로는 상처 입은 마음을 치유하기도 했다.

나는 오키나와 나하시에서 태어났지만 태어나자마자 아빠의 일 때문에 오이타현 무사시초로 이사갔고 초등학교 2학년까지 그 마을에서 자랐다. 위로 언니와 오빠가 있었고 3살 아래인 여동생은 오이타에서 태어났다. 오이타는 풍부한 자연의 혜택을 받은 마을이다. 나는 주택단지 앞 논밭에서 올챙이를 잡기도 하고 휴일에는 아빠와 같이 가까운 산을 오르기도 하는 등 즐거운 어린 시절을 보냈다. 당시에는 얼굴이 하얘서 겨울이면 볼이 빨개지곤 했다.

아빠와 엄마가 태어난 고향 오키나와로 돌아간다는 말을 들었을 때 우리는 "오이타에서 살 거야. 오키나와에 가기 싫어"라고 말했다고 한다. 말은 그렇게 했어도 조금 설렜던 기억이 난다.

오키나와의 초등학교에서는 문화 차이가 커다란 스트레스가 됐다. 내성적인 나는 새 친구를 사귀기기 힘들었다. 며칠 뒤 난생처음으로 꾀병을 부려 학교를 쉬었다. 이상하게도 "배가 아파", "몸이 안 좋아"라고 말하면 몸이 정말 그런 것 같았다. 꾀병 작전은 이틀 정도 성공했지만, 사흘째 되던 날 엄마의 "학교 가"라는 불호령을 듣고 마지못해 학교로 되돌아갔다. 오이타에서는 익숙했던 '와타시私'(나를 뜻하는 1인칭-옮긴이)라는 자칭도, 'OO짱'(이름에 붙여 친근함을 표하

다마시로 후쿠코

는 애칭-옮긴이)이나 '△△꾼'(주로 남자 아이의 이름에 붙여 친근함을 표하는 애칭-옮긴이)이라는 타칭도 오키나와에선 아무도 쓰지 않았다. 원래 말이 별로 없던 나는 더욱더 입이 무거워졌다. 그 뒤로 오랫동안 나는 와타시라는 말을 쓰지 않았다.

오키나와에서 '나이차'처럼 보이면 따돌림당한다는 사실을 직감하고 가능한 눈에 띄지 않으려고, 부모님이 우치난추임을 주위에 알리려고 노력했다. 나이차는 일본 본토 출신을 가리키는 말로서 지금도 오키나와에서 널리 쓰인다. '오키나와 평화학습'을 받으며, 또 친척들과 교류하면서 오키나와의 역사를 단편적으로 배웠다. 짓궂은 친구들은 '후라(바보)' 같은 우치나구치의 나쁜 말부터 가르쳐 주었다. 그러면서 내가 우치난추임을 거부감 없이 받아들이게 됐다. 앞 장의 사진은 초등학교 고학년이 됐을 때인데, 친구도 많이 사귀었고 매일 밖에서 놀아서 그런지 얼굴이 까맣다. 점점 성격도 밝아졌고 붙임성도 늘었다.

언니의 죽음

고등학교에 입학하기 직전에 큰 사건이 일어났다. 나의 언니가 죽은 것이다. 당연한 일이지만 그 이후 가족사진에 언니는 없다. 슬픔, 분노, 죄책감 등 여러 복잡한 감정이 파도처럼 밀려들어 마음을 주체할 수 없었다. 슬픔에 빠진 가족들에게 기댈 수 없어서 울고 싶을 때면 화장실에 들어가 소리죽여 울었다. 그리고 운 것을 들키지 않으려고 아무렇지도 않은 척 눈물을 훔치고 거울 앞에서 살짝 미소를 짓는 연습을 한 뒤에 밖으로 나왔다. 그때는 여동생과 밤에 하는 텔레비전 코미디 프로그램을 보는 것이 유일한 낙이었다. 과장일지도 모르지만 아무 생각 없이 만자이漫才(두 사람이 익살스럽게 주고받는 만담-옮긴이)나 개그에 빠져들어 웃는 일이 나에겐 구원이자 치유였다.

9·11을 계기로

고등학교 1학년 때 진로 결정에 큰 영향을 준 사건이 일어났다. 9·11이다. 텔레비전 화면에서 빌딩으로 곧장 날아가는 비행기를 보는데, 도저히 믿을 수가 없었다. 버스 통학길에 있는 나하의 군항 앞 경비가 삼엄해진 것을 보며 영화가 아닌 현실임을 새삼 깨달았다. 한 친구는 "다음은 오키나와가 표적이 될지도 몰라"라고 말했다. 농담처럼 던진 말이었지만 그 말을 들으며 오키나와의 위험성을 처음으로 인지했다. 미국이 전 세계의 미움을 받고 있다면 미군기지가 있는 오키나와가 표적이 될 이유는 충분했다.

9·11과 텔레비전에서 방영된 다큐멘터리 프로그램을 보며 평화학과 국제 관계에 관심을 갖게 된 나는 히로시마에 있는 대학으로 진학했다. 고등학교 친구들 가운데에는 오키나와에 열등감을 갖고 "오키나와에는 아무것도 없어. 본토에 가고 싶어"라는 식으로 말하는 아이들도 있었다. 그 말을 들으면 반발심이 생기곤 했는데 그래서인지 오키나와를 떠나 히로시마로 가는 것에 죄책감이 들었다. 언젠가는 오키나와로 돌아와 내가 오키나와를 떠난 것이 아님을, 오키

다마시로 후쿠코

나와는 내게 늘 소중한 곳임을 증명해야 한다고 생각했다. 나에게 절대적으로 의지하는 여동생을 남겨놓고 가는 죄책감 때문에 마음이 더 무거웠는지도 모른다.

오키나와를 떠나온 뒤로 가족의 눈치를 보지 않고 마음껏 울 수 있게 되면서 내 기분을 솔직히 말할 수도 있게 됐다. 의도치 않은 결과였지만 그러면서 언니의 죽음을 받아들였다.

대학에서는 다양한 강의를 접할 수 있었다. 새로운 지식과 관점을 얻을 때마다 세상이 다르게 보였다. 아무리 애를 써도 졸음이 쏟아지는 강의도 있었지만, 책을 읽고 토론을 하는 세미나를 좋아해서 그런 기회를 열심히 찾아다녔다. 심지어 이웃 대학의 세미나에도 몰래 참여하곤 했다.

내가 다니던 대학에서는 매년 여름 방학마다 세계 각지의 학생을 초대해 평화에 관한 세미나를 열었다. 외국에서 오는 학생들에게 홈스테이를 제공할 사람을 모집하기에 비좁은 다세대주택임에도 불구하고 곧바로 손을 들었다. 첫 해에는 아랍에미리트에서, 두 번째 해에는 싱가포르에서 온 학생을 받았다. 서툰 영어와 몸짓, 손짓으로 대화하면서 공통점과 차이점을 발견하기도 했고 고정관념이 깨지기도 했다.

졸업 논문의 주제를 고민하고 있을 때 한국에 다녀온 친구로부터 전쟁 중에 오키나와에 주둔한 일본군이 총 145개가 넘는 위안소[1]를 만들었다는 사실을 듣고 충격을 받았다. 이를 계기로 논문 주제를 오키나와 전투와 위안부 문제로 정했다. 엄마와 여동생은 졸업 후 곧바로 오키나와로 돌아와주길 바랐지만 이 주제를 좀 더 파고들고 싶어 오사카대학 대학원에 진학했다. 오키나와 전투 당시 오키나와에는 인신매매로 공창公娼이 된 오키나와와 규슈의 여성, 취업을 시켜준다고 속여서 데려온 조선인 위안부가 있었다. 그들에게 가해진 민족 차별, 계층 차별, 성 차별이 얽히고설킨 폭력은 오랫동안 없었던 일로 취급되었다. 사회를 바꾸어나가고 싶었다. 오키나와의 역사를 공부하면서 어린 시절에 나를 괴롭혔던 나이차와 우치난추의 구분이 왜 생겨났는지 이해하게 되었고 오키나와에 대한 구조적인 차별과 오키나와에 미군기지를 강요[2]하는 일본의 현 상황을 타개할 필요성을 인식하게 되었다. 히로시마를 떠나 오사카로 온 뒤로 새로운 힘을 얻었다. 오사카에서는 만남이 만남을 불러 우치난추, 재일조선인, 성 소수자, 장애인 등 사회를 변화시키기 위해 행동하는 수많은 마이너리티들과 만날 수 있었다.

---

1   군 자료, 군인의 수기, 지역 주민의 증언 등에서 확인할 수 있는 위안소는 총 145개이다. 민가 등의 건물을 접수해 위안소로 이용한 경우가 많았지만 부대가 직접 건축한 사례도 있다. 한반도에서 취직을 미끼로 끌고온 조선인, 나하시 쓰지 거리의 유곽이나 지방의 요정料亭 등에 있던 오키나와인, 또 장교를 위해 데려온 소수의 규슈 출신 일본인 등이 위안소에 배치되었다.

2   재일 미군 시설의 73.92퍼센트가 일본 전국토의 0.6퍼센트의 면적밖에 안 되는 오키나와현에 설치되어 있다. 그 땅은 전후에 폭력적으로 접수되었다. 미군기에 의한 소음과 사고, 미군과 군속에 의한 사건과 사고, 미군기지에서 기인하는 환경오염 등 미군기지는 오키나와 사회의 발전을 저해하는 동시에 주민의 안전한 삶을 위협하고 있다. 오키나와에서는 비폭력 반기지운동이 끈질기게 이어지고 있지만 헤노코 신기지 건설과 2012년의 오스프리(수직 이착륙과 단거리 이착륙 능력을 갖춘 군용 항공기-옮긴이) 배치 등 오키나와인의 인권을 침해하는 정책은 계속되고 있다.

다마시로 후쿠코

다시 가족사진을 들여다본다. 언니가 살아 있다면 얼마나 좋을까. 즐거운 경험과 힘든 경험을 모두 공유해온 내 가족이 사랑스럽다. 동시에 가족 이외의 소중한 사람들과의 만남에도 고마운 마음이 가득하다. 그들을 만나지 못했다면 나는 지금도 홀로 괴로워하고 있었을지도 모른다. 친구, 동료, 선배들과의 인연으로 나와 가족은 더욱 굳건해졌다.

말레이시아 난민 캠프부터
현재까지

구 티 고쿠 트린
Khuu Thi Ngoc
Trinh

1986년 말레이시아에 있는 베트남 난민 캠프에서 태어났다. 생후 6개월 때 일본으로 건너왔다. 히메지 정주촉진센터에 부모님과 함께 입소했고 수료 후에는 효고현 히메지시에서 살았다. 무국적이며 2남 3녀 중 장녀이다. 현재 한 아이의 엄마이다. 싱글맘으로, 일과 육아를 병행하고 있다.

사진 ◆

1986년 말레이시아의 베트남 난민 캠프 안 교회에서 찍은 가족사진. 신앙심이 깊은 엄마는 생활비를 털어 가장 좋아하는 성모마리아상 앞에서 사진을 찍었다.

나는 난민[1]입니다. 난민이라는 단어는 오래전부터 자주 들었지만 내가 난민이라는 사실을 마주한 것은 최근입니다. 나는 일본에서도 외국인, 베트남에서도 외국인입니다. 둘 중 어디가 제 나라인지 모르고, 나라는 있어도 좋고 없어도 상관없다고 생각합니다. 저는 일본인이 할 수 없는 경험을 많이 했습니다.

제 엄마의 형제는 모두 아홉입니다. 개발도상국에서는 흔한 일입니다. 베트남전쟁 동안, 엄마의 가족은 미래도 희망도 없는 나날을 보냈습니다. 엄마는 가난해서 학교에 못 가고 연애도 못 하고 놀지도 못 하고, 오직 오빠와 동생들을 위해, 가족을 위해 어릴 적부터 일만 하면서 컸습니다. 처음에 조국을 떠나 일본으로 온 것은 엄마의 큰언니입니다. 엄마도 가족에게 조금이라도 도움을 주려고 일본으로 왔고 일본에서 번 돈을 베트남에 있는 가족에게 보냈습니다.

1984년 엄마와 아빠는 외삼촌과 함께 보트를 타고 베트남을 출발해 일본으로 향했습니다. 그러다 도중에 구조되어 말레이시아에 있는 난민 캠프로 보내졌습니다. 나는 그곳에서 태어났습니다. 부모님은 "상황이 가장 안 좋을 때 너를 낳아서, 아이들 중에서 네가

---

1 1975년 베트남전쟁이 남베트남의 패배로 끝나고 베트남사회주의공화국으로 통일되었다. 불안정한 정치, 사회 상황이 이어져 1990년대까지 수많은 사람들이 베트남을 떠나 난민이 되었다. 그 수는 80만 명이 넘는다. 바닷길로 출국한 사람은 대부분 지나가던 선박에 구조되어 이웃 국가인 필리핀과 말레이시아 등의 난민 캠프를 거쳐 유럽과 미국으로 건너갔다. 처음에 일본 정부는 베트남 난민의 일시 체류만을 인정했지만 1979년에 정주를 허가했고 최종적으로 약 8,000명의 베트남 난민을 받아들였다. 지금은 난민 이주민 3세대가 태어나고 있으며 현재도 베트남에서 친척이나 배우자들이 일본으로 오고 있다.

구 티 고쿠 트린

고생이 가장 많았지"라고 당시를 떠올리며 안타까워합니다. 엄마는 "솔직히 말하면, 네가 생겼을 때 너무 충격을 받아서 어떻게든 유산이 되게 해달라고 수없이 빌었어"라고 말했습니다. 나는 그 마음을 이해할 수 있습니다. 말도 통하지 않고 의지할 사람도 없고 먹을 것도 변변치 않은 상황에서 아이가 생겼으니까요. 엄마는 나를 낳아야 하는 과제를 떠안은 채 난민 캠프 생활을 시작했습니다. 나는 10달 동안 영양이 부족한 엄마의 뱃속에 필사적으로 매달려 있었겠지요. 몸무게가 줄고 체력도 바닥난 채로 엄마는 나를 낳았습니다. 엄마는 출산 직후 의식이 희미해졌다고 합니다. 태어난 직후 나는 다른 아기들과는 달리 무슨 이유에서인지 차가운 마룻바닥에 혼자 놓였습니다. 서서히 의식이 희미해지는 가운데에서도 그 모습을 본 엄마는 간호사들에게 "내 아이한테 무슨 짓을 하는 거야! 돌려줘!"라고 베트남어로 소리를 지르며 나를 끌어안았다고 합니다.

가족에게 사진은

아이의 성장을 기록으로 남길 수 있는 방법은 사진뿐이었습니다. 사진을 찍으려면 돈이 많이 들었습니다. 말레이시아에서 찍은 가족사진을 보면 엄마의 얼굴에서 웃음을 찾을 수 없습니다. "배가 너무 고파서 웃는 건 무리였어. 그래도 네 성장 사진은 찍어주고 싶어서 이런저런 데 쓸 돈을 줄이고 줄여 사진을 찍었지"라고 지금은 웃으면서 말합니다. 모유가 잘 나오게 하려고 아빠는 기계 수리를 하고 외삼촌은 산에서 딴 과일을 팔아서 엄마의 식사를 준비했습니다.

나를 지키려는 엄마. 엄마를 지키려는 아빠와 외삼촌. 서로를 배려하던 당시의 가족사진은 미소는 없지만 내가 가장 좋아하는 사진입니다.

우리 가족은 1987년에 엄마의 언니가 있는 일본에 올 수 있었습니다. 우선 일본어 공부를 하느라 히메지 정주촉진센터에서 여러 사람에게 신세를 졌고 그 후 난민 센터에서 소개해준 일터가 있는 효고현 후쿠사키에서 살게 됐습니다. 그 무렵 남동생이 태어났습니다. 우리 가족은 경기가 좋았던 히메지의 피혁 공장에서 일하기 위해 히메지의 주택단지로 이사했습니다. 그곳에서 위층에 사는 부부를 만났습니다. 부모님은 아침부터 밤까지 일했기 때문에 그 부부가 우리 남매의 어린이집 등하원도 시켜주었고 학교 행사에도 참가해주었고 일본어를 잘 모르는 부모님 대신 서류를 작성해주기도 했습니다. 쉬는 날에는 과자를 사서 공원에 데리고 갔고 함께 곤충 채집을 하러 간 적도 있습니다. 친할아버지, 친할머니는 아니지만 그분들은 저와 남동생의 성장을 누구보다도 따뜻하게 지켜봐주었습니다.

내가 20살이 되었을 무렵부터 부모님과 장벽이 생기면서 대화를 거의 하지 않게 되었습니다. 진로, 친구 관계로 고민하던 시기에 일본의 문화와 풍습을 모르는 부모님과는 말이 통하지 않는다고 생각하게 되었고 점점 골이 깊어졌습니다. 성장하면서 베트남인이라는 사실이 콤플렉스가 되었습니다. 이를테면 학교에 신문을 가져가야 할 때도 우리 집은 신문을 읽지 않으니 윗집 할아버지에게 빌려야 했습니다. 일본인에게는 당연한 것인데도 부모님은 모른다는

구 티 고쿠 트린

사실에 늘 답답했습니다. 그러면서 점점 밖에서 바보 취급당하지 않겠다는 오기가 생겼는지도 모릅니다.

외국인을 향한 시선

내가 자란 지역에는 베트남인이 많아서 친구들이나 지역 사람들과 거리낌 없이 생활할 수 있었습니다. 그런데 시외의 고등학교에 다니면서 처음으로 나를 향한 따가운 시선을 느꼈습니다. 겉보기에는 일본인과 다를 바 없지만, 이름을 밝히면 "오? 외국인이었군요. 어느 나라?"라고 질문을 받을 때도 있었습니다. 나는 이 질문이 싫었습니다. 이제와 생각해보니 우리 나라에 관심이 있어서 던진 질문이었을지도 모르겠네요. 저는 조국에 대해서 자신이 없었기 때문에 스스로 문을 닫아걸고 누구도 만나려 하지 않았습니다. 부모님의 고생이나 조국의 상황에 대해서도 이해하려 하지 않았습니다. 그러다 아이를 낳으면서 등 돌렸던 부모님과 조국을 조금씩 마주하게 되었습니다. 아이를 낳으며 자연스레 부모님에게 고마운 마음이 생겼고, 부모님의 고생을 이해할 수 있게 되었습니다.

무일푼으로 조국을 떠나온 부모님. 가족을 부양하기 위해 아침부터 밤까지 일한 아빠. "잠든 아이의 얼굴을 보며 일하러 나가는 생활을 해온 지 수년, 슬펐지만 한 집안의 기둥이니까 어떻게든 힘을 냈다"라고 아빠는 자랑스럽게 말합니다. 아빠에게는 자신보다 가족이 먼저였습니다. 어린 내가 "친구들처럼 차로 데려다주면 좋겠어!"라고 던진 말 한마디 때문에 아빠는 1년을 꼬박 노력해서 운전면허

2016년, 베트남 교회에서 열린 부모님의 진주혼식(결혼 30주년을 기념하는 의식-옮긴이) 기념 미사가 끝난 뒤 처음으로 가족이 모두 함께 찍은 사진이다.

를 땄습니다. 저에게 비바람을 맞은 기억을 남겨주지 않으려고 아빠는 어려운 말이 수두룩한 운전면허 시험을 치렀습니다. 아빠로서, 집안의 기둥으로서 고생을 정말 많이 했습니다. 그런 아빠 덕분에 우리는 넉넉하지는 않아도 행복하게 살 수 있었습니다.

저의 삶은 그 자체로 보물입니다. 하지만 제가 경험한 슬픔과 분노를 아들도 경험하게 하고 싶지는 않습니다. 앞으로 재일베트남인

구 티 고쿠 트린

3세와 4세가 점점 늘어날 것입니다. 아들이 이 나라에서 사람들과 연대하면서 앞으로 어떤 경험을 하게 될지 기대됩니다.

앞으로도 아들과 2인 3각이 되어 미래를 향해 천천히 걸어가겠습니다.

하기와라 히로코에게 묻다

가족사진에 찍히지 않은 것
: 사진의 진실, 혹은 거짓

인터뷰어: 황보강자, 정리: 오카모토 유카

하기와라 히로코萩原弘子
1951년 가나가와현에서 태어났다. 오사카부립대학
명예교수이며 전공은 예술사상사와 문화연구이다.
주요 저서로『부락: 인종과 시선을 둘러싼
투쟁ブラック―: 人種と視線をめぐる鬪爭』, 번역서로 영국의
여성 사진가 조 스펜스Jo Spence가 가족사진과 암
투병을 주제로 쓴 명저『나, 계급, 가족: 조 스펜스
자전적 사진Putting Myself in the Picture』이 있다.

가족사진이란 무엇인가

황보강자　　하기와라 씨는 2004년에 열린 〈'자이니치' 가족사진전〉을 보셨다고 했는데 그때의 인상은 어땠습니까?

하기와라　　고향에 있는 친척들에게 보여주기 위한 사진이었다는 점이 가장 인상 깊었습니다. '가족사진'은 단지 거기에 찍힌 사람들만을 위한 것이 아니라 누군가에게 보여주기 위한 사진이라는 점이요. 사진이라는 표현 미디어는 찍는 행위만으로는 완결되지 않고 보여줄 때에야 비로소 의미가 성립되는 특징이 있죠. 사진을 볼 사람, 보여주고 싶은 사람을 위해 찍은 재일조선인의 가족사진은 그것을 인화한 뒤 발생하는 의미를 상정하고 있습니다. 저는 이것이 사진이라는 미디어의 특징을 완벽하게 담고 있다고 느꼈습니다.

　　한편 일본에는 재일조선인의 이동 기록이 남아 있지 않다는 점, 오로지 고향에 보내진 가족사진에서만 그 흔적을 찾을 수 있다는 점에서 그들이 처한 고립을 확인할 수 있었습니다.

황보강자　　〈'자이니치' 가족사진전〉이라는 발상은 하기와라 씨의 이야기에서 촉발되었다고 하는데요, 어떤 이야기였나요?

하기와라　　서인도제도와 영국을 오간 이민자 수송선인 엠파이어 윈드러시Empire Windrush 취항 50주년 전람회 얘기였어요.

1996~98년 3회에 걸쳐 열린 〈여기에 있다Being Here〉전으로, 영국 버밍엄에 사는 사진가 어니스트 다이크Ernest Dyche와 말콤 다이크Malcolm Dyche 부자가 운영하는 사진관에서 1940~60년대에 촬영한 서인도제도 출신 이민자들의 초상을 모은 전시회입니다. 버밍엄은 서인도제도에서 온 사람들이 많이 모여 사는 도시입니다. 다이크 부자의 사진관에서 찍은 사진에는 간호사 제복을 입은 사람도 있는데 실제로 그 사람의 옷이었는지는 모르겠습니다. 직업이 간호사라고 말하면 사진관에서 비슷한 옷을 빌려주었을지도 모릅니다. 다이크 부자가 찍은 이민자들의 초상 사진은 그 수가 무척 많습니다. 처음에는 인위적이고 딱딱한, 알 수 없는 사진이라는 느낌을 받았습니다. 사진사가 말하는 대로 포즈를 취하다보니 연출한 사진처럼 보였습니다. 다이크가 운영하는 사진관의 손님은 다양했지만 그중에서도 서인도제도 사람들이 월등히 많았습니다. 그 이유를 살펴보니 고향에 사진을 보내기 위해서였다는 사실을 알게 되었습니다. 사진이 인위적이고 딱딱한 이유도, 아프리카계 사람들이 많았던 이유도 그것으로 설명이 되었습니다. 새 땅에 무사히 도착했다고, 새로운 생활에는 희망이 있다고 자신의 안녕을 고향에 알리는 사진이었습니다.

황보강자　　하기와라 씨의 이야기를 들으면서 재일조선인에게 가족사진이란 어떤 의미인지 새삼 생각해보게 됐습니다.

저희 집은 아버지 쪽 가족이 모두 한국에 있었기 때문에 사진을 보내야만 했습니다. 가족이 늘기도 했고, 결혼식도 고향에서 하지 못했고…. 이곳에 사는 가족의 역사는 전부 가족사진에서 시작됩니다. 카메라가 보급되기 전에는 반드시 1년에 몇 번씩 사진관에 가서 사진을 찍었고 카메라를 산 뒤로는 아버지가 카메라맨이 되어 친척들의 사진을 찍어 고향에 보냈습니다. 가족사진 덕분에 만난 적 없는 가족이 서로의 소식을 알게 됐지요.

하기와라   찍지 않는 것도 있겠지요?

황보강자   네. 아버지가 먼지투성이인 채로 페인트칠을 하는 사진도 없고 어머니가 비좁은 개수대에서 부엌일을 하는 사진도 없습니다. 일상을 찍은 사진은 거의 없어요. 몇 장 있기는 해도 그런 사진은 보내지 않았지요.

하기와라   "이랬으면 좋겠다", "이렇게 보였으면 좋겠다"는 목적이 있었군요. 왜 그런 사진을 찍어야 했을까요. 한국에 계신 할아버지와 친척들에게 보여주고 싶었기 때문이겠지요.
　사진술이 발명된 지 180년 정도 됐습니다만 가족의 현재를 남겨두고 싶다는 욕망이 없었다면 사진은 이렇게 발달하지 않았을 것입니다. 물론 풍경이나 다큐멘터리 사진도 있기는 하지만요. 전문 사진가보다도 일반인이 찍은 사진이 훨씬 많지요. 카메라에 찍힌 피사체는 누구보다 가족입니다.

황보강자　　　아버지는 혼자서 일본으로 건너와 한국의 가족과 일본의 가족, 두 가족을 부양했습니다. 고향에서 보내온 사진을 보면 아버지가 일본에 온 뒤에 태어난 남동생과 여동생이 있습니다. 또 아버지가 초등학생일 때 가족이 홋카이도로 입식했는데 그때 죽은 남동생 사진도 있습니다. 아버지는 그 사진을 보며 아무리 힘든 상황이 닥쳐도 열심히 살겠다고 다짐했고, 괴로울 때면 사진을 보며 울었다고 말합니다.

　　　저는 초등학교에서 다양한 뿌리를 가진 아이들을 가르치고 있습니다. 지금도 가족사진을 품에 안고 힘낼 거야라고 말하는 아이들이 있습니다. 엄마의 재혼 등으로 가족과 떨어져 일본에 오게 된 아이들은 다시 만나고 싶은 가족의 사진을 손에 쥐고 힘든 시간을 이겨내고 있습니다.

하기와라　　　사진만의 전달 방식이자 사진의 힘이네요. 고인이 된 사랑하는 사람의 사진을 로켓locket(사진이나 머리카락 등 기념물을 넣어 목걸이 등에 다는 금속제 작은 상자-옮긴이)에 넣어 간직하는 이유도 거기에 생전의 모습이 남아 있기 때문이지요. 이때 사진은 단순한 영상이 아닌 그 사람 자체인 셈입니다.

가족사진에 찍히지 않은 것

하기와라　　　잉그리드 폴라드Ingrid Pollard라는 여성 사진가가 있습니다. 풍경, 인종, 여성성을 주제로 창작해온 아티스트입니다. 잉그리드 폴라드는 남아메리카의 가이아나에서 태어났고 어린 시절 부모와 함께 영국으로 왔습니다. 그녀의 작품 가운데 영국으로 먼저 건너간 아버지가 말끔한 양복 차림으로 찍은 사진으로 꾸며진 것이 있습니다. 이 작품에는 아버지가 아내와 딸에게 보낸 애정 어린 편지도 인용되어 있습니다. 편지에는 런던은 멋있고, 고향에서 하던 인쇄공 일을 이곳에서도 하고 있으며, 월급도 놀랄 정도로 많이 받고, 함께 일하는 사람도 좋다고…. 좋은 점만 적혀 있었지요. 편지는 소포를 보내줘 고맙지만 그런 데 돈 쓰지 말고 아이를 위해 쓰라고, 가족을 배려하는 말로 끝납니다. 아무 고생도 안 하는 듯이요. 하지만 사진에 찍히지 않는 장면, 편지에 쓰지 않는 내용에 그들의 고통이 있습니다. 폴라드의 작품은 사진에는 드러나지 않은 이면을 전해줍니다.

우리의 세계관은 많은 부분 사진으로 이루어져 있습니다. 영국적인 풍경이라는 이미지가 있고, 대개는 그런 풍경 속에 인종 차별은 존재하지 않는다고 생각하지요. 하지만 영국적인 풍경 속으로 걸어 들어갔을 때, 그곳에 살아서는 안 되는 사람들이 느낀 배제와 공포를 폴라드는 『전원간주곡田園間奏曲』(한 세트가 5장으로 구성된 사진 작품집. 1984년)이라는 작품으로 표현했습니다.

사진에 대한 일반적인 정의는 사진에 찍히는 것은 진실이라는 생각입니다. 하지만 프레임 밖에 있는 것은 찍히지 않으며, 때로는 사진을 조작하거나 지우기도 합니다. 사진이 반드시 진실을 말한다고 할 수는 없습니다. 우리는 그 점을 알고 있습니다. 그럼에도 사진의 마법이라 해야 할까요, 사진의 문법이라는 것이 있습니다. 고향에 사진을 보냈다는 점에 주목해야 하는 이유입니다. 다이크 사진관에서 사진을 찍었던 사람들은 버밍엄에서 고단한 삶을 살고 있었겠지요. 고용 계약이 취소되었을지도 모르고, 상사가 가혹한 인종주의자였을지도 모릅니다. 살 만한 곳을 찾는 일도 그리 쉽지 않았을 터이고 자식들도 학교에 적응하지 못했을 것입니다.

사진은 진실을 찍을 뿐 아니라 진실을 감추기도 한다는 점이 사진론에서 중요하게 다뤄져야 합니다. '찍힌 것은 부분일 뿐이다. 부분인 까닭에 진실은 아니다. 진실이기는커녕 거짓이다.' 이런 사진론이 필요합니다. 또한 반드시 진실이 행복과 사랑을 불러온다고 할 수도 없지요. 사진은 모순을 갖고 있고 가족사진 또한 모순덩어리 같은 것 아닐까요. 물론 개인의 초상에도 참과 거짓의 모순이 가득 차 있습니다. 요즘의 셀카도 거짓이 가득하다는 점을 우리는 잘 알고 있습니다. 셀카는 한 개인을 대상으로 합니다. 그에 비해 가족사진은 다수가 찍으니까 더욱 거짓이 확대된다고나 할까요. 가족사진에 사람과의 이상적인 관계를 담으려는 욕망이 있습니다. 얽히고설킨 현실의 관계를 숨기고 사이좋은 가족이기를 바라는 욕망을 찍으려 하기 때문에 더욱 복잡해지지요.

황보강자　　　찍지 않는 것은 무엇일까, 그 점에 주의를 기울이는 게 중요하다고 느꼈습니다. 우리는 가족사진에 찍히지 않은 것을

　　　　　　하기와라 히로코에게 묻다

풀어내는 일부터 시작했습니다. 이 과정에서 증조모가 조선인이었다는 사실을 알게 된 구성원도 있습니다. 그녀의 엄마는 피차별부락에서 돌아가실 때까지 그 사실을 말하지 않았다고 합니다. 민족의상을 입은 아이누인들의 사진 속에 조선에 뿌리를 둔 사람이 많이 섞여 있다는 이야기도 들었습니다. 부친이 한반도에서 강제 연행되어 탄광에서 일을 했다고 합니다. 그곳에서 도망쳐 아이누 여성과 가족을 만들었지만 전후 조선에 있는 가족 곁으로 돌아가버립니다. 사진만 봐서는 알 수 없는 일이지요. 제대로 된 텍스트와 평론이 필요한 까닭입니다. 그래서 각자 글을 써보게 되었습니다.

차이를 확인하며 연대하기

황보강자　　　재일조선인 여성들이 시작한 이 작업은 아이누, 오키나와, 피차별부락, 필리핀과 베트남에서 온 이주 여성들에게로 확대되었습니다. 그러면서 피차별부락 사람들은 재일조선인과 달리 가족사진이 거의 없다는 사실을 알 수 있었습니다. 마이너리티라는 공통점을 기반으로 교류하고, 함께 활동하고 있지만 서로의 생활과 역사를 잘 모르고 있다는 점을 깨달았습니다. 일본 사회의 마이너리티로서 공통되는 부분도 있지만 그렇지 않은 부분도 많다는 점을 새삼 알게 됐지요.

하기와라　　　가족사진과의 관계성에도 차이가 있지 않을까요?

영국의 이민자들이 고향에 있는 가족들을 안심시키기 위해 사진관에서 찍어 보낸 사진과 황보강자 씨의 이야기 사이에는 비슷한 점이 많습니다. 하지만 문화인류학의 피사체로 여겨졌던 아이누 사람들의 이야기는 많이 다를 것이며, 피차별부락민들에게는 오히려 사진이 가장 낯선 미디어가 아니었을까 싶기도 합니다. 황보강자 씨가 진행하는 사진 워크숍이 그것을 어떻게 연결시켜나갈지, 혹은 연결시키지 않고 차이를 분명히 해나갈지…. 당사자가 아니라 잘 모르지만, 이런 부분이 앞으로의 과제라고 생각합니다.

황보강자　　　마이너리티 여성이라는 단어, 그 안에 존재하는 복합 차별은 무엇일까요. 차별 사회를 향해 이의를 제기할 때는 유효한 말이지만 각자가 떠안고 있는 문제를 설명할 때는 불충분합니다. 재일조선인 차별과 여성 차별이라는 이중의 차별이라고 말하지만, 하기와라 씨는 '차별이라는 것이 셀 수 있는 것일까'라고 문제를 제기하신 적도 있습니다. 이번 작업을 통해 똑같다는 말을 쉽게 할 수 없다는 사실과, 역사적 경위와 각자가 처한 상황의 차이를 실감할 수 있었습니다. 앞으로도 차이를 확인하면서 공동 작업을 이어가고 싶습니다. 그와 동시에 동시대 여성들과 다음 세대의 여성들에게 가족 사진에 찍히지 않았던 이야기를 전해주고 싶습니다.

하기와라　　　다이크 사진관에서 촬영한 초상은 버밍엄 시의회의 웹사이트에서 일부를 볼 수 있습니다. 때때로 "이 사진에 나온 사람을 아십니까?"라고 물어오는 사람들도 있다고 합니다. 서인도제도에서 온 사람들뿐만 아니라 아시아계 사람들의 사진도 많습니다. '어니스트 다이크 컬렉션Ernest Dyche Collection'으로 검색해보시기 바랍니다. 시의회가 자료 아카이브를 공개하고 있다는 점도 중요합니다.

황보강자　　　이 책을 계기로 더욱 다양한 여성들과 관계를 맺고, 각자의 역사를 알리고 드러내는 여러 표현 활동을 모색해나가고 싶습니다.

책을 기획한 지 2년 남짓한 시간이 지났습니다. 그동안 우리는 각자의 가족사진을 가져와서 원고를 같이 쓰고 읽고 고쳐 쓰기를 반복했고, 올해는 상세한 주석과 「가족사진으로 본 역사 연표」를 만들었습니다. 작업은 어렵기 그지없었지만 세대를 뛰어넘은 여성들과 함께하면서 지금까지 몰랐던 사실과 사건을 만날 수 있었습니다. 밤늦도록 나눈 이야기들이 즐거운 추억으로 남았습니다. 책을 만드는 과정에서 이런저런 이유로 게재를 단념해야 했던 동료들에게도 고마운 마음을 전합니다. 아울러 '말할 수 없는 역사'가 존재한다는 사실을 이 자리에 밝혀두고 싶습니다.

원고 교정을 마치기 직전인 2016년 5월 25일, '일본 외 출신자에 대한 부당한 차별적 언동의 해소를 위한 대책 추진에 관한 법률안(헤이트스피치 금지법)'이 제정되었습니다. 하지만 이 법률안은 인종차별철폐조약에 의거한 '인종 차별'의 정의를 채택하지 않는 등 여전히 문제를 안고 있습니다. 보호 대상자를 '일본 외 출신자'에 한정함으로써 아이누, 오키나와 등의 원주민이나 피차별부락은 대상에서 제외했고 '적법 거주자'에 한정함으로써 체류 자격이 없는 외국인 또한 제외했습니다. 이런 조치는 일본 사회의 마이너리티를 분열시키는 일로 이어집니다. 이 책이 마중물이 되어 앞으로 각지에서 새로운 동료와 교류하고 '우리의 역사', '우리의 표현'을 이어나가며 일본의 현실에 저항하게 되기를 간절히 바랍니다.

책을 출간하기까지 많은 분의 도움을 받았습니다. 연표를 만들 때는 집필자 이외에도 류유자柳侑子 씨, 홋카이도대학에서 홋카이도와 아이누민족의 역사를 연구하는 다니모토 아키히사谷本晃久 씨를 비롯해 각 분야의 전문가들이 도움을 주었습니다. 인터뷰에 응해주신 하기와라 히로코 씨에게도 고마움을 표합니다. 오이카와 게이코追川惠子 씨의 참신한 디자인으로 책이 틀을 갖출 수 있었습니다. 마지막으로 어려운 출판 상황 속에서도 기꺼이 책을 발간해준 오차노미즈쇼보御茶の水書房 대표 하시모토 세이사쿠橋本盛作 씨, 뛰어난 편집 능력으로 세세한 부분까지 조언을 아끼지 않은 가제코보風工房의 편집자 오카모토 유카 씨의 열의에 감사드립니다.

2016년 5월
미리내

276

가족사진으로 본 역사 연표

● 재일조선인
▲ 피차별부락
■ 아이누
♣ 오키나와
◆ 베트남, 필리핀
★ '미리내'의 활동

* 이 표에 실린 주석은 모두 옮긴이 주이다.
* 이 책의 저자들의 출생은 굵은 글씨로
  표시하였다.

연도	사건	개인사
1609	♣ 사쓰마 번주인 시마즈島津, 류큐를 침공.	
1845	♣ 나하에서 페리Matthew C. Perry 제독의 부하인 윌리엄 보드가 강간 사건을 일으킴.	
1855	■ 일노통호조약(러일화친조약) 체결. 지시마열도(쿠릴열도) 국경 조정, 에토로후(이투루푸) 이남을 일본령으로, 사할린섬의 국경은 미획정.	
1856	■ 막부, 국경 안에 사는 아이누민족의 호칭을 에조인에서 도진으로 바꾸고 동화 정책 추진.	
1869	■ 신정부, 에조라는 지명을 폐기하고 홋카이도를 설치. 이후 아이누민족이 살던 땅의 대부분을 주인 없는 땅으로 취급해 국유화함.	
1871	▲ 태정관太政官[1], 피차별부락민을 지칭하는 에타穢多·히닌非人 등의 호칭을 폐지하고 신분과 직업을 평민과 똑같이 하는 해방령 포고. 이후 각지에서 해방령 반대 무장 봉기가 발발. ■ 개척사開拓使[2], 아이누민족의 전통 습속인 문신과 귀걸이 등을 금지. 아이누민족에게 일본어 습득 장려. ♣ 메이지 정부, 폐번치현廢藩置縣[3]을 실행해 류큐를 가고시마현 관할에 둠.	

1 일본 율령제에서 사법 · 행정 · 입법을 관장하는 최고 국가기관.
2 일본 메이지 시대에 홋카이도의 개척 경영을 위해 설치된 행정기관.
3 이전까지 지방 통치를 담당하던 번藩을 폐지하고, 지방 통치기관을 중앙정부가 통제하는 부府와 현縣으로 일원화한 행정 개혁.

1872	▲ 근대 최초의 임신호적壬申戶籍[4] 편제.	

4 메이지 정부가 만든 새로운 호적. 이 호적에는 부락민이 '신평민'(해방령으로 새로 평민이 되었다는 뜻), '특수 부락민' 등의 천칭賤稱으로 기재되어 있어서 부락 출신 여부를 바로 알 수 있었다. 임신호적으로 부락민은 신분을 숨기고 싶어도 숨길 수 없었고, 이것이 결혼과 취직 등의 사회생활에 악용되기도 했다.

1875	■ 러일 간 가라후토·지시마 교환조약 체결. 가라후토는 러시아령, 지시마열도는 일본령이 됨. 이에 따라 가라후토의 아이누 중 일부는 1876년 에베쓰 쓰이시카리로, 지시마의 아이누는 1884년 시코탄섬으로 강제 이주됐다.	
1878	■ 개척사가 아이누민족의 명칭을 규도진旧土人으로 통일하라고 통지.	
1879	♣ 류큐번 폐지. 오키나와현으로 일본에 병합.	
1888	▲ 시제市制·정촌제町村制 공포. 1889년 이후 많은 부락에서 합병·분촌 독립운동이 일어남.	
1889	■ 대일본제국헌법 공포. 이때 국경 안의 영토가 법적으로 '내지內地'로 규정되고 내지에 본적을 소유한 국민에게 호적법상 '내지적內地籍'을 부여해 개정 징병령의 대상으로 삼음. 홋카이도에 본적을 둔 아이누민족에게도 동일하게 적용해 징병령 시행(오키나와현 본섬은 1898년, 사키시마는 1902년에 시행).	
1890 년대	♣ 황민화 교육(동화 정책) 시행. 학교를 중심으로 류큐어 사용 금지. 위반 시 벌칙 부과. 징병제 실시.	
1898	▲ 가부장제를 기본으로 한 민법 제정, ♣ 오키나와에 징병제 시행. 풍속개량운동 시작.	♣ 아라가키 야쓰코의 아버지가 오키나와 헨자지마에서 태어남.
1899	■ 홋카이도규도진보호법 공포. '규도진 보호지' 지급 및 민족별 교육 등의 규정 제정. ♣ 오키나와 여성의 손등 문신 등에 형법 위경죄 적용.	♣ 나카마 게이코의 조부가 오키나와 구니가미군에서 태어남.
1900		● 김리화의 증조부가 경상남도에서 태어남.

1903	♣ 오사카 내국권업박람회 '인류관 사건'.[5]	
	5 1903년 오사카에서 열린 내국권업박람회 당시 학술인류관에 오키나와, 아이누, 타이완, 인도, 자바, 조선의 원주민을 전시한 사건.	
1905	● 일본, 조선통감부 설치. ■ 러일 간에 포츠머스조약 체결. 북위 50도 이남의 가라후토가 일본령이 되면서 쓰이시카리에 살던 가라후토 아이누의 대부분이 귀향. 러시아령 시절에 잔류했던 가라후토 아이누를 '가라후토 도진'이라 칭하며 내지적을 주지 않음.	
1906	● 도쿄조선기독청년회 결성. ▲ 시마자키 도손의 『파계』 출간. ■ 아사히카와의 아이누가 '가미카와 도진 자치의회'를 조직하고 '규도진 보호지'의 직접 관리를 모색.	
1907	▲ 내무성, 전국 부락 조사 실시 및 부락 개선 사업 개시. ◆ 프일협약 체결로 일본의 프랑스령 인도차이나반도 지배 용인. 재일베트남인 유학생의 독립운동 단속.	
1908	♣ 오키나와현 및 도서 정촌제 시행.	▲ 미야마에 지카코의 조부가 태어남.
1910	● 한일병합조약 체결. 조선총독부 설치. 조선에서 토지조사사업 개시. ▲ 대역大逆 사건[6]. ♣ 모토부 징병 기피 사건.	▲ 미야마에 지카코의 조모가 태어남.
	6 1910년 5월 일본 각지에서 사회주의자, 무정부주의자가 메이지천황의 암살을 기도했다는 이유로 검거되어 사형 판결을 받은 사상 탄압 사건.	
1911	● 도쿄조선인유학생학우회 결성(1914년 4월 『가쿠노히카리學之光』 창간). ▲ 내무성, 영세민 부락 조사 실시. ♣ 가와카미 하지메 설화 사건[7]. 이하 후유가 『고류큐古琉球』를 저술.	
	7 1911년 4월 3일 오키나와를 방문한 교토제국대학 조교수 가와카미 하지메가 '신시대가 온다'는 강연에서 오키나와 역사와 문화의 독자성을 강조한 것이 사상 검증 사건으로 번졌다.	
1912	♣ 오키나와현에 중의원 의원선거법 시행.	
1913	♣ 오키나와 주민의 브라질 이민 규제.	● 김리화의 조모가 경상남도에서 태어남.

1914	1차 세계대전 발발. ● 전쟁 경기로 값싼 노동력 확보를 위해 조선인 유입 요구 고조. ▲ 신호적법 공포.	
1915	● 도쿄조선여자친목회 결성(『여자계女子界』 창간).	
1916	♣ 필리핀으로 이민 간 오키나와 여성이 손등 문신을 이유로 송환됨.	
1917	♣ 첫 쿠바 이민. 브라질 이민 해금(손등 문신이 없는 여성으로 제한).	♣ 아라가키 야쓰코의 아버지가 농업 이민을 위해 필리핀 다바오로 도항.
1918	▲ 내무성, 영세민 부락 조사. 쌀 소동[8]에 전국의 부락민이 각지에서 참가. 나라의 호라洞 부락 이전 결정.	♣ 오오시로 쇼코의 조부가 태어남.

8 1918년 쌀 도매상의 가격 담합으로 쌀값이 폭등하자 이에 항의해 일어난 사건이다.

1919	● 재일조선인 유학생들이 도쿄에서 2·8독립선언 발표. 3·1독립운동. ▲ 내무대신 '부락 개선' 훈시. ♣ 미야코군과 야에야마군에 선거구 설치. 미야코와 야에야마에 콜레라 유행.	
1920	● 조선에서 산미 증식 계획 실시. 수리세水利稅, 토지 겸병 등으로 소작농 몰락. ▲ 나라에서 쓰바메회燕會[9] 결성. 내무성, 지방 개선비 예산을 편성하고 부락개선사업 조사. ♣ 시정촌제와 부현제 특례 철폐. 첫 인구조사 실시.	

9 1920년 5월 15일 부락 청년을 중심으로 결성된 자주 단체로 쓰바메(제비)처럼 자유롭게 어디든지 날아갈 수 있기를 염원한다는 뜻과 함께 결성 시기가 제비가 도래하는 계절이라 쓰바메라고 이름 붙였다. 저리 금융, 소비조합 활동, 단체여행 등의 활동을 벌였다.

| 1921 | ● 소아이카이相愛會[10] 결성. ▲ 내무성, 부락 개선책 자문. 차별적 호칭 폐지, 부락 개선을 제국의회에 청원. ♣ 오키나와에서 첫 메이데이 실시. 나하구와 슈리구에서 시제市制 시행. | ● 이화자의 아버지가 경상북도에서 태어남. ▲ 후쿠오카 도모미의 아버지가 태어남. 구마모토 리사의 외조모가 태어남. ◆ 구 티 고쿠 트린의 조모가 중국에서 태어남. |

10 일본 정부와 조선총독부의 지원을 받아 도쿄에서 조직된 친일 단체.

| 1922 | ● 나카쓰가와 조선인 학살 사건[11]. 제주도와 오사카를 잇는 정기선 기미가요마루호 취항. ▲ 수평사 창립 취지서 「좋은 날을 위해よき日の為めに」 간행. 전국수평사 창립. ♣ 사이판 이민 시작. | ♣ 나카마 게이코의 조부가 농업 이민으로 필리핀 다바오로 도항. 오오시로 쇼코의 조모가 태어남. |

11 일본 니가타현 수력발전소 공사 현장에서 발생한 조선인 노동자 학살 사건.

| 1923 | ● 관동대지진. 조선인 폭동 유언비어가 퍼지며 계엄령 선포. 군대, 경찰, 자경단의 조선인 학살. ▲ 내무성, 지구地區 정리 10개년 계획. '부인婦人수평사 설립' 가결. ■ 지리 유키에가 『아이누 신요집』을 출간. ♣ 취업을 위한 오키나와현 이탈 인구 증가. | |

| 1924 | ● 오사카부 내선협화회 설립(이후 전국 조직으로 확장). ▲ 임신호적의 차별 기재 말소에 관한 사법성의 통지. ■ 도청, 아이누에게 지급한 토지가 있는 지자체에 규도진 상조조합 설립 통지. ♣ 전후 경제공황. 소테쓰(소철) 지옥[12]. 간사이 오키나와현인회 결성. | ● 양천하자의 외조부모가 도일해 오사카에 정착. 정미유기의 외조부가 오사카 친척의 도움으로 도일. 김리화의 증조부가 규슈 탄광으로 연행됨. |

12 오키나와에서는 전후 공황과 혹독한 기근으로 소철을 먹으며 연명했는데 제대로 가공하지 않고 섭취하여 소철 중독으로 사망에 이르는 일이 끊이지 않았다. 소철 중독으로 죽음에 이를 정도의 비참한 상황을 소철 지옥이라 총칭하게 되었다.

| 1925 | 치안유지법 공포. ● 재일조선노동총동맹 결성(1929년 12월 해체). ▲ 세라다 손 습격 사건. ■ 보통선거법 공포. 아이누민족의 25세 이상 남성에게 내지적과 홋카이도 평민으로서의 선거권 부여. | |

| 1926 | ● 미에현 기노모토초 조선인 타살 사건. ♣ 제51회 제국의회에서 '오키나와 구제에 관한 건의안' 가결. 오키나와청년동맹 결성. 동양방삼헌가공장(오사카방적) 파업. | ● 이화자의 할아버지, 1920년대 후반에 도일. |

| 1927 | ● 항일단체 신간회新幹會가 서울에서 결성됨. 도쿄, 교토 등에 지회를 설치. 여성단체 근우회槿友會 결성. ▲ 융화 촉진에 관한 시설요강 답신. ■ 도카치 아이누가 '도카치 아이누 아사히아케샤旭明社' 결성. 요이치 아이누는 '자와쇼라쿠카이茶話笑樂會'(기관지 『고탄コタン[13]』) 결성. | ▲ 가와사키 도모에의 외조모가 태어남. |

1928	● 재일본조선청년동맹 결성(1929년 해체). 기관지 『청년조선』발간. ♣ 특별고등경찰과 설치.	▲ 미야마에 지카코의 아버지가 태어남.
1929	● 경찰서에서 일시 귀선歸鮮 증명서 제도 시행. 광주학생운동. ♣ 사회과학연구회 탄압 사건.	● 정미유기의 아버지가 오사카에서 태어남. ▲ 니시다 마쓰미의 아버지가 태어남.
1930	▲ 경찰, 군대 규탄. 교토 가네보우鐘紡 쟁의, 교토시 버스 쟁의, 라쿠호쿠洛北 유젠공友禪工 쟁의, 피오네르pioner(노농소년단) 결성. ■ 홋카이도 아이누협회 결성(현재의 협회와는 다른 법인), 기관지 『에조의 빛蝦夷の光』발간. ♣ 농촌 피폐로 아동의 결석, 결식 및 인신매매 증가.	● 황보강자의 아버지가 경상북도에서 태어남. 김리화의 증조모가 도일, 남편을 만나 사가에 정착. ♣ 아라가키 야쓰코의 부모가 결혼함.
1931	▲ 전국부인융화연맹 결성. 전국수평사의 해체를 놓고 격론이 벌어짐. ♣ 오키나와현 교육노동자조합 결성. 오기미손손정혁신동맹, 손村 당국과 대립. ■ 아사히카와 아이누, '아사히카와시 호에이 상조조합' 조직, '규도진 보호지' 자주관리 모색. 삿포로에서 '전도全道 아이누 청년대회' 개최.	● 이화자의 어머니가 나가노현에서 태어남.
1932	▲ 부락경제갱생운동요강 결의. ♣ 구시 후사코久志芙沙子가 「사라져가는 류큐 여자의 수기滅びゆく琉球女の手記」를 『후진고론婦人公論』 6월호에 게재.	
1933	▲ 전국수평사, 부락위원회 활동 제기. 다카마쓰 차별 재판[14]. ■ 가라후토 거주 아이누 중 과거 러시아령 시대에 잔류했던 '가라후토 도진'에게 호적법·징역법을 내지적과 동일하게 적용.	● 황보강자의 외조부모가 도일, 교토에 거주. 박리사의 조부도 도일. ▲ 미야마에 지카코의 어머니가 태어남. 후쿠오카 도모미의 어머니가 태어남.

14 피차별부락 출신임을 상대에게 알리지 않고 결혼한 것은 유괴에 해당한다는 검사의 논고를 인정해 피고에게 유죄 판결을 내린 재판. 전국수평사는 이를 차별 재판으로 규정하고 차별 판결 취소, 피고 석방, 사업 관계자 면직 등을 요구하며 규탄투쟁을 벌였다. 이후 피고는 가석방되었고 재판소장은 퇴직, 검사에게는 전임 처분이 내려졌다.

1934	● 일본 정부 '조선인 이주 대책 건' 각의 결정. ▲ 기시와다岸和田방적 차별 사건. ■ 아사히카와 시 규도진보호지처분법 공포. 홋카이도대학 의학부 해부학 교실, 도내 각지에서 아이누 인골과 부장품의 발굴과 수집을 본격 개시. 1980년대 이후 반환청구 수용.	● 리향의 조모가 교토에서 태어남.
1935	● 오사카에서『민중시보民衆時報』창간(1936년 11월 폐간). ▲ 융화 사업 완성 10개년 계획 가결. ■ 도청, '규도진 보호시설 개선 좌담회' 개최. ♣ 어업 종사자 3,270명 동남아시아에서 활약. 오키나와 여성 이름의 일본식 개명운동 고조.	● 정미유기의 어머니가 오사카에서 태어남. ♣ 나카마 게이코의 아버지가 태어남.
1936	● 조선의 병참기지화. 황민화 정책 개시. 도쿄에서『조선신문朝鮮新聞』(조선어판) 창간(1936년 9월 폐간). ▲ 마쓰모토 지이치로松本治一朗 중의원 선거 당선.	● 김리화의 증조부모가 교토로 이사. 황보강자의 어머니가 교토에서 태어남.
1937	중일전쟁 발발. ▲ 전국수평사, 거국일치擧國一致에 참가 표명. ■ 홋카이도 규도진보호법 개정. 민족별 교육의 점차적 폐지 결정. ♣『오사카규요신보大阪球陽新報』창간. 국방부인회, 류큐의 복식인 간자시[15]를 철폐하고, 일본 본토 복식 운동 고조.	● 양천하자의 어머니가 오사카에서 태어남. 김리화의 조모가 마이즈루에서 태어남. ▲ 야마자키 마유코의 어머니가 태어남.

15 일본 전통의 머리 장식.

1938	● 국가총동원법 공포, 재일조선인에 적용. ▲ 전국수평사, 전시체제하에서는 국책에 따라 운동을 진행한다는 취지의 성명서 발표. 족칭族稱란 폐지. 피혁 사용제한 규칙. ♣ 인신매매 엄금.	▲ 가미모토 유카리의 어머니가 태어남. 니시다 마쓰미의 아버지, 고베 대홍수로 집 유실. ■ 하라다 기쿠에의 아버지, 어머니가 태어남.

		♣ 오오시로 쇼코의 조부모 결혼. 조부는 징병되어 중국으로.
1939	2차 세계대전(~1945년). ● 중앙협회 설립. 조선에 국민징용령 공포 시행. '조선인 노동자 내지 이주에 관한 건' 통지. ♣ 국민정신총동원 사무국 설치. 오키나와에서 개성개명 캠페인 시작.	● 김리화의 할아버지가 도일.
1940	● 창씨개명 실시. ♣ 오키나와에서 방언박멸운동, 방언논쟁 촉발. ◆ 일본군, 프랑스령 인도차이나 북부로 진주. 필리핀 진주 개시.	● 황보강자의 아버지 가족이 홋카이도 비에이로 입식. ◆ 구 티 고쿠 트린의 외조모가 베트남 붕따우에서 태어남.
1941	아시아태평양전쟁 발발. ● 조선장학회 설립. ▲ 제혁 공장 통합. ◆ 프랑스령 인도차이나 공동방위에 관한 프일 간 의정서 조인. 프랑스령 인도차이나 남부 진주.	
1942	● '조선인 노동자 활용에 관한 방책' 각의 결정. 관알의 알선으로 일본으로의 노무동원 개시. 조선인에 대한 징병제 도입 각의 결정. ▲ 전국수평사 해체.	● 황보강자의 아버지 가족이 오사카로 이주. ▲ 니시다 마쓰미 어머니가 태어남.
1943	카이로 선언. ● 학도병제 실시. 조선인 학생에게도 지원志願이라는 명목으로 적용. ▲ 만몽 개척에 중점. ♣ 일본군 비행장 건설 시작. ◆ 필리핀에서 반일 게릴라운동 격화. 일본군, 필리핀공화국을 세우지만 반일 게릴라운동은 수그러들지 않음.	♣ 나카마 게이코의 어머니가 아오모리에서 태어남.
1944	● 조선, 일본, 만주 등으로 노무동원 징용 개시. ♣ 오키나와현 내의 여자청년단원 여자정신대挺身隊를 시가, 효고 등의 군사 공장에 동원. 타이완, 규슈로 집단 소개 결정. 각 시정촌에 방위대 편성. 쓰시마마루 조난. 나하시를 중심으로 대공습(10·10공습). 쓰지 유곽 소실. 많은 여성이 위안부로 유입.	● 황보강자의 아버지, 학동소개로 가족과 귀국. 이화자의 아버지, 일본 군속으로 소집되자 중국 동북 지방으로 도피. 김리화의 조모 가족이 나가노현 이나시로 소개.

1945	원폭 투하로 히로시마, 나가사키 시내의 부락 소실. 조선인도 다수 피폭. 이후 재한피폭자 문제가 됨. 일본 패전. ● 국민의용병법國民義勇兵法 공포. 조선 해방 (조선인은 샌프란시스코 강화조약 체결 전까지 일본 국적자로 간주). 조선인 귀국자를 실은 우키시마루호가 마이즈루만에서 침몰, 조선인 549명 사망. 도쿄 요도바시구(현 신주쿠구) 도즈카에 '국어강습소' (민족학교의 전신) 설립. 재일본조선인연맹(조련朝連) 결성. 조선건국촉진청년동맹(건청建靑) 결성. 개정 중의원 의원선거법 부칙을 근거로 재일조선인, 타이완인의 참정권 박탈. 모스크바 삼국외상회의(미, 영, 소)에서 조선 독립을 위한 절차 결정, 최장 5년의 신탁통치 조항이 논쟁이 됨. ▲ 부락해방운동 재건을 위한 시마 회담. ■ 소련 대일본전 참전 일본령 가라후토, 지시마열도 침공. 지시마 아이누, 가라후토 아이누의 대부분이 이후 일본인 귀환자가 되어 홋카이도로 이주. ♣ 3월 게라마제도에 미군상륙, 미일 지상전 시작. 각지에서 '집단 자결' 발생. 미해군 군정부 포고(니미츠C. W. Nimitz 포고). 6월 23일 일본국의 조직적 전투 종료. 9월 7일 제32군이 항복문서에 조인, 오키나와전 종료. 도쿄에서 오키나와인연맹 결성. ◆ 베트남, 일본군에 의한 3·9쿠데타로 프랑스령 인도차이나 정권이 배제되고 친일 정권 수립. 8월 혁명을 거쳐 베트남민주공화국 수립. 프랑스의 재침략에 저항.	▲ **다니조에 미야코**가 태어남. 니시다 마쓰미의 아버지가 전쟁터에서 귀환. ♣ 나카마 게이코의 조부가 일본에 강제 송환. 아라가키 야쓰코의 아버지, 일본에 강제 송환. 어머니와 함께 도일. ◆ 구 티 고쿠 트린의 조부모, 중국에서 베트남으로 이주.
1946	일본국 헌법상 '국민'이라는 용어 때문에 외국적 주민은 '국적 조항'에 의거 권리 박탈. ● 신조선건설 동맹. 귀국 희망자 등록. 재일본조선거류민단(민단) 결성. 일본 정부가 재일조선인의 남한 귀환(송환) 중지 발표(이듬해부터 북한 귀환 개시). ▲ 부락해방 전국위원회 결성. 농지 해방. 헌법14조¹⁶에 '사회적 신분'이 포함되지만 부락 차별을 금지하는 법제도는 정비되지 않음. ■ 홋카이도 아이누협회가 사단법인으로 창설, 인가. GHQ의 지시로 제2차 농지개혁법에 의해 규도진에게 지급한 토지를 와진和人¹⁷에게 임대한 아이누는 부재 지주로 간주되어 토지 권리 상실. 아이누협회, 법 적용 제외를 도청과 정부에 요구하지만 받아들여지지 않음. 일본국 헌법에 족적族籍¹⁸과 문지門地¹⁹에 기반한 공적 구분 부정.	● 박리사의 어머니, 교토에서 태어남. ♣ **아라가키 야쓰코**가 태어남. 나카마 게이코의 조부 가족이 오키나와현 구니가미 군으로 돌아옴.

♣ 맥아더Douglas MacArthur, 일본과 난세이제도의
행정 분리 선언. 본토 소개자 귀환 시작. ◆ 베트남, 1차
인도차이나전쟁 개시. 필리핀공화국 독립.

16 일본국 헌법 제14조 "① 모든 국민은 법 아래 평등하며, 인종, 신조, 성별, 사회적 신분 또는
가문에 따라 정치적, 경제적 또는 사회적 관계에 있어서 차별을 받지 아니한다."
17 아이누 이외의 일본인이 자신들을 아이누와 구별 짓기 위해 사용한 자칭.
18 호적부에 기재되던 화족華族, 토족土族, 평민 등의 신분.
19 태어난 신분, 가문, 문벌 등.

1947   ● GHQ, 조선인은 일본의 법령에 따르며 일본인과
마찬가지로 취학할 의무가 있는 동시에 "조선인학교의
허가는 문제 없음"이라고 발언. 최후의 칙령,
외국인등록령 공포, 당일 시행(이튿날, 일본국 헌법 시행).
▲ 가조쿠華族 제도[20] 전면 폐지. 책선교육責善教育[21].
마쓰모토 지이치로가 참의원에 당선. 신분 해방
문제에 관한 특별위원회. 개정 민법, 개정 호적법 공포.
♣ 천황, 궁내청 어용괘를 통해 미국이 오키나와를
군사적으로 점령하되 주권은 일본에게 있는
장기조차를 희망한다고 시볼드William Joseph Sebald
연합국최고사령관 정치고문에게 전달.

20 근대 일본의 귀족계급.
21 와카야마현의 전후 동화교육의 별칭. 『맹자』의 한 구절 '책선붕우지도야責善朋友之道也', '선을
권하는 일은 친구의 도리이다'에서 따왔으며 이후 동화교육이라는 명칭으로 일반화되었다.

1948   ● 제주도 4·3사건. 문부성이 각 지사에게 '조선인   ♣ 오오시로 쇼코의
설립 학교의 처우에 관해' 통지. 민족교육 탄압 개시.   조부, 만주에서 귀환.
한신교육투쟁, 조선학교 폐쇄령. 오사카 공립학교에
민족학급 설치. 한반도에 대한민국(이하 한국)과
조선민주주의인민공화국(이하 북한) 수립. 민단,
'재일본대한민국거류민단'으로 개칭. ▲『파계』의
연극화, 영화화 성공. 가니노요코바이 거부 사건(게걸음
거부 사건)[22]. GHQ의 부락 조사. 부락문제연구소 설립.
♣ 군 지령에 의한 시정촌장 선거. 통화를 균표軍票
B엔으로 통일. 이에지마에서 미군 탄약 수송선 폭발.

22 1948년 1월 21일 참의원 초대 부의장이었던 마쓰모토 지이치로가 국회 개원식에 참석한
쇼와천황 배알을 거부한 사건. 천황을 배알할 때 '천황에게 엉덩이를 보이는 일은 불경스럽다'는
이유로 머리를 숙인 채 옆걸음으로 나가는 관습이 있었는데, 피차별부락 출신인 마쓰모토
지이치로는 이를 거부했다.

1949	● GHQ가 조련 등 4개 단체에 해산 명령. 조선인학교에 제2차 폐쇄 명령. ▲ 마쓰모토 지이치로 공직 추방. 환경정비사업. 세대갱생자금 특별 할당. 긴급실업대책법에 기반해 제도화된 실업대책사업으로 부락 여성 다수 취업. ♣ 미정부, 오키나와 장기 보유 결정. 본격적인 미군기지 건설 시작. ◆ 베트남 국가 수립.	● 이화자의 아버지, 일본으로 도항. ▲ 구마모토 리사의 어머니가 태어남.

1950　한국전쟁 발발. ● 재일한교자원군在日韓僑自願軍
　　　결성, 유엔군에 편입, 642명 참전. 오오무라수용소
　　　개설(나가사키현). ▲ 신임 교원, 동화同和校 부임 거부.
　　　마쓰모토 추방 취소 단식투쟁. ♣ 군도群島정부 발족.
　　　미군정부, 류큐열도 미국민정부로 개칭. 특음가特飮街²³
　　　설치.

　　　23 특수음식점 거리의 약칭. 환락가, 유흥가를 일컫는다.

1951　샌프란시스코 강화회의(52개국 참가, 피해국
　　　가운데 중국 양 정부와 남북한은 초대받지 못함).
　　　● 재일조선통일민주전선(민전民戰) 결성.
　　　출입국관리령(입관령) 및 입국관리청 설치령 제정 공포.
　　　▲ 올 로맨스 사건²⁴. ♣ 대일강화조약 체결(제3조
　　　난세이제도는 미군 시정권하에 둔다). 일본복귀촉진기성회
　　　결성. ◆ 샌프란시스코 강화회의에서 필리핀, 베트남은
　　　배상협정을 맺음.

　　　24 교토시 시청 직원이 잡지『올 로맨스』에 동화지구 사람들을 차별적으로 묘사한 소설
　　　「특수부락」을 기고했다. 이 사건으로 부락해방위원회는 시행정이 부락의 열악한 상황을 방치한
　　　것이 차별을 조장하는 큰 원인이라며 행정 책임을 지적했다. 이후 교토시는 부락 대책 종합계획을
　　　만들어 동화행정 추진을 위한 적극적 시책을 추진한다.

1952	● 제1차 한일회담 개시. 샌프란시스코 강화조약. 일본은 독립하는 대신 오키나와는 미군 지배하에 놓임. 법무부(현 법무성) 민사국장 통지로 구 식민지 출신자의 일본 국적 상실 조치. '외국인등록법'(지문날인 조항 추가) 공포, 시행. '전상병자 전몰자 유족 등 원호법戰傷病者戰歿者遺族等援護法'에 국적 조항을 두어 조선인과 타이완인은 제외. 조선인 전범 석방 요구에 '과형科刑 당시 일본인'이라는 이유로 구금 계속.	● 황보강자의 아버지, 다시 도일. 이화자의 부모 결혼. 리향의 아버지, 시가에서 태어남.

	▲ 부락 여성 노동자, 일본방적에서 차별에 저항해 집단 귀향. 와카야마에서 니시카와 현의원 차별 발언 사건. 히로시마 요시와중학교에서 차별 수업. ♣ 류큐정부 발족(미국민정부에 종속). 대일강화조약, 미일안보조약 발효. 고에쿠손(현 오키나와시)에서 인권옹호구민대회.	
1953	● 조선인 취학 의무 부정. 외국인의 공무취임권 부정. 군속에 대한 은급법恩給法에 국적 조항을 두어 조선인과 타이완인 제외. 한국전쟁 휴전. ▲ 후생성, 전후 첫 지방개선사업 예산 편성(인보관 설치비 보조금). 전국동화교육연구협의회 결성. ♣ 제1회 조국복귀총궐기대회. 미국민정부 '토지수용령' 공포. 마와시손, 오로쿠손에서 토지 강제 수용. 아마미제도 반환.	● 리향의 어머니가 나가사키(쓰시마)에서 태어남.
1954	● 일본 정부 통산정무차관 통지로 재일조선인 광업권, 선박권 박탈. ▲ 『파계』의 초판본 복원. 『오늘도 책상에 그 아이가 없다きょうも机にあの子がいない』 출간. 후쿠야마 결혼 차별 사건. ♣ 미 대통령, 오키나와기지 무기화 보유 선언. 입법원 '군용지 처리에 관한 청원'(토지를 지키는 4원칙) 가결. 볼리비아, 아르헨티나, 브라질 이민단 출발. ◆ 제1차 인도차이나전쟁 종결. 베트남 남북 분단.	
1955	● 외국인등록법에 의거 지문날인제도 개시(10개 손가락에서 채취). 재일조선인총연합회(총련總聯) 결성. ▲ 부락해방전국위원회, 부락해방동맹으로 개칭. 제1회 일본어머니대회日本母親大會 개최. ■ 지리마 시호知里眞志保, 『분류 아이누어 사전分類アイヌ辭典』으로 아사히상 수상. 도청, 동물 애호 차원에서 아이누민족의 구마오쿠리熊送り[25] 의례 금지 통지. ♣ 이에지마자, 기노완손 이사하마의 토지 강제 수용. 아시아제국회의アジア諸國會議가 오키나와의 즉시 일본 반환 요구 결의. 미군이 6세 여아 폭행 살해. ◆ 베트남공화국(남베트남) 수립.	● 황보강자의 부모 결혼. 이화자가 태어남. ▲ 미야마에 지카코의 부모 결혼. 후쿠오카 도모미의 부모 결혼. ♣ 오오시로 쇼코의 어머니가 태어남.

25 인간세계에 곰의 모습으로 놀러온 신의 영령을 천상의 신의 세계로 돌려보내는 제식 의례로, 사냥으로 포획해 죽인 곰을 제사 지내는 의례와 어린 곰을 일정 기간 사육한 뒤에 죽여서 제를 올리는 의례가 있다.

1956	● 조선대학교 창립. ▲ 공동욕장 정비 사업. 「부락 300만 명의 호소部落·三百万人の訴え」가 『아사히신문』에 연재. 부락해방전국부인집회 제1회 대회. ♣ 프라이스 권고[26] 발표. 4원칙 관철 현민대회(섬 전체 투쟁). ◆ 필리핀과 일본의 전후 배상협정 체결.	● 최리영의 어머니가 경상북도에서 태어남. ▲ 후쿠오카 도모미가 태어남.

26 제약 없는 핵기지, 아시아에서 미국의 전략적 거점, 일본이나 필리핀 친미 정권의 붕괴
시 중요한 보루로서 오키나와의 의미를 강조하고 미군정의 군용지 정책을 두둔한 미 하원
군사특별분과위원회의 보고서이다. 이에 6월 20일 시정촌 주민대회에 전체 인구의 20~50퍼센트에
이르는 16~40만 명의 주민이 참여하였고 6월 25일 나하 주민대회에 10만 명, 고자 주민대회에 5만
명이 모였다. 이를 '섬 전체 투쟁'이라 부른다.

1957	● 재일조선인 BC급 전범 전원 석방. 북한, 조선학교에 교육 원조금과 장학금 지원. ▲ 일교조日教組(일본교직원조합) 집회에 동화교육 분과회. 주택 요구 고양. 부락해방전국청년집회 제1회 대회. ♣ 오키나와에서 신민법 시행. 오키나와 고등변무관 설치. 재일 미군 지상부대의 본토 철퇴 결정. 제3해병사단의 오키나와 이주 주둔 완료. 18세 미만의 청소년이 오사카로 집단 취업.	● 황보강자가 태어남.

1958	● 가라후토(사할린) 억류 동포 일부 귀환. 고마쓰가와 여고생 살해 사건, 이진우李珍宇 체포. 재일조선인귀국협력회 결성. ▲ 부락해방국책 수립 요청 전국대표자회의 개최. 교토, 교과서 무상 쟁취. 근무평정 반대. 동화 문제 각료간담회 설치 각의 결정. ♣ B엔에서 미국 달러로 통화 교체. 안보개정 교섭 개시.	● 양천하자가 태어남. 김리화의 조모, 조은朝銀 사이타마 신용조합 우라와 본점에 취직. 정미유기의 부모 결혼. ▲ 가와사키 도모에의 어머니가 태어남.

1959	● 민단 '북한송환반대투쟁위원회' 결성. 재일조선인 귀국을 위한 북일 적십자협정 조인. 북한으로의 귀환 사업 개시. ▲ 스미이 스에住井すゑ의 「다리가 없는 강橋のない川」 연재 시작. 전국학생부락문제연구회연락협의회 결성. 동화대책사업으로 공동작업소 제도화. ♣ 이시가와시 미야모리초등학교에 미군기 추락. ◆ 일본, 남베트남 응오딘지엠 정권과 전쟁배상조약 체결.	● 정미유기가 태어남.

가족사진으로 본 역사 연표

1960	● 4·19혁명. 이승만 정권 타도. ▲ 나라에서 동화교육 부교재 『나카마』 간행. 동화대책심의회설치법 제정. 주택지구개량법 제정. ♣ 미일신안전보장조약 조인. 오키나와현 조국복귀협의회 결성. ◆ 남베트남 해방민족전선 수립.	● 김리화의 조부모 결혼. 조모의 가족(형제자매와 부모)이 북한으로 귀국(제33선船).
1961	● 박정희, 한국에서 군사 쿠데타를 일으키고 군사정권 수립. ▲ 부락해방국책수립대행진 방침 결정. 부락해방요구관철청원행진대 출발. 부락해방요구관철 국민대회 개최. 동화대책심의회 설치. 고지와 나가하마 지부를 중심으로 교과서 무료 배포회 결성. ■ 전년도 재건총회를 연 홋카이도아이누협회가 홋카이도우타리협회로 명칭 변경. ♣ 오키나와인권협회, 전군노련全軍勞連(전오키나와군노동조합연합회), 전오노련全沖勞連(전오키나와노동조합총연합회) 등 결성.	▲ 야마자키 마유코가 태어남. 가미모토 유카리의 부모 결혼.
1962	♣ 가데나손에 미군 수송기 추락.	◆ 구 티 고쿠 트린 아버지가 베트남 판티엣에서 태어남.
1963	● 도쿄 조선 고교생에 대한 집단폭행 사건. 이후 매해 각지에서 폭행 사건이 잇달아 사회문제가 됨. ▲ 동화대책심의회가 동화지구 전국 기초조사 실시. 사야마 사건. 교과서무상조치법 공포. 후쿠오카, 일본 첫 문맹학교 개교. ♣ 나하시에서 중학생이 미군 트럭에 치여 사망. 트럭을 운전한 미군이 무죄 판결을 받자 현민들이 크게 반발. 캐러웨이Paul Wyatt Caraway 고등변무관이 "오키나와 주민들이 자치권을 강력히 요구하고 있지만 그들은 스스로 정치를 할 능력이 없다"라고 연설.	
1964	● 한일회담 반대투쟁. ▲ 사야마 사건 사형 판결. 부락해방 제1회 전국어린이집회. ■ 아사히카와에서 전도아이누축제 개최(가와무라 가네토川村カ子ト 주최).	▲ 가미모토 유카리가 태어남. ■ 하라다 기쿠에의 부모 결혼.
1965	미국, 북베트남 폭격 개시, 베트남 전쟁 본격화. 1월, 일본 사토 총리, 미국에 베트남전쟁 협력을 언명. 7월, 오키나와 기지에서 베트남 폭격을 위해 미군 첫 출격.	▲ 미야마에 지카코와 니시다 마쓰미가 태어남.

● 한일기본조약 조인, 법적지위협정 체결. '법126'의
재류자격을 지닌 한국 국적자에 협정영주권 부여,
재입국허가제도에 의한 출입국 가능(북한의 경우
재입국은 거의 불허). 한국, 베트남 파병. ▲ 전동교
全同教(전국동화교육연구협의회), 진로보장협의회 개최.
동화대책심의회 답신. ♣ 가데나 기지에서 B52
전략폭격기 출격. 사토 총리 오키나와 방문.
◆ 반미·반전운동 전 세계로 확대.

<table>
<tr><td></td><td></td><td>♣ 나카마 게이코의
부모, 결혼 후 나카마
게이코가 태어남.</td></tr>
</table>

1966　● 협정영주권 신청 개시. 협정영주권 취득자에게
국민건강보험법 적용. ▲ 문부성, 고등학교 등
진학장려비 보조사업 예산 편성(해방장학금 개시).
'동화대책심의회' 답신 완전 실시 요구 국민대행진
출발. ♣ 미군, 구시카와손 곤부의 토지 접수 통고.
지주地主 '수호회守る會' 결성, 1971년 계획을 단념시킴.
고자시에서 KC135 공중급유기 이륙 실패, 펜스를
돌파해 차를 몰고 가던 남성 사망.

1967　● 일본적십자사, 북한으로의 귀국 신청수리 일단
마감. 박정희 대통령 재선. ▲ 부락해방연구 제1회
전국 집회. 전국해방교육연구회 결성. 월경입학 반대.
♣ 교공2법저지투쟁教公二法阻止鬪爭[27]. 가데나기지에서
나온 폐유로 우물물 오염.

■ **하라다 기쿠에**가
태어남.

27 미국 점령하 오키나와의 나하시 입법원 앞에서 발생한 사건. 류큐정부 여당이 제안하는 두 가지
법안이 시위대의 압력으로 폐안되었다. 두 법안(교공2법)에는 교직원의 정치행위 제한, 쟁의행위
금지, 근무평정 도입이 들어 있어 오키나와교직원회가 반대했다. 당시 교직원회는 조국복귀운동,
자치권확대운동의 중심이었기 때문에 주민들 또한 강하게 반대했다.

1968　● 탈영 한국군이 북한으로 출국. 김희노金嬉老
사건(시즈오카현 스마타쿄에서 엽총을 가지고 경찰과
대치). 재일조선인 차별이 사회문제화. 도쿄 도지사,
조선대학교를 각종학교로 인가. ▲ 임신호적 공개
정지. 부락해방연구소 설립. 고지도古地圖 판매에 항의.
♣ 첫 공선 주석 선거. 류큐정부 주석에 혁신계 후보가
당선. 가데나 기지에 B52기 추락 사고.

◆ 구 티 고쿠 트린
어머니가 베트남
붕따우에서 태어남.

1969　▲ 구마모토에서, 신원조사로 인한 혼약 파기로
부락 여성이 위자료 청구 소송. 야타 교육 차별 사건.
동화대책사업특별조치법 공포. 제1회 부락해방장학생
전국 집회. 오사카시에서 임산부 대책비 쟁취. ♣ 사토-
닉슨 회의에서 1972년 오키나와 반환 결정. 반환운동
고조.

| 1970 | ● 박종석朴鐘碩 씨, 히타치제작소를 상대로 취직 차별 소송 제기. 치료를 위해 밀항한 피폭 한국인 강제 퇴거. ▲ 부락해방국민행동대, 후쿠오카 출발. 오사카, 해방교육독본 『닌겐』을 무상 배포. ■ 샤쿠샤인 현창회顯彰會, 시즈나이초 마우타 공원에 샤쿠샤인상 건립. ♣ 구시카와손에서 여고생 살상 사건. 전후 첫 국회의원 선거 실시. 고자 주민 반미투쟁. | ▲ 다니조에 미야코가 결혼. |
| 1971 | ● 학원 침투 간첩단 사건, 서승, 서준식 형제가 한국 유학 중에 체포. 북한 귀환사업 재개(1984년 종료). ▲ 결혼 차별로 인한 자살자 속출. 긴키 통일 응모 용지²⁸ 결정. 차별과거장差別過去帳²⁹ 폐기. ♣ 제1차 독가스 이송 시작.³⁰ 오키나와반환협정 조인. | ● 박리사의 부모 결혼. |

28 긴키에서는 공정한 채용을 위해 긴키 통일 응모 용지를 사용했다. 과거에는 각 회사별로 응시 원서가 달랐으며 각 회사의 응시 원서에는 가족 구성원 및 직업, 동산·부동산 자산 상황 등 취직 차별로 이어지는 사항을 기재하는 칸이 있었다. 통일 용지의 이력서에는 이름, 생년월일, 주소, 연락처, 학력, 경력, 자격, 희망 동기 등만을 기재하게 했다. 1973년부터 전국으로 확대되었다.

29 과거장은 불교에서 고인의 계명, 속명, 사망년월일, 향년 등을 기입하는 장부이다.

30 1969년 오키나와에서 치사성 신경가스 발출 사고가 일어나면서 독가스의 존재가 알려졌다. 독가스의 총량은 1만 3,000톤으로 미국 외에 배치된 곳은 오키나와뿐이었다. 오키나와 각 단체 등의 저항 성명이 이어졌고, 입법원 전회 일치로 '독가스 병기의 철거 요구 결의'가 이루어졌다. 오키나와현 조국복귀협의회가 주최하는 독가스 병기의 즉시 철거를 요구하는 현민대회가 연이어 열렸다. 이에 오키나와 미군기지에 저장되어 있는 독가스 병기를 미국령 내의 다른 섬으로 이송하는 작업이 시작되었다.

| 1972 | ● 외국인에게 국민건강보험 적용. 강제 연행 진상조사 개시. '7·4남북공동성명' 발표. ♣ 오키나와 반환. 자위대 배치. 매춘방지법 적용. | ▲ **구마모토 리사**가 태어남. ● 황보강자, 첫 한국 방문. |
| 1973 | ● 교토한국학원 건설 문제. 효고에서 신경환申京煥 씨의 강제 송환을 저지하는 운동 개시. 효고현립 미나토가와고등학교에서 조선인 교원(조수)이 조선어 수업 시작. ▲ 와카야마, 호적부열람에 의한 결혼 차별 사건. 노동성, 전국에 통일 응모 용지 사용 통지. ■ 전국 아이누 말하기 대회 개최(의장 스나사와 비키砂澤ビッキ). 『아누타리아이누('우리들 아이누'라는 뜻)』 창간. '야이유카라 아이누('스스로 행동하는 아이누'라는 뜻)' 민족학회(회장 야마모토 다스케山本多助) 창설. 도쿄아이누우타리³¹회 창설. | ♣ 나카마 게이코의 가족이 가나가와현 가와사키시로 이사. |

♣ 미해병대, 현도縣道 104호선을 봉쇄하고 실탄 연습 실시. CTS(석유비축기지)에 반대하는 '긴완을 지키는 모임' 결성. ◆ 파리화평협정으로 베트남전쟁에서 미군 철수. 일본, 북베트남 정부와 국교 수립.

31 우타리는 친족, 동포, 친구의 뜻. 현재는 아이누민족 자체를 칭하는 말로도 쓰인다.

| 1974 | ● 히타치 취직 차별 승소. '민족 차별에 맞서는 연락협의회民族差別と闘う連絡協議會' 발족. 오사카시에서 첫 외국적 교원 임용. 효고현 아마가사키, 가와니시, 니시미야에서 외국적 공무원 탄생. ▲ 사야마 사건으로 10만 명 집회. 사야마 사건 유죄 판결. 요카고교 사건[32]. ■ 도청, '홋카이도 우타리 복지대책' 책정 개시. ♣ 나하시 오로쿠에서 공사 중에 불발탄 폭발. 위령의 날(6월 23일) 제정. 현도 104호선을 넘어선 실탄 연습, 저지행동으로 중지(기센바루喜瀬武原 투쟁). | ● 박리사가 태어남. |

32 효고현립 요카고등학교에서 퇴근 중인 교직원 약 60명을 부락해방동맹 동맹원이 학교로 데리고 들어가 약 13시간 동안 감금, 폭행한 사건.

| 1975 | 세계 여성의 해. ● 민단 주도의 '총련계동포모국방문단사업' 시작. 최창화崔昌華 목사, 한국 성을 일본어로 읽는 것은 인권침해라며 NHK 제소(1엔 재판). 사할린 조선인 귀환재판 개시. 일본 육영회育英會 장학금 제도의 국적 조항 철폐. 11·22 학원 침투 간첩단 사건, 여성 2명을 포함한 재일조선인, 한국 유학 중 체포. ▲ 최고재판, 차별로 이어지는 신원조사는 위헌이라고 판결. 차별어 문제. 부락 지명총람 사건 발각. '차별과 싸우는 문화회의' 결성. '부락해방중앙공투회의' 결성. ♣ CTS 건설 저지 현민 총궐기 대회. 현의회, 가데나 기지의 재편 강화를 반대하는 결의에 전회 일치로 가결. 오키나와 국제해양박람회 개최. 배봉기 씨, 일본군 위안부 피해자임을 보도. 법무성 특별재류허가. ◆ 베트남전쟁 종결, 남부 해방(남베트남 패배). 베트남에서 온 보트피플 일본에 첫 상륙. 일본-하노이 정부 간 전쟁배상에 상당하는 원조협정 체결. | |

| 1976 | ▲ 사야마 사건 상고취의서 제출. '부락 해방을 생각하는 부인회' 결성. 호적 교부 제한. 전국부인집회에서 여성의 공동투쟁에 관한 결의 채택. | ▲ 미야마에 지카코의 조부 사망. |

	♣ 해양박람회 부진으로 연이은 기업 도산. ◆ 베트남 남북 통일, 베트남사회주의공화국 수립.	
1977	'세계 여성의 10년' 시작. ● 최고재판부, 사법시험에 합격한 김경득金敬得 씨를 한국 국적을 유지한 채 사법수습생으로 채용 인정. ▲ 부락 지명총람을 구입한 기업에 대한 중앙 규탄대회. 사야마 사건 상고 기각. ■ 아이누해방동맹(1972년 설립, 대표 유키 쇼지結城庄司), 홋카이도대학 차별 강의 규탄투쟁 실시. 이듬해 해당 교수의 자기비판으로 화해. ♣ 공용지잠정사용법公用地暫定使用法 기한 만료. 미군, 현도 넘어 실탄 포격 연습 강행.	▲ 가와사키 도모에의 외조모 사망. ♣ 나카마 게이코의 가족이 요코하마시로 이사.
1978	▲ 동화대책사업특별조치법 3년 연장. 제1회 전국 동화보육연구집회. 호적등본 등 부정 입수 사건. ♣ 교통 방법 변경(우차도에서 좌차도로). ◆ 각의 양해로 일본에 일시 체류하는 베트남 난민의 정주 허가. 베트남, 캄보디아에 파병.	
1979	국제인권규약 비준. ● 박정희 대통령 암살. ▲ 세계종교자평화회의에서 조동종曹洞宗 종무총장의 차별 발언. ♣ 미군 대합동 연습 개시, 자위대도 참여. ◆ 중국-베트남전쟁 발발. 유엔난민기구UNHCR와, 베트남 정부가 합법출국계획ODP 실시에 관한 각서 체결. 각의 양해로 정주 제한 500명 설정(최종적으로는 1만 명으로 확대). 해외 난민 캠프에서 인도차이나 난민 수용. 공적 수용 시설 '히메지 정주촉진센터' 설치(이듬해, 가나가와현에도 설치).	● 정미유기의 첫 한국 방문.
1980	● 공공주택 국적 조항 철폐. 한종경韓宗碩 씨 지문날인 거부를 계기로 지문날인거부운동 시작. 지자체에서는 처음으로 도요나카시가 외국인 아동, 학생의 교육지침 책정. 재한在韓 피폭자의 도일 치료 개시. ▲ 사야마 사건 재심으로 동맹 휴교. 전국해방보육연락회 결성. 동화문제기업연락회 결성. ■ 간토 우타리회 창설. ♣ 미군의 핵미사일 순양함 입항으로 화이트비치에서 평소보다 높은 방사능 검출. ◆ 일본 정부, ODP에 의해 베트남에서 온 인도차이나 난민의 가족 초대 허가.	■ 하라다 기쿠에, 인권옹호위원회 작문 콩쿠르에서 최우수상 수상. 제1회 메무로초 소년영상상 수상. ♣ 오오시로 쇼코가 태어남. 아라가키 야쓰코의 아버지 사망.
1981	▲ 주민기본대장 공개 제한. 후생성, '동화보육에 관해' 발표. '동화 문제에 관한 종교교단 연대회의同和問題に取り組む宗教教団連帯会議' 결성.	● 이화자가 결혼. 리향이 태어남.

동화대책협의회, 의견서 제출. 기타규슈에서 토지 투기
사건 발각. ♣ 함비Hamby 비행장 반환. 도토메(위패)
계승 문제 관련 나하지방재판부, 여성의 계승이
가능하다고 판결. ◆ 인도차이나 난민, 베트남 본국의
정변 이전부터 일본에 살던 유학생 등에게 정주 인정.

1982	난민조약 가입. ● 출입국관리 및 난민인정법	● 이화자가 남편, 시어머니와 셋이서 나라현으로 이사. ▲ 가와사키 도모에의 부모 결혼. ■ 하라다 기쿠에, 미에현 마쓰사카시 소재의 흥화방적興和紡績에 입사.
	시행. 국민연금, 아동수당 가입의 국적 조항 철폐.	
	특례영주제 실시. 국공립대학 교원의 외국인	
	교원 임용법 시행. ▲ 지역개선대책특별조치법.	
	반차별국제회의를 일본에서 개최. ■ 유엔, '원주민에	
	관한 워킹그룹' 설치. ♣ 가데나 기지 주변 주민,	
	폭음 소송 제소. '일평반전지주회一坪反戰地主會'결성.	
	나하방위시설국 개청. ◆ 필리핀해외고용청POEA 설립.	

1983	● 전국재일조선인교육연구협의회 결성.	● 양천하자, 민족강사로 일하기 시작. ▲ **가와사키 도모에** 가 태어남. 미야마에 지카코의 조모 사망. ■ 하라다 기쿠에, 인대 파손으로 해고. 중학교 3학년 사회과 공민 교과서에 작문 일부 게재.
	▲ 차별적인 고용 기준 문서를 작성한 기노쿠니야에	
	항의. 오사카 지방재판, 부락 출신을 이유로 한	
	혼약 파기는 부당하다며 위자료 등 지급 명령 판결.	
	유엔 인권소위원회에서 부락 문제 호소. 제1회	
	전국식자경험교류회. ■ 홋카이도우타리협회,	
	홋카이도대학 의학부에 유골 등의 위령을 요구.	
	니부타니二風谷에 아이누어 학원 발족. ♣ 캠프	
	슈와브Camp Schwab 대연습을 위해 나고시 구시중학교	
	수업 중단. 기노완 시장, 현지사에 후텐마 비행장의	
	이전을 요청. '오키나와전투 기록 필름 1피트	
	운동모임沖繩戰記録フィルム1フィート運動の會'[33]을 결성.	

33 미국 국립공문서관 등에 소장된 오키나와전 기록 필름을 한 사람당 1피트(약 30센티미터)씩
구입해 오키나와 전투의 실상을 알리려는 운동으로 30년 동안 약 8,900만 엔을 모금, 필름 11만
피트(약 33.5킬로미터)를 모았다. 2013년 3월 15일 목적을 달성했다고 판단하고 모임은 해산했다.

1984	●NHK에서 한글강좌 개시. 양홍자梁弘子 씨,	◆ 구 티 고쿠 트린의 부모와 외삼촌이 보트로 베트남을 출국. 말레이시아 난민 캠프에 입소.
	나가노현 교원 채용 취소됨. ▲ 생활보호기준 개정.	
	지역개선대책협의회 의견서 제출. 도서관에서 부락	
	관계도서 파기. ■ 홋카이도대학 의학부, 아이누	
	납골당 건립. 도내 각지의 '아이누 전통춤'이 일본	
	중요무형민속문화재로 지정. ♣ '혼백의 탑' 앞에서	
	제1회 국제반전오키나와집회 개최. 미육군 특수부대	
	창대식(그린 베레Green Beret[34] 재배치).	

| 1985 | '세계 여성의 10년' 마지막 해. 여성차별철폐조약
비준. 개정 국적법 시행, 부계 혈통주의에서 부모양계
혈통주의로 변경. 오키나와의 무국적 이동에 일본
국적 발급. ● 지문날인 거부운동, 거부자 수 정점. ▲
오사카에서 부락 차별 사건 조사 등의 규제 조례. 주민
기본대장 열람 제한. 오사카 인권역사자료관(현 오사카
인권박물관) 개관. ■ 지카프 미에코チカッブ 美惠子 등
'아이누 초상권 재판'(1988년 화해). ♣ 미 태평양 공군,
나하공항 민간기 이발착 규제, 대규모 항공기 전투훈련
실시. '여성들의 메시지'를 주제로 우나이35페스티벌
시작. | ● 최리영 부모 결혼.
그 뒤 어머니 도일,
효고현으로.
▲ 다니조에 미야코,
신문 투고 원고가
도쿄서적 중학교
공민교과서에 게재.
♣ **다마시로 후쿠코**가
태어남. |

35 오키나와어로 자매라는 뜻이다.

| 1986 | ● 국민건강보험법 국적 조항 철폐. 1년 이상 재류
외국인에 적용. 자치성自治省36 간호전문직 국적 조항
철폐. ▲ 전국자유동화회 결성. 지역개선대책협의회
의견서 제출. ■ 나카소네 야스히로中曽根康弘 총리의
'단일민족' 발언37 파문. ♣ 미국 군용지의 20년 강제
사용을 반대하는 현민총궐기대회.
◆ 베트남, 도이모이 정책 개시하며 시장경제 도입.
필리핀노동복지지청OWWA 설립. | ● **최리영**이 태어남.
▲ 니시다 마쓰미,
중학교 교원으로 임용.
◆ **구 티 고쿠 트린**,
말레이시아 난민
캠프에서 태어남. |

36 1960~2001년까지 일본의 지방행정, 재정, 소방, 선거제도 등을 소관한 중앙 정부기관.

37 1986년 9월 당시 일본 총리 나카소네 야스히로가 자민당 연수회에서 "미국은 다민족 국가여서
교육이 쉽지 않고 흑인, 푸에르토리코, 멕시칸 등의 지적 수준이 높지 않다. 일본은 단일민족
국가여서 교육이 충실히 행해지고 있다"라는 취지의 발언을 해 파문이 일었다.

| 1987 | ● 박실朴實 씨, 일본 국적 취득자의 민족명을 되돌리는
재판에서 승소. 한국 민주화 선언.
▲ 지역개선대책사업 수정. '지역개선대책 특정사업에
관련한 국가 재정상의 특별조치에 관한 법률'(이하
지대재특법地対財特法). 에세동화행위eセ同和行為38에
정부가 연락협의회 설치. 지역개선계발센터 설립.
■ 니부타니, 아카이가와에 아이누어교실 개시.
STV 라디오(삿포로)에서 아이누어 라디오 강좌
시작. 홋카이도우타리협회, 유엔의 '원주민에 관한
워킹그룹'에 정식 참가. | ● 양천하자의 결혼.
◆ 구 티 고쿠 트린의
가족 도일, 히메지
정주촉진센터 입소. |

♣ 구니가미손 아하의 미군 해리어 전투기
수직이착륙장 건설이 주민의 저지로 중지. 가데나 기지
포위(인간 사슬). 가이호海邦국민체육대회 개최.

1988	● 마치다시 등에서 일반직원 채용에 국적 조항 철폐, 이후 다른 지자체로 파급. 우토로 토지 명도明渡 문제. ▲ 반차별국제운동 결성. ■ 도청, 도내의 아이누 인구를 약 2,700명으로 추계. ♣ 온나손, 도시형 전투훈련시설 건설에 촌민 반대운동. ◆ 개정 외국인등록법 시행, 전문직 또는 기술직 외국인을 적극 수용, 단순 일용노동자는 수용하지 않기로 각의 결정.	▲ 후쿠오카 도모미의 아버지 사망. ♣ 나카마 게이코의 조부 사망. 나카마 게이코가 오사카시로 이사.
1989	▲ 패킷 통신에 의한 차별 사건. ♣ 기노자손회의, 도시형 전투훈련시설 건설 항의 결의. 이에지마 해리어 훈련기지 완성. ◆ 각의 양해로 인도차이나 난민에 대한 난민자격심사Screening 제도 개시.	
1990	● 한일 정기 외무장관회담에서 재일조선인 3세의 법적 지위 합의. 개정 입관법 시행, 취로 제한이 없는 '정주자定住者' 신설. ▲ 법무대신의 차별 발언. ♣ 세계우치난추대회. 오타 마사히데大田昌秀가 현지사로 당선.	● 김리화가 태어남.
1991	● 한일 외무장관 합의각서 조인. 북일 교섭 시작. 공립학교의 외국적 교원 지위 무기한 상근 강사로 격하. 일본군 위안부 피해자 김학순 씨 증언. 양순임 씨, 한국부인전쟁피해자 보상청구. 입관특례법 제정 시행. 협정영주와 특례영주를 일원화한 특별영주권 확립. 오사카부, 민족학교 수업료 감면 보조. ▲ '동화 문제 현상을 생각하는 연락회의' 결성. 지역개선대책협의회 의견서 제출. ♣ 걸프전쟁 시작. 오키나와 현지사, 공고·종람 대행39 표명. 현의회, 전회 일치로 필리핀 미군기지의 가데나 이전 주둔 반대 결의. 일본군 위안부 피해자 배봉기 씨 사망. ◆ 필리핀 23세 이상, 일본에서 1년 이상 예술흥행비자 취업 경험이 있는 자에 한해 해외 취업 인정 조치.	▲ 미야마에 지카코, 오사카 인권박물관에 취직. 후쿠오카 도모미, 나라현 의회의 원사무소에 취직. ♣ 나카마 게이코, 오사카 인권박물관에 취직. ★ '조선인종군위안부 문제를생각하는모임' 설립. 윤정옥尹貞玉 씨를 모시고 '조선인 종군위안부 문제를 생각하는 간담회' 개최.

39 임대차계약을 거부하는 지주를 대상으로 한 미군용지 강제 사용 수속의 하나이다. 각 시정촌의 촌장이
토지, 물건 조서의 공고公告·종람縱覽을 실시한다. 촌장이 이를 실시하지 않았을 때에는 도도부현이
대행한다.

1992	● 일본군 위안부에 관한 정부 조사. 문부성, '일본어 지도 특별 배려가 필요한 아동학생을 위한 교원 배치' 사업 개시. 정령도시[40]인 오사카와 고베에서 처음으로 국적 요건이 없는 '전문사무직' 신설. 효고현 가와니시시에서 첫 외국적 직원을 관리직에 임명. ▲ 10사업 폐지. 지대재특법地對財特法 5년 연장. ♣ 전쟁말라리아국가보상실현 총궐기대회. 슈리성 복원. '오키나와 여성사를 생각하는 모임'에서 위안소 지도 조사결과 발표.	● 황보강자, 교원자격 취득. 이화자, '나라재일외국인 보호자회' 설립 ★ '조선인 종군위안부 문제 조기 해결을 촉구하는 모임' 개최. 오카모토를 규탄[41]하는 2·8집회 개최.

40 일본 대도시 제도의 하나로, 2018년 현재 전국에 20개 시가 존재한다. 법정인구가 50만 명 이상인 도시
가운데 지정하며, 정령도시는 도도부현 권한의 많은 부분을 위양받아 도도부현과 동등한 위치로 간주된다.
41 오카모토사가 전시에 일본군 위안소에 제공했던 콘돔의 대명사 '돌격 1번'을 같은 이름으로
생산·판매한 데에 항의했다.

1993	● 개정 외국인등록법 시행, 특별영주자의 지문날인 제도 폐지. 재일조선인 일본군 위안부 피해자 송신도宋神道 씨가 일본 정부에 제소, '재일조선인 위안부 재판을 지지하는 모임' 결성. 아마가사키 입주 차별 재판 승소. 위안부 관계 조사결과 발표에 관한 고노 내각관방장관 담화 발표. 오사카 기시와다 시의회, 전국 최초로 정주 외국인에게 지방참정권 부여 결의, 전국으로 확대. ▲ 반차별국제운동, 유엔 NGO에 등록. 총무청이 동화지구실태조사. 세계 원주민·마이너리티 페스티벌이 전국 6개 지역에서 열림. ■ 유엔, 1993년을 '세계 원주민의 해'로 지정. 홋카이도 내외에서 아이누민족에 관한 다양한 이벤트 실시.	● 황보강자의 어머니가 57세로 사망. ♣ 다마시로 후쿠코가 오키나와현 도미구스쿠시로 이사. ★ 오사카에서 송신도 씨 강연회 개최. 놀이패 한두레 〈소리 없는 만가〉 연극 상연.

1994	어린이권리조약 비준. ● 조선학교 학생에게도 JR 정기 통학권 학생 할인 적용. 조선학교 학생을 향한 폭행 사건 격화. 치마저고리를 찢는 사건 다발. '여성의 인권 아시아법정' 개최. 민단이 재일본대한민국민단으로 개칭. 무라야마 담화. ▲ 사야마 사건 이시카와 가즈오 가석방. '마이너리티·원주민 여성의 모임 인 오사카' 개최. ■ 가야노 시게루萱野茂, 아이누민족 첫 국회의원 당선. ♣ 가데나 탄약고 지구에 F15 전투기 추락, 화재.	

호우슈야마 노보루寶珠山昇 발언[42]. 후생연금 격차시정 각의 결정. ◆ 각의 양해로 보트피플에 대한 난민 자격심사 폐지, 정주 제한 1만 명 폐지. 필리핀-일본 혼혈아를 지원하는 네트워크 설립

[42] 호우슈야마 노보루 방위시설청 장관이 나하시 회견에서 오키나와 현민에게 "오키나와는 아시아 전략의 요지이므로 기지와의 공생·공존을"이라는 취지의 발언을 했다.

1995	인종차별철폐조약 가입. 전후 50년 국회 결의. 제4회 세계여성회의를 베이징에서 개최. ● 한신-아와지 대지진, 재일조선인 131명 희생. '여성을 위한 아시아평화국민기금' 설립. 원호법援護法 국적 조항에 위헌 판결. ♣ 오키나와현미군용지반환특별조치법 제정. '평화의 비' 건립. 미군에 의한 소녀 폭행 사건. 오타大田 현지사, 현의회에서 대리서명 거부[43] 표명. 미군 폭행 사건을 규탄하고 지위협정 수정을 요구하는 현민총궐기대회. 무라야마 총리, 오타 지사를 제소. 강간구원센터 오키나와REICO 설립. '기지·군대를 허용하지 않는 행동하는 여성들의 모임' 발족.	★ '여성을 위한 아시아평화국민기금' 반대운동.

[43] 오키나와 미군용지의 땅주인이 토지의 임대를 거부할 경우 주둔군용지특별조치법에 따라 국가의 권한을 위임받은 현지사가 대리로 서명해 사용 가능하도록 해왔다.

1996	● 교과서에 일본군 위안부 기술. 가와사키시, 도도부현·정령도시 첫 직원 채용시험의 국적 조항 철폐. ▲ 인권옹호시책추진법 제정. ♣ 미군 후텐마 비행장 반환 합의, 나고시로의 이전안 부상. '미군기지 정리축소와 미일 지위협정 수정을 촉구하는' 전국 첫 현민 투표. 여성들의 피스 카라반Peace Caravan 방미. 유엔인권소위원회 원주민에 관한 워킹그룹에 류큐·오키나와인 참가. ◆ 히메지 정주촉진센터 폐소.	▲ 구마모토 리사, 반차별국제운동 일본위원회에 취직. 니시다 마쓰미의 아버지 사망.

1997	● 국민체육대회 국적 조항 완전 철폐. 한국에서 일본 문화 단계적 개방. 외국학교 출신자의 국립대학 수험자격 문제. 북한 거주 일본인 여성의 일시 귀국. 정향균鄭香均 씨, 도쿄도 관리직 시험 국적 조항 소송에서 승소. ▲ 지역개선대책사업 종료. 인권포럼21 설립.

가족사진으로 본 역사 연표

■ 니부타니댐 재판 판결 전달

(토지 강제 수용은 위법, 아이누는 원주민), 홋카이도
규도진보호법과 아사히카와시 규도진보호지처분법
폐지, 아이누문화진흥법 공포. 재단법인
아이누문화진흥·연구추진기구 설립. 국토교통성
홋카이도국에 아이누시책실 설치. 도청환경생활부에
아이누정책추진실 설치. ♣ 미군용지특조법
개정(강제 사용기한 만료 후에도 잠정 사용 가능).
유엔 자유권규약위원회UNHRC, 일본 정부 심사
총괄소견에 '오키나와' 언급. 나고시 주민투표에서
기지 반대표가 과반수. 나고 시장, 기지 수용과 사임
표명. 도카시키섬에 '아리랑비' 건립. 이시가키시에
'유혼留魂의 비' 건립. ◆ 아시아 통화위기.

1998	● '우토로' 소송으로 주민에게 퇴거 명령. 외국인학교 자격조성 문제에 관한 일본변호사연합회 권고. 야마구치 지방재판 시모노세키 지부, 일본군 위안부에 배상명령 판결(관부재판關釜裁判). VAWW- NET재판Violence Against Women in War Network(전쟁과 여성 폭력 일본네트워크, 대표 마쓰이 야요리松井やより) 결성. 김대중 대통령 방일. 조선대학교생, 교토대학 대학원 합격. ▲ 차별 계명戒名 추선법요追善法要.⁴⁴ 흥신소가 신원조사로 차별. 수평사역사관(현 수평사박물관) 개관. ♣ 해상기지 건설 예정지에서 듀공Dugong⁴⁵ 확인. '기지는 필요 없다' 여성들의 도쿄 대행동. 현지사에 이나미네 게이치稻嶺惠一 당선.	▲ 가미모토 유카리가 부락으로 돌아옴. ★ '일본여성회의 98야마가사키'에서 '재일 오키나와 부락' 분과회 개최.

45 차별 계명은 피차별부락민에 붙여진 특수한 불교 계명으로 피차별부락민의 무덤임을 알 수 있는 특정
문자, 형식을 사용해 계명을 지었다. 이에 대해 차별 계명이 붙은 고인을 위한 추선법요(고인의 명복을 비는
법요, 독경)가 이루어졌다.
46 대형 해양 포유동물이다.

1999	● 외국인등록법 개정, 지문날인 제도 완전 철폐. 입관법入管法 개정, 불법체류죄 신설. 재입국 허가 유효기간 1년에서 3년으로 연장. 한국, 재외동포법 제정. ▲ 반차별국제운동 '복합차별연구회' 발족. ■ 오가와 류키치小川隆吉 등 아이누문화진흥법 공포에 따른 규도진 공유재산 반환 절차 무효를 호소하며 제소(아이누공유재산재판, 2006년 원고 패소).	▲ 야마자키 유리코의 어머니 사망. 미야마에 지카코의 어머니 사망.

♣ 미군용지특조법 재개정(강제 사용 절차를 국가의
직접 사무로). 현평화기념자료관전시개찬縣平和祈念資料館
展示改竄 문제. 이나미네 지사, 후텐마의 대체 시설로
헤노코 연안 이전 표명. 나고 시장, 이전 수용 표명.
헤노코 이전 각의 결정. 원주민에 관한 워킹그룹
보고서에 '오키나와' 첫 언급.

2000	일본군 위안부 제도를 재판하는 여성국제전범법정 및 국제공청회 개최. ● 남북 공동선언 발표. 남북 이산가족 상호 방문. 이시하라 도지사 '3국인 발언'(이듬해, 유엔 인종차별철폐위원회가 일본 정부에 권고). ▲ 인권교육·계발촉진법. ♣ 주요국 G8 정상회담 개최. 국제여성정상회의 개최(나고시). '류큐왕국 구스쿠 및 관련 유산' 세계유산으로 등록. 여성국제전범법정 공청회에서 오키나와 주둔 미군에 의한 성폭력 피해자 증언.	● 박리사, 오사카시 민족동아리 민족강사로 위촉.
2001	♣ 오키나와개발청, 내각부 오키나와부국으로 이관. 미국 동시다발 테러의 영향으로 관광산업 타격.	★ 〈'자이니치' 가족사진전〉 첫 작품전(캐나다 밴쿠버).
2002	● FIFA 월드컵 한일 공동개최. 북일 평양선언 채택. 일본인 납치 인정. ▲ 지대재특법 기한 만료. ♣ 정부와 오키나와현이 후텐마 대체기지 '매립' 합의. 후텐마 기지 주변 주민 폭음 소송 제기.	
2003	▲ 연속 대량 차별 엽서 사건(~2004). 유엔여성차별철폐위원회 일본 정부에 마이너리티 여성에 관한 조사통계 데이터 제출 권고. ♣ 럼스펠드 미국 국방장관이 후텐마 비행장 시찰 후 위험성 지적.	
2004	♣ 오키나와국제대학에 후텐마 비행장 소속 CH53 대형 헬기 추락, 화재.	● 최리영의 외할아버지, 서울에서 사망. ♣ 아라가키 야쓰코의 어머니 사망.
2005	● 도쿄도 외국적 직원의 관리직 승진시험 거부 소송에서 최고재판 판결, 원고인 정향균 씨 패소. ▲ 행정서사行政書士 등의 호적 부정취득 사건.	▲ 미야마에 지카코의 아버지 사망.

가족사진으로 본 역사 연표

♣ 미일 정부가 후텐마 비행장의 헬기 부대를 캠프
슈와브 연안부로 이전하기로 합의. '기지는 오키나와
어디서도 만들지 못한다!' 후텐마 기지 폐쇄·헤노코
단념을 촉구하는 여성들의 미치주네道ジュネ―[46].
◆ 인도차이나 난민 수용 종료.

46 오키나와에서 우란분 때 마을의 길을 줄지어 걷는 전통적인 축제 행렬이다.

2006	● 민단과 조총련이 화해를 향한 6개 항목 합의 공동성명 발표. 북한의 미사일 발사(7월 5일)를 이유로 민단이 총련과의 '공동성명' 백지 철회 발표. 일본 정부도 대북 제재와 인적 왕래 규제. ▲ 새로운 '부락 지명총람' 발각. 부락해방동맹에 의한 일련의 불상사. ■ 도청, 도내 아이누 인구를 2만 3,782명으로 집계. ♣ 후텐마 대체 기지의 V자 활주로안 등에 미일 합의.	● 정미유기의 아버지 사망. 이화자, 이코마국제교류협회 설립. ▲ 야마자키 마유코, 증조모가 조선인이라는 사실을 알게 됨.
2007	▲ 토지조사 차별 사건. ■ 도청, 아이누민족의 구마오쿠리 의례 금지 통지를 아이누문화 진흥 차원에서 철회. 홋카이도대학에 아이누 원주민연구센터 설치. 유엔총회에서 '원주민의 권리에 관한 유엔 선언' 채택. ♣ 교과서 검정의견 철회를 촉구하는 현민대회. 히가시손 다카에에 헬기 전용 비행장 건설 착공. 요미탄손에 조선인 희생자를 위한 위령비 '한의 비' 건립. 비문에는 일본군 위안부를 추모하는 말이 새겨짐.	♣ 나카마 게이코 결혼.
2008	▲ 부락해방동맹, '남녀평등사회실현기본방침(개정판)' 공표. 호적 원칙적으로 비공개로. ■ 중·참 양원에서 '아이누민족을 원주민으로 인정할 것을 촉구하는 결의' 채택. ♣ 미야코지마에 위안부를 추모하는 '아리랑비'와 '여성들에게' 건립.	■ 하라다 기쿠에, 홋카이도대학 아이누 원주민연구센터 연구원이 됨.
2009	● 교토 조선제1초급학교 습격 사건, 헤이트스피치 과격화. ▲ 주민표 사본이나 호적등본 등을 제3자에게 교부한 경우 본인에게 알리는 제도 개시. ■ 홋카이도우타리협회가 홋카이도아이누협회로 명칭 복원. 정부에 아이누정책추진회의(좌장 내각관방장관) 설치. 내각관방에 아이누종합정책실 설치. ♣ 이토만시에서 불발탄 폭발, 2명 중경상. UNESCO, 류큐어를 소멸위기 언어로 지정.	■ 하라다 기쿠에의 아버지 사망. 기쿠에, 아이누의 청년가무단 team Nikaop과 자매팀 Hunpe Sisters 결성.

2010	● 조선학교를 고교 수업료 무상 대상에서 제외. ▲ 부락의 한부모가족 실태조사(~2013). ♣ 이전지를 헤노코자키 지구로 하는 미일 공동성명 발표. 후텐마 비행장의 국외·현외 이전을 촉구하는 4·25현민대회. 나고 시장 선거에서 기지 이전 반대파인 이나미네 스스무稲嶺進 당선. 11월, '현외 이전'을 공약으로 내건 나카이마 히로카즈仲井眞弘多 현지사 재선. 민주당, 후텐마 기지의 현외 이전 천명.	
2011	동일본대지진. 후쿠시마 원전 사고. ▲ 프라임 사건(행정서사의 호적 부정 취득). 수평사박물관 앞 차별 가두선전 사건.	● 김리화의 할아버지 사망. ♣ 다마시로 후쿠코가 오키나와로 이사.
2012	● 한국 공직선거법 개정(2009년 2월)으로 제19대 국회의원선거에 재일조선인을 포함한 한국의 해외영주권자 첫 참가. 외국인등록법 폐지(외국인등록증 폐지와 특별영주권자 증명서 도입). ▲『주간아사히週刊朝日』에 '하시시타' 차별 기사[47] 게재. ■ 오가와 류기치, 홋카이도대학을 상대로 '아이누 유골 반환 청구소송' 제기. 이후 유사한 소송 제기가 이어짐. ♣ 후텐마 비행장에 오스프리 배치를 반대하는 현민대회가 열렸음에도 배치 강행. 오키나와에서 첫 일본군〈위안부전〉 개최. **47**『주간아사히』가 하시모토 도루 오사카 시장(당시)의 아버지가 피차별부락 출신이라는 등의 가족사를 폭로하는 기사를 연재해 이슈가 되었다.	▲ 다니조에 미야코의 장남 사망. ■ 하라다 기쿠에의 어머니 사망.
2013	● 조선학교 무상화 제외를 두고 조선학교 고등학생 등이 일본 국가를 상대로 아이치, 오사카, 히로시마, 후쿠오카에서 소송 제기(2014년 도쿄에서도 소송 제기). 오사카 인권박물관의 전시 내용 등을 이유로 오사카부, 오사카시가 보조금 전면 폐지. 하시모토 도루 전 오사카 시장의 위안부 성폭력 발언 규탄, 사임 촉구 집회. ■ 경제산업성 장관, 니부타니이타二風谷イタ[48]와 니부타니 앗투시二風谷アットゥシ[49]를 전통공예품으로 지정. ♣ 현내 41개 시정촌 대표가 후텐마 비행장의 현내 이전 단념 등을 촉구하는 '건백서建白書'를 아베 총리에게 제출. 오키나와선출 자민의원 공약 파기,	● 박리사, 사카이시립 쇼린지초등학교에 민족강사로 임용. ♣ 나카마 게이코, 오사카 인권 박물관 퇴직.

오키나와 의원 총 5명이 '헤노코' 이전을 용인. 아베 총리와의 회담에서 나카이마 지사가 나고시 헤노코 바다에 매립 승인. 하시모토 전 오사카 시장, 일본군 위안부는 필요했다고 주장하며 오키나와 주둔 미군에게 성매매 업소를 활용하라고 제안. 이에 반발한 오키나와현의 25개 여성단체가 항의 성명 발표.

48 홋카이도 니부타니의 전통 목제 접시.
49 홋카이도 아이누민족의 전통 의상으로, 목질 섬유를 이용하여 제작한다.

2014	● 교토조선학교 사건, 최고재판에서 조선학교 승소. 군마현, 2004년 설치 허가한 조선인 강제 연행 희생자 추모비의 설치 갱신 허가 신청 불허, 철거 요구. 11월, 시민들이 취소 소송 제기. ■ 시라오이초에 설치 예정인 국립 아이누민족박물관과 유골 등의 위령시설을 2020년 공개하기로 각의 결정. ♣ 이나미네 스스무 나고 시장이 '헤노코 이전 반대'를 공약으로 걸고 재선. 현지사 선거에서 신기지 건설 저지를 내건 오나가 다케시翁長雄志 당선. 후텐마 캠프 스와브로의 이전과 장기적으로 지속가능한 미군 주둔을 전제로 하는 미일 공동성명 발표. 일본 정부가 헤노코 매립 관련 공사 착수. 제47회 중의원 의원 총선거에서 헤노코 이전 반대파가 현내 모든 소선거구에서 당선.	▲ 가와사키 도모에 출산.
2015	● 일본군 위안부 문제에 관해 한일 외무장관 합의 발표. ■ 홋카이도대학, 아이누 유골 등 반환실 설치. ♣ '전후 70년 멈추자 헤노코 신기지 건설!' 오키나와현민대회 개최. 자민당 간담회에서 작가인 햐쿠타 나오키百田尚樹가 오키나와 지역 신문 2곳은 폐간해야 한다는 취지의 발언을 함.	♣ 오오시로 쇼코의 할아버지 사망.
2016	'일본 외 출신자에 대한 부당한 차별적 언동의 해소를 위한 대책 추진에 관한 법률안(헤이트스피치 금지법)' 제정. 단 법률안은 인종차별철폐조약에 의한 '인종 차별'의 정의를 채택하지 않고 있으며 보호 대상자를 '일본 외 출신자'에 한정함으로써 아이누와 오키나와 등의 원주민, 피차별부락 출신 등을 대상에서 제외하고 '적법 거주자'에 한정해 체류 자격이 없는 외국인도 제외하는 등 문제가 남음.	★『보통이 아닌 날들』일본에서 출간. 일본 각지에서 사진 전시회와 북토크 개최.

● 오사카시 헤이트스피치 대처 조례. 교토,
고베에서도 조례 제정을 위한 시민 활동. ▲ 부락
차별 해소 추진에 관한 법률 제정·시행. 전국부락조사
복각판 출판 금지. ■ 정부, 아이누민족의 생활과 교육
지원을 목적으로 한 법 제정 검토 개시. 문무과학성
조사에서 전국 12곳 대학에 아이누 유골 1,676점을
보관하고 있음을 확인.
♣히가시무라타카에 미군 훈련용 헬기 착륙장 건설
공사를 강행한 오키나와방위국은 500명의 기동대를
동원해 시민의 저항을 막음. 이러는 가운데 한
오사카부 기동대원이 오키나와 현민을 향해 '토인',
'지나인'이라고 혐오 발언을 함.

| 2017 | 도쿄 메트로폴리탄텔레비전 〈뉴스 여자〉에서 오키나와와 재일조선인 차별을 조장하는 내용을 방영해 사회문제. 시민들의 소송에 BPO(방송윤리위원회)는 "방송윤리를 중대하게 위반했다"고 공표. ● 지바시, 한일 '합의'를 비판하는 전시를 했다는 등의 이유로 학교법인 '지바조선학원' 주최의 미술전과 예술발표회에 보조금 50만 엔 지급 취소. ♣기노완시립 후텐마 제2초등학교 운동장에 미군 대형 헬기의 창이 떨어지는 사고가 발생. | |

| 2018 | 남북 정상회담. 미국 샌프란시스코의 위안부 기림비 설치를 둘러싸고 요시무라 오사카 시장이 샌프란시스코와의 자매도시 결연을 파기하겠다고 통지 서한 발송. 필리핀 일본군 위안부 기림비 철거. ♣헤코노 신기지 건설에 반대하는 다마키 데니가 큰 차이로 현지사에 당선. ◆ 일본 정부, 입관법 개정안을 각의 결정, 2019년 4월부터 시행. 농업, 간호, 건설, 숙박 등 14개 업종에서 일정한 자격을 갖춘 사람에게 재류 자격을 부여하는 '특정 기능'을 창설하고 '출입국재류관리청'을 신설할 예정. | ♣ 나카마 게이코의 어머니 사망. |

* 연표 작성자

● 황보강자, 세소토 에리나, 류유자
▲ 구마모토 리사, 미야마에 지카코
■ 다니모토 아키히사
♣ 오오시로 쇼코, 나카마 게이코, 다마시로 후쿠코
◆ 오카모토 유카

＊ 참고문헌

● 재한일인역사자료관 재일100년 연표 http://www.j-koreans.org/table/100nen_01.html,
『한국·조선을 아는 사전』, 헤이본샤(『韓国·朝鮮を知る辞典』, 平凡社), 2014.

▲ 우에다 마사아키 편, 『인권역사연표』, 야마카와출판사(上田正昭, 『人權歷史年表』, 山川出版社), 1999.
부락해방인권연구소, 『부락 문제 인권사전』, 가이호출판사(部落解放人權研究所, 『部落問題人權辞典』,
解放出版社), 2001; 부락해방동맹중앙본부, 『부락해방운동 10년의 궤적-2002년~2011년』, 가이호
출판사(部落解放同盟中央本部, 『部落解放運動10年の軌跡』, 解放出版社), 2012.

■ 홋카이도 편, 『신홋카이도사연표』, 홋카이도출판기획센터(北海道, 『新北海道史年表』,
北海道出版企劃センター), 1989 ; 다바타 히로시 외, 『아이누민족의 역사』, 야마카와출판사(田端宏 外,
『アイヌ民族の歷史』, 山川出版社), 2015.

♣ 니이사토 게이치, 다미나토 조쇼, 긴조 세이토쿠 편, 『오키나와현의 역사』, 야마카와출판사,
(新里恵二, 田港朝昭, 金城正篤『沖縄縣の歷史』, 山川出版社), 1972; 아라사키 모리테루, 『오키나와현대사』,
이와나미쇼텐(新崎盛暉, 『沖縄現代史』, 岩波書店), 2005; 아라시로 도시아키, 『교양강좌
류큐·오키나와사』, 편집공방 동양기획(新城俊昭, 『教養講座 琉球沖縄史』, 編集工房 東洋企劃), 2004;
액티브 뮤지엄, '여성들의 전쟁과 평화자료관' 편집·발행, 『군대는 여성을 지키지 않는다-
오키나와의 일본군위안소와 미군의 성폭력』(『軍隊は女性を守らない―沖縄の日本軍慰安所と米兵の性暴力』,
女たちの戰爭と平和資料館), 2012.

◆ 『동남아시아를 아는 사전』, 헤이본샤(『東南アジアを知る辞典』, 平凡社), 2008;『대일관계를 아는
사전』, 헤이본샤(『對日關係を知る辞典』, 平凡社), 2007; 난민사업본부 인도차이나난민에 관한 국제사회
동향(연표) http://www.rhq.gr.jp/japanese/know/i-nan_pop1.htm

　이 책의 일본어판 편집자로서 일본에서 책이 출판되고 난 뒤의 반응과 한국어판이 출판되기까지의 과정을 기록으로 남겨두고 싶습니다.

　2016년 일본에서 책을 출판한 후 필자와 인연이 있는 일본 곳곳에서 북토크와 사진전, 사진 워크숍을 개최했습니다. 이를 통해 독자와의 교류를 지속하면서 새로운 여성들을 만났습니다. 이 책을 대학 수업에 활용한다는 분들도 있었습니다. 여러 매체에 서평이 실리기도 했는데 그 일부를 소개할까 합니다.

　다나카 유코田中優子(일본근대문화·아시아비교문화 전공) 호세이대학 총장은 "이 책은 갑자기 불쑥 나온 아이디어로 만들어진 책이 아니다. 인터뷰를 운동 차원에서 끈질기게 지속하며, 오랜 역사를 지닌 여러 차별을 가능한 한 폭넓은 시선으로 바라보려는 태도가 자리 잡고 있다. 이 태도야말로 우리로 하여금 자신 속의 차별과 피차별을 깨닫게 하는 기본이다"라고 말하며, 차별에 대한 인식이 현실을 조금씩 바꿔나가고 있다고 호평했습니다(『도쇼신문圖書新聞』, 2016년 12월

24일자).

또한 다나카 야스히로田中康博(사회학 전공) 국제기독교대학 교수는 "책에 실린 연표에는 사회적 사건뿐 아니라 저자들의 사적인 사건도 등장한다. 저자 한 사람, 한 사람의 '나의 역사'와 세계사를 연결하는 시도를 높이 사고 싶다"라고 평했습니다(『슈칸도쿠쇼진週刊読書人』, 2016년 10월 14일자). 여성사의 관점에서는 "젠더와 민족적 마이너리티가 가족사진을 통해 자기 표현활동을 실천한 훌륭한 시도이다(아구니 교코粟國恭子, 여성문화사 연구자, 『류큐신보琉球新報』, 2016년 8월 14일자)", "일본 사회에서 살아가는 다양한 민족의 마이너리티 여성이 쓴, 이른바 일본 근현대 여성사의 이면이다(미야기 하루미宮城晴美, 오키나와여성사 전공, 『오키나와 타임즈沖繩タイムス』, 2016년 9월 3일자)" 등의 평가를 받았습니다.

이 책의 토대가 된 '미리내'의 활동을 이끌어온 황보강자 씨와 저는 사진을 매개로 재일조선인을 비롯한 일본 사회의 마이너리티 여성들의 역사와 삶을 엮어낸 이 책을 한국에도 소개하고 싶어서 한국어판을 출간할 수 있는 방법을 백방으로 수소문하였습니다.

그러던 중 2017년 6월 27일 서울 대학로에서 북카페 '책방이음'를 운영하는 조진석 대표님이 북콘서트와 소규모 가족사진전을 열 수 있는 기회를 제공해주었습니다.

얼마 뒤 한일 아티스트 그룹전 기획에 참여할 기회가 있었는데, 그때 아티스트들에게 책을 소개했더니 예술가이자 오마이뉴스 기자이기도 한 박건 선생님과 한국의 대표적인 페미니즘 아티스트

인 화가 정정엽 선생님이 각별한 관심을 보여주셨고 사계절출판사
에 책을 추천해주셨습니다. 이 일이 인연이 되어 한국어판을 출판할
수 있게 되었습니다. 이 책의 의의에 공감해준 사계절출판사의 강맑
실 사장님과 편집자 여러분께 감사드립니다. 번역을 해주신 양지연
선생님, 감수를 맡아주시고 추천사까지 써주신 조경희 선생님께도
감사를 전합니다.

앞으로 한국에서 새로운 독자들과 만날 수 있기를 진심으로
바랍니다.

2019년 2월
오카모토 유카

이 책에 참여한 사람들

필자(게재 순)

황보강자皇甫康子	1957년 오사카시 히가시요도가와구 출생.
정미유기鄭美由紀	1959년 오사카시 히가시나리구 출생.
이화자李和子	1955년 오사카 출생.
김리화金理花	1990년 도쿄 출생.
박리사朴理紗	1974년 오사카 출생.
리향李響(가명)	1981년 시가현 오쓰시 출생.
양천하자梁千賀子	1958년 오사카 출생.
최리영崔里暎(가명)	1986년 간사이 출생.
가미모토 유카리上本由加利	1964년 오사카 출생.
가와사키 도모에川崎那惠	1983년 오사카 출생.
구마모토 리사熊本理沙	1972년 후쿠오카현 출생.
다니조에 미야코谷添美也子	1945년 고치현 고치시 출생.
니시다 마쓰미西田益巳	1965년 고베 출생
후쿠오카 도모미福岡ともみ	1956년 에히메현 오즈시 출생.
미야마에 지카코宮前千雅子	1965년 효고현 출생.
야마자키 마유코山崎眞由子	1961년 시가현 태생.
하라다 기쿠에原田公久技	1967년 홋카이도 가사이군 메무로초 출생.
아라가키 야쓰코新垣安子	1946년 오키나와 헨자지마 출생.